高职高专服装专业项目教学系列教材

FUZHUANG QIYE LIDAN GENDAN

主编 吴煜君

副主编 李维

东华大学出版社

服装企业理单跟单

内容简介

本书从工作任务出发,依据跟单员的实际工作过程划分任务,整合专业知识与技能训练。以出口服装企业理单、出口服装企业和内销服装企业跟单三大项目为主线,通过"提出任务""分析任务""完成任务"等一整套实际的操作过程,使读者理解跟单的内涵、对象和任务,掌握理单跟单管理的必备技能,充分理解客户、供应商与企业的关系。通过与企业实际生产情况接轨,全面地了解理单跟单员的岗位职责,同时为相关人员的学习和职业生涯的发展奠定基础。

图书在版编目(CIP)数据

服装企业理单跟单 / 吴煜君主编.—上海:东华大学出版
社,2014.2
　　ISBN 978-7-5669-0331-0

　　Ⅰ.①服… Ⅱ.①吴… Ⅲ.①服装企业—工业企业管
理—销售管理 Ⅳ.①F407.865

　　中国版本图书馆 CIP 数据核字(2013)第 175361 号

责任编辑:谭　英
助理编辑:孙晓楠
封面设计:潘志远

服装企业理单跟单

主　编　吴煜君
副主编　李　维
出　　　版:东华大学出版社(上海市延安西路 1882 号,200051)
本 社 网 址:http://www.dhupress.net
天猫旗舰店:http://dhdx.tmall.com
营 销 中 心:021-62193056　62373056　62379558
印　　　刷:句容市排印厂
开　　　本:787 mm×1 092 mm　1/16
印　　　张:17.75
字　　　数:443 千字
版　　　次:2014 年 2 月第 1 版
印　　　次:2014 年 2 月第 1 次印刷
书　　　号:ISBN 978-7-5669-0331-0/TS·421
定　　　价:38.00 元

序

为更好地适应我国走新型工业化道路,实现经济发展方式转变、产业结构优化升级,中国职业教育加快了发展步伐。2010年教育部、财政部启动100所高职骨干院校建设,主要目的在于推进地方政府完善政策、加大投入,创新办学体制机制,推进合作办学、合作育人、合作就业、合作发展,增强办学活力;以提高质量为核心,深化教育教学改革,优化专业结构,加强师资队伍建设,完善质量保障体系,提高人才培养质量和办学水平;深化内部管理运行机制改革,增强高职院校服务区域经济社会发展的能力,实现行业企业与高职院校相互促进,区域经济社会与高等职业教育和谐发展。

成都纺织高等专科学校是一所成立于1939年的历史悠久的纺织类院校,在2010年被遴选为第一批国家骨干院校建设单位,2013年以"优秀"通过教育部、财政部验收。我校服装设计专业是四川省精品专业,自2010年成为首批立项的国家骨干高职院校中央财政支持重点专业以来,服装设计专业以《国家中长期教育改革与发展规划纲要(2010—2020年)》《国家高等职业教育发展规划(2010—2015年)》《教育部财政部关于进一步推进"国家示范性高等职业院校建设计划"实施工作的通知》(教高[2010]8号)等文件精神为专业建设的指导思想,坚持"校企深度合作"和"服务区域经济建设"两个基本点,以校企合作体制机制创新为建设核心,以人才培养模式和课程体系改革为基础,以社会服务能力建设为突破口,为区域纺织服装业培养了大批优秀人才,并提供智力支持。

服装设计专业积极对接服装产业链,推进校企"四合作",在人才培养模式创新与改革、课程体系与课程建设、师资队伍建设、社会服务能力建设等方面探索出一条新路子,特别在课程建设方面取得丰硕成果。本次编写的"高职高专服装专业项目教学系列教材"共6本教材及1本专题著作。6本教材涵盖了服装专业主要课程,包括《典型品种服装制版与生产》《服装立体裁剪实训》《服装企业理单跟单》等,教材展示了课程开发与实施过程,体现了专业建设主动适应区域产业结构升级需要。课程建设中引入国家职业技术标准开发专业课程,将企业工作过程和项目引入课堂,实施项目引领、任务驱动的课程开发,完成了基于岗位能力或任务导向的课程标准的制定。围绕课程标准进行了教材、实训指导书、课业文件的编写。同时对教学过程进行科学设计,教学实施中校企合作教师团队共同教学,大力推进教学做一体化,并借鉴国外职业教育较成功的项目教学法、引导文教学法、行动导向教学法等先进教学方法,改善教学环境,构建多元化教学课堂。教学硬件不仅包括传统的教室、教学工厂、企业现场,还有一体化教室,可以采用先进信息技术如多媒体录播系统等,实现"做中学、学中做",促使学生在完成学习项目的过程中掌握相关理论知识和专业技能,养成良好的职业素质。学生课后可以通过网络进入专业课程资源库进行复习或者自学,在课程交流论坛上进行师生互动。考核评价方法根据课程标准制定,由原来的标准答案变化为开放式答案,有效鼓励了学生思维的创新,提升学生的职业素质和专业能力。考核主体多元化,由原来单一的由教师考核为主转变为教师、企业专家、学习小组、学生自我评定等,进一步促进了学生的参与性。著作《蜀绣》介绍了中国四大名绣之一蜀绣的历史、传统技艺与现代创新发展,是服装专业对非物质文化遗产传承的探索。整套系列书体现了高等职业教育改革的方向。

"春华秋实结硕果,励志图新拓新篇"。课程改革是高等职业教育改革的核心和基础,也是教育教学质量具体体现的一个重要环节,高等职业教育教材的开发也遵循着职业教育改革的思路,需要同仁们开拓创新、不断进取!

成都纺织高等专科学校教授

2014 年 1 月

前　　言

本书以学生就业为导向,以职业能力为定位,通过企业具有实践经验的专家对相关工作任务的分析得出服装跟单员应具备的能力;以工作任务为线索,采用跟单流程设计课程内容,兼顾知识结构与能力结构的完整。通过本书的学习和训练,使学生理解跟单的内涵、对象和任务,掌握跟单管理的必备技能与高效跟单的原则、特点和技法,有效理顺客户、供应商与企业的关系,提高供应链的整体素质,熟悉服装跟单流程,具备从事跟单工作的职业能力和职业素养。传统教材一般注重理论介绍,本书通过我校服装设计专业建设与企业共同进行课程开发和建设的成果总结,其专业内容实用性更强。编者以具体的"任务"为着眼点,认真组织内容、精心设计项目,力求简洁明了、清晰易懂。本教材主要具有以下特点:

(1) 以项目为主线。全书以出口服装企业理单、出口服装企业跟单和内销服装企业跟单三大块项目为主线,根据项目开发步骤分成 11 个分类任务进行设计,同时辅以相关知识拓展,完善知识结构。

(2) 以任务来驱动。分类任务通过"提出任务""分析任务""完成任务"来实现。完成任务的过程不仅包含相关理论知识的学习过程,也是技能实践和分析问题、解决问题的实施过程。

(3) 以各类实例来讲授。对任务进行精炼、提取,形成大量的经典实例,通过实例讲解提高学生的理解能力及实际解决问题的能力。

本书由吴煜君任主编,李维任副主编,徐诚(企业资深跟单员)、刘治君、钟利、王忠阳、刘群参加了教材的部分编写工作,在编写期间得到阳川、童晓晖、王玉的帮助,在此一并表示感谢。囿于编者水平,虽经努力,教材一定还存在一些问题,恳请广大读者提出宝贵意见和建议,以便修订时加以完善。

编者

目　　录

学习指南

一、学习目标

本课程是服装及相关专业具有较强实践性的综合实用型课程。以工作任务为线索,采用跟单流程设计,兼顾知识结构与能力结构的完整。通过本课程的学习和训练,使学生理解跟单的内涵、对象和任务,掌握跟单管理的必备技能,高效跟单的原则、特点和技法,有效处理好客户、供应商与企业的关系,提高供应链的整体效率,熟悉服装跟单流程。通过本课程的学习使学生具备从事跟单工作的职业能力和职业素养,有利于获得跟单员职业资格证书,为继续学习和职业生涯的发展奠定基础。

二、适用对象

本书适用于高职高专服装设计专业及相关专业学习者使用,也可作为服装行业从业人员入门参考用书。

三、典型工作任务描述

本课程以就业为导向,以职业能力为定位,通过企业具有实践经验的专家对相关工作任务的分析得出服装跟单员应具备的能力。该门专业主干课程教学是根据服装各类订单的要求,选择生产加工企业,跟进和监督加工企业准确、及时完成客户订单任务的过程。包括执行、沟通、跟进、督促、催办、协调等工作。在操作过程中将客户的要求用文字、图表等形式详细、准确、规范的传输和表达出来,使加工生产企业在订单执行过程中按照此类文本中的内容完成服装产品生产。

同时该课程内容是以外贸和内销服装企业的实际订单作为典型工作任务。包括首先取得企业的实际订单,通过订单的翻译,整理,补充,面、辅料卡的整理,确认样制作与确认,面、辅料跟催,面料的品质控制,生产过程中的品质管理,交货期跟催,检验方案的制定,检验报告的制定,装箱单填写等一整套服装企业外贸理单跟单实际操作的教学模式,要求学生掌握不同服装类理单跟单的原理和方法,并能按照客户的要求整理出中文订单,掌握产品的质量控制和交货期跟催的方法;其次通过情景的实例操作,使学生了解服装外贸理单跟单的流程,具备独立完成订单的整理、产前的品质控制、生产过程中的品质控制、末期检验、交货期的达成、各式跟单表单制定的能力。

四、主要内容及建议课时

教学项目	教学内容	教学任务	教学目标		建议教学方法	建议学时
			能力目标	知识目标		
项目一 出口服装企业理单	1. 理单员与跟单员的岗位背景认识 2. 了解订单理单的基本方法 3. 掌握订单的归类整理方法	任务 外贸订单整理与审核	1. 定位工作方向,了解跟单员的岗位工作内容和要求 2. 掌握评估各服装加工厂的生产技术能力的方法 3. 翻译与管理订单	1. 跟单员岗位基本素质,跟单员对经济形势的分析及了解 2. 各服装加工厂的生产能力评估,如技术设备等 3. 服装专业外贸术语掌握。掌握订单资料管理方法及技术要求	讲授、案例法、小组讨论	6
项目二 出口服装企业跟单（外贸公司）	跟单前期: 1. 服装样板跟单要求 2. 服装特殊工艺的处理要求 3. 服装主辅料跟进	任务1 外贸样衣试制跟单及修正	1. 了解样衣的重要性,合理安排样衣制作时间,控制样衣质量 2. 掌握基本印绣花、水洗等工艺知识 3. 掌握服装用料核算方法及下料要求 4. 掌握主辅料检验方法。如何安排测试样顺利通过	1. 样衣资料和物料的准备 2. 客户评语整理,根据评语安排修正样衣 3. 熟悉客人的尺寸量法 4. 特殊工艺处理资料翻译整理 5. 计算服装单耗 6. 主辅料质量控制 7. 根据客人批核小样的品质样色规格等,跟进大货样 8. 根据客人的测试要求,主辅料送厂测试	讲授、案例法、小组讨论	8
	跟单中期: 1. 生产进度跟进 2. 生产质量跟进	任务2 服装生产进度的跟进及催单	掌握生产进度,学会及时协调解决各种问题	保证生产进度正常进行,及时催促工厂赶货	讲授、案例法、小组讨论	4
		任务3 服装尾期检验及判断标准	掌握产品技术要求,掌握服装质量基本检验标准	1. 掌握产品工艺制作和质量要求,成品尺寸测量、外观效果检测 2. 掌握服装质量基本检验标准及客人对服装的质量要求 3. 掌握AQL的抽验标准 4. 验货报告的撰写	行动导向法、案例法、小组讨论	2
	跟单后期: 1. 包装出口要求 2. 商检标准 3. 货款结算知识	任务4 包装审核与包装辅料的跟进	1. 掌握包装资料的编写方法 2. 了解服装折整封箱打包要求	1. 装箱单的编制 2. 准确描述包装方法 3. 纸箱箱唛的整理 4. 不同服装的包装与装箱方法	讲授、案例法、小组讨论	2
		任务5 报关报检、运输安排、货款结算	了解商检资料的编制,货款结算	1. 商检资料的编写,商检物料的准备 2. 掌握商业发票的制作 3. 了解物流方式及价格 4. 了解不同的付款方式 5. 汇总装箱单	讲授,案例法	2

2

(续　表)

教学项目	教学内容	教学任务	教学目标		建议教学方法	建议学时
			能力目标	知识目标		
项目三　内销服装生产跟单(生产企业)	跟单前期：1. 技术标准的接洽 2. 服装面、辅料采购	任务 1　技术标准的接洽	1. 统筹整个订单的生产计划 2. 掌握产品的技术标准要求与企业对接	1. 了解分析车间生产能力 2. 了解生产流水线 3. 掌握不同服装产品的技术标准 4. 结合企业分解标准	行动导向法、小组讨论	6
		任务 2　面、辅料采购跟进	1. 掌握不同面、辅料规格与企业入库要求 2. 掌握控制面、辅料进度和质量,核对面、辅料情况	1. 面、辅料规格分类知识 2. 了解各种面、辅料的裁剪时间、裁床进度 3. 掌握面、辅料检验方法	讲授、小组讨论	6
	跟单中期：1. 生产进度跟进 2. 生产质量跟进	任务 3　纸样出样与排料控制	1. 了解制板的基本知识 2. 了解排料的基本方法	1. 了解制板的基本知识 2. 开裁大货前审核纸样和样衣是否一致 3. 控制材料使用基本要求,排料指导	讲授、案例法、小组讨论	5
		任务 4　服装生产进度与质量跟进	1. 生产车间进度跟进方法与控制 2. 掌握成衣质量检验标准 3. 了解抽样检验的基本方法	1. 印绣花回厂情况 2. 车间生产进度了解 3. 学会阅读生产报表 4. 协助解决任何突发车间生产状况 5. 制定成衣检验方案 6. 清楚各部位尺寸测量标准 7. 中期抽样、尾期抽样 8. 验货报告编制	讲授、案例法、小组讨论	5
	跟单后期：包装出货要求	任务 5　产品交货数量清理及文件存档	了解货款结算、库存货物清理,文件存档方法	1. 货款结算 2. 库存货物清理 3. 文件存档	讲授、案例法、小组讨论	4
参与或模拟企业实际跟单					小组独立工作	30
机动						2
	合计					82

五、教学实施建议

(一) 师资配备要求

除双师型专职教师以外,聘请企业专家兼任教学指导。

(二) 场地与设备材料要求

理论实训一体化教室、相关服装企业实训基地及计算机室。

(三) 课程考核形式

1. 考核形式

由理论考核、实操考核两部分组成。理论考核主要采用笔试,包括选择题、填空题、判断题、简答题和个案分析等,占期末总成绩的50%;实操考核方式是模拟理单跟单工作环节中的各项任务,占期末总成绩的50%。

2. 考核内容

本课程的教学考核以实际操作为主,重点考核学生的应变能力、分析问题、解决实际问题的能力。

3. 评分标准

评价方式以学生自评为主,学生互评为辅,教师在评价过程中起引导调控作用。教师评价内容包括对学生学习过程的观察,根据学生自我评价和小组评价情况,给出总体评价和改善意见。卷面考核占50%,任务考核占50%(理实一体化课程)。

任务考核分值分配如下:

任务执行综合考核	自我评价						评分(满分10分)	
	组内互评(参考某具体任务划分细部分值)	姓名	责任心	专业知识掌握情况	分析解决问题的能力	团队协作能力	管理订单能力	完成任务效果
	(满分10分)							
	企业专家评价						评分(满分20)	
	教师评价						评分(满分10)	

(四) 教学资源

以实际订单为主线贯穿整个教学过程,教学中最好能使用多媒体室和计算机室,以便学生能多方位了解企业工作状态,提高学习和工作效率。使用外贸公司和生产企业的各种文本资料、跟单员内部资料、纺织服装类跟单教材及服装行业企业的各类网络平台。

出口服装企业理单

行业知识引入:理单员与跟单员的岗位背景认识

一、我国服装产业概述

我国是世界上最大的服装消费国,也是世界上最大的服装生产国。服装产业是我国的传统支柱产业之一,对国民经济发展贡献很大,同时我国已成为全世界最大的服装生产加工基地,全世界每三件服装中就有一件来自于我国,服装产业为我国出口创汇作出了巨大的贡献。我国的服装生产能力也在逐年加强,越来越重视生产管理和成本核算,已经成为世界第一的"服装制造大国"。目前我国较多的服装企业还是典型的"加工型企业",专业生产厂家达到一万多家,拥有大量先进的进口工业生产设备,国内已经具备越来越发达的交通设施、发展壮大的物流产业,这些都在推动着服装产业的进一步壮大发展。

纵观我国服装产业的发展,从 2006 年以前的高速增长期已经过渡到了目前的平稳增长期。2013 年 1～5 月,全国纺织品服装出口共计 573.4 亿美元,同比增长 15.6%。这一增幅与 2012 年全年的 25% 增幅相比,出现大幅回落。其中纺织品出口 206.3 亿美元,增长 10.9%,服装出口 367 亿美元,增长 18.3%。在经济全球化的形势下,服装行业的竞争也是日益加剧。当前服装行业面临的现状是多品种、小批量的趋势日益明显;世界成衣订单交货期已缩短到 15～45 天;客户对产品质量、质量稳定性以及交货率要求越来越高;原材料成本以及生产成本增高;欧美等国家不断增加纺织服装品的技术贸易壁垒,同时对我国的纺织服装品的生产工艺水平和质量标准也相应地提出了更高的要求。基于这些客观现实,服装外贸跟单工作显得尤其重要,取得客户订单、按时按质按量完成客户订单是服装外贸的核心,同时跟单环节是服装企业组织出口工作的中心。只有全面提高服装行业的产品质量、工艺与装备水平、管理水平、人才素质、信息化程度及公共服务能力等,才能更好地指导企业发展,推进行业的进步,带动整体产业升级。

服装产业是一个持续产业,在经历了产业化、品牌化的改造后,我国服装业迎来了一个新的发展机遇期。随着经济的发展和中小城市的崛起,更为广阔的潜在市场被开发,同时随着品牌意识的提高,消费者的消费观念更加趋于成熟和理性,讲究品位和舒适的同时也更注重环境保护,服装业的市场环境得到进一步改善,前景大好。近几年开始,服装行业的电子商务蓬勃发展,更多的传统服装企业开始开拓网络销售渠道,不少企业甚至在短时间内取得百万以上的销售业绩并保持持续增长。"十二五"期间,服装网购业务仍保持三至四成的增幅,截至2013年中国服装网购市场交易规模超过4 000亿元。到"十二五"期末,服装网购业务将进一步达到8 000亿元。国内消费市场的崛起成为服装行业新的增长点,至2015年整个服装内销市场的扩容速度大约在15%左右,远远超过出口市场,服装行业的发展前景广阔。

在市场经济发展的需求条件下,社会分工越来越细化、明确化。在服装行业,随着客户对产品的质量、价格、交货期的要求不断提高,提升产品质量、合理安排生产进度、按时完成生产任务并准时交货,成为服装企业的市场生存基础。特别在所有工作以客户和订单为中心展开的外贸服装企业,服装跟单理单成为企业中不可或缺的工作岗位。

二、认识服装理单工作

服装理单是指服装贸易公司或生产型企业接到服装订单,在企业合理的生产能力基础上,严格按照客户对服装产品的要求,用文字、图表等方式准确、规范地整理、制作出指导服装产品生产、包装和出运交货等全过程所需要的履约详细文本资料,并及时与客户沟通协调的工作。

1. 服装理单的作用

(1) 实现客户要求清晰化

理单文件可以把客户的要求清晰、充分地在理单文本资料中表现出来,使后续工作具有条理性,有力地促进订单顺利完成。在接到客户对所需服装产品的要求不明确、模棱两可的订单,特别是由于区域文化、习俗的差异,其产品要求的表述形式不同时,能及时发现一些生产上可能出现的问题,诱导客户接受既具计划产品独特风格而又适于大货生产的产品,理单员更需要把客户各项要求清楚地标明,使其要求规范化,以防止事后发生纠纷。

(2) 提供核对订单的依据

在具体的加工过程中,客户常常会提出加工或者其他方面的调整,如果客户的调整要求增加了生产难度,依据理单文本可以合理要求客户提高加工价格。

(3) 提供最直接的验货依据

在不违反相关条例的规定下,客户的标准在一定程度上就是生产"标准",这个"标准"贯穿整个订单的全过程,特别对跟单员而言,理单文本是在生产的各项工序中检验产品的重要依据。

2. 服装理单的基本业务程序

服装理单的基本业务程序,随着服装企业的规模与性质的不同而有所不同。大型服装企业理单部门一般由业务、跟单、计划、生产单证等部门组成;小型服装企业一般由一个人承担全部工作。

(1) 接单前期理单

① 询价、报价:与客户就价格进行询问、申报。在前期就影响价格的主要因素做好评价。主要因素包括服装的质量和档次;服装的运输距离;服装交货地点和交货条件;服装季节性需

求变化;服装成交数量;支付条件和汇率变动的风险。

② 翻译、整理客户原始资料:理单文本作为后续生产所需求的资料、数据,制定时必须符合完整性、准确性、适应性三大要求。

③ 联络客户:在订单整理与审核的过程中,要做到与客户保持联络沟通,尽可能与客户达成一致,并随时等候接受订单,更要主动地开拓业务,对客户进行推销跟进,力争达成订单。

④ 确认样衣:根据客户的订单要求确认样衣的款式细节,面、辅料等。同时可以展示企业的推销样,提供相关的咨询意见,以达成更多的订单。

⑤ 制作订单工艺文本:把客户的原始资料和其他技术要求等整理完毕后,制作成符合加工要求的、规范完整的工艺文本。

⑥ 指导跟单员把握订单质量:理单员与客户联络交流多,更加了解客户的需求,对客户的产品质量要求把握得更加准确,因此理单员提供的相关的客户信息及不同客户的特殊要求等,有利于更好地指导跟单员有针对性地把好产品质量关。

(2) 交货期理单

① 陪同客户验货:验货通常有客户自行验货和委托专业验货公司验货两种方式,当客户公司验货时,由于理单员与客户相对沟通较多,一般由理单员和跟单员一起陪同客户验货。

② 指导做好出货事宜安排:当客户验货合格同意出货后,理单员需要指导协调相关部门做好货物的报关、装运及货款结汇等后续工作;如果验货不合格,则要妥善安排相关部门开箱重新返工,与客户做好推迟交货的协商,并及时指导后续相关工作事宜。

3. 服装理单员的工作素质要求

(1) 及时了解行业动态

理单员要掌握行业动态,时常做市场调研和分析,收集最新资料,快速更新自己的业务知识。同时多去生产企业了解实际生产情况,随时掌握行业变化。

(2) 熟悉各项相关政策

理单员应熟悉国家有关的政策,有关政府部门、贸易部门的规定,以便合理调整自己的工作。

(3) 与面、辅料供货商建立良好的关系

建立与面、辅料供应商的长期合作关系,以确保接下订单后能顺利下单,按期保质地完成客户所需要的产品。

(4) 拓宽客户群

通过各种途径寻找新客户或建立与主要客户的良好合作关系,熟练地将企业产品的相关信息传递出去,开拓业务渠道,发展客户资源。

(5) 具备相关专业基础知识

服装专业知识:掌握服装样板,缝纫工艺和服装面、辅料的品质鉴别,外贸单证等专业基础知识。

计算机办公软件知识:①Word 文档和 Desktop 管理;②Excel 电子表格系统;③Outlook 客户往来函电,收发电子邮件。

服装专业外语应用能力。

综合素质:分析能力、预测能力、表达能力、人际关系处理能力及严谨负责的工作态度。

三、认识服装跟单工作

服装跟单是在服装生产企业运作过程中,严格按照理单文本,控制生产进度、全过程配合具体加工部门完成订单并顺利出货的工作。生产过程跟单主要是了解合作工厂的生产进度能否满足订单的交货期,产品是否按订单生产,协同质检人员(QC)深入企业的生产车间查验产品的质量与生产进度,且发现问题要及时处理。因为生产过程跟单的基本要求是使企业能按订单要求及时交货及按订单约定的质量交货,所以跟单员要深入到生产线,查看进度,查看质量。

跟单员工作目标遵循的基本要求主要是以下两项:

① 按时交货:使生产进度与订单交货期相吻合,做到不提前也不推迟。

② 按质交货:生产出来的产品符合订单的质量要求。

1. 服装跟单的作用

(1) 确保订单的具体执行

服装跟单是依据理单文本督促生产企业准确、及时地完成客户需求的订单,是对理单文本在生产过程中的具体执行。

(2) 确保满足客户的要求

根据客户需求制定的理单文本,为生产确立了工艺、工时、质量等各方面的要求,需要跟单员来全程跟踪、配合加工部门促使各生产环节能够达到客户的要求。

(3) 协调生产各环节关系

对客户、本公司、服装生产厂、印染厂、绣花厂、布匹供应商、辅料配件供应商有统一的协商和安排,从而有效地保障生产的顺利开展;监督成衣生产过程中的工艺程序、制作方法及服装成品的检验和测量,确保所生产的产品质量符合要求;控制生产进度,保证按期交货。

2. 服装跟单的基本业务程序

在订单型生产企业和进出口贸易型企业中,服装跟单工作是服装生产企业的生命线。跟单员的工作性质与业务流程,随企业的规模与性质而有所区别,一般可分为主要针对客户进行跟进的业务跟单和对已接来的订单进行生产安排生产跟单。在企业的具体工作过程中,一般可分为前期跟单、中期跟单和后期跟单三个阶段。

(1) 前期跟单

① 熟悉订单工艺文本:订单文本是生产中的"标准",是保证产品质量的关键,跟单员对订单工艺文本越熟悉,在生产中越能观察出生产疵病,保障生产节拍。

② 协助理单员进行服装生产企业评估:跟单员与实际生产企业联系密切,能够对生产企业的性质、生产能力、生产管理状况等做全面、真实的了解,是理单员选择、确定是否由该企业承接订单的依据,是订单得以顺利操作的保障。

③ 指导样衣生产:制作样衣的特点是时间紧、打样难、数量少、质量精,样衣制作的质量和速度是客户最终下订单的关键环节,如果样衣的确认反复出现错误,会导致客户对企业的生产能力缺乏信任,导致订单的失败。因此,有效地指导样衣生产才能保证得到

订单。

④ 面、辅料跟单:在生产前要对服装面、辅料进行检验,确保订单生产所需的面辅料按预定的规格、颜色、数量、质量准时供应到生产部门,保证后续的生产进度。

⑤ 交寄产品样衣:需要及时准确地给客户寄款式样、产前样、广告样、船样等各类样衣。

⑥ 制定大货生产工艺文本:依据订单工艺文本制定符合自身企业生产能力的大货生产工艺文本,按照订单要求细化每一道加工工序,严格指导服装产品的生产,以达到客户的要求。

(2) 中期跟单

① 半成品检验:大货生产期间需要不定期的对服装大货面、辅料,裁剪各工序和缝制过程中的半成品进行跟踪抽查,对加工部门进行中期评估。

② 确认生产进展情况:在服装产品投入生产后,要求跟单员掌握生产进度,能够对生产进程评估,合理有序地安排生产时间,从而保证按期交货。

③ 中期报告:跟单员在生产现场,所发现的有关产品质量和其他生产管理需要改进的问题,都必须作出书面报告,由生产部门主管和跟单员同时签字后存档,用作跟单员中期查货和生产企业改进的依据。

(3) 后期跟单

① 评估出货时间:通常在出货前一星期,跟单员必须对订单的交货日期进行评估。在出现交货日期紧张的情况下,首先要通知理单员做好推迟交货的准备,同时敦促加工部门通过多种途径,一般是延长劳动时间或者增加生产人员,力争按期交货。

② 陪同客户验货:根据客户的要求方式,陪同客户对大货进行验收。

③ 整理装箱单:通常最终出货的数量会与订单数量有出入,在这种情况下,首先要核对订单资料中客户是否允许数量溢缺,然后把出货产品的最终总体积、总重量等数据报给理单员(若为出口服装产品还需整理相关数据资料以备报关),并把最终装箱单上交理单员存档。

④ 后期总结报告:跟单员必须做出书面验货报告上交理单员,并需要跟单员和生产企业的法人代表或委托代表签字。后期跟单总结报告是跟单员对订单执行情况的总体评价。

3. 服装跟单员的工作素质要求

(1) 全面的服装专业知识

跟单员工作涉及公司所有部门,由此决定了其工作的综合性。对外执行的是销售人员的职责,对内执行的是生产管理协调,所以跟单员必须熟悉工厂产品的生产运作流程,以便作出更快、更好的反应和决策。所以应具备全面专业的服装知识,包括了解产品的面、辅料特点,来源及成分,采购渠道;能准确把握产品的特点、款式、质量等,以便和客户及生产人员沟通。

(2) 良好的表达与交际能力

俗话说跟单员对外是推销高手,对内是管理行家,说明优秀的跟单员应该具备良好的表达与交际能力,不仅起着本公司与其他公司衔接交流的作用,更多的是在书面表达或者当面沟通时建立良好的合作关系。服装厂是劳动密集型产业,更要处理好与工人的关系,以此来推动生产效率的提高。同时,跟单员工作涉及服装企业的各部门,在保证订单按期完成的前提下,需多次与客户、生产部门、计划部门沟通与协调。因此,对跟单员而言,沟通协调能力特别重要。

(3) 生产预测能力

能预测出客户的需求、合作企业的生产能力及物料的供应情况,便于接单、生产及交货的安排。

(4) 积极的工作态度

拥有积极的心态、良好的素质以及对这份职业的热爱,必然能够处理好应急事件,保障生产的顺利进行。

(5) 其他相关知识

了解合同法、票据法、经济法等与跟单工作有关的法律知识,做到知法、守法、懂法、用法。同时也需要掌握会计、单证的报考与学习以及商检、报关方面的事务,了解运输、装卸搬运、保管、配送等知识。

任务 外贸订单整理与审核

知识目标: 1. 外贸订单整理的基本方法。
2. 外贸订单整理的技术要求。

技能目标: 1. 了解外贸订单整理与审核流程。
2. 掌握订单整理与审核的方法及技术要求。

任务描述

进入外贸企业做理单跟单工作,在了解作为理单员、跟单员工作的业务基本要求及岗位基本素质的基础上,理单员要认真仔细准确地理解客户的订单,整理成可以生产的工艺生产单。

现有如下订单需要整理:

① 尺码 3M-6M-9M-12M-18M-24M。

② 数量配比:1-1-2-2-2-2,2 000 件。

③ 订单款式资料(图 1-1~图 1-5)。

④ 规格尺寸表(表 1-1);标牌资料(表 1-2);标牌尺寸表(表 1-3)。

表1-1 订单规格尺寸表

GRADING CHART

				3M	6M	9M	12M	18M	24M
DATE	March 15, 2010	**SAISON**	SPRING 2011						**SUPPLIER**
GROUPE	TRAVEL WITH THE WIND								
DESCRIPTION	TOP	**SIZE**	3M / 6M / 9M						
STYLES	11H906		12M / 18M / 24M						
	11H106							**FABRIC**	
								HEAVY	
		size:						JERSEY	
A	total length from h. p. s.			30.75	32	34	36	38	40
B	neck width			12	12	12	13	13	13
C	chest (1/2) 1 cm below armhole			25	26	27	28.75	30	31.25
D	bottom (1/2)			25	26	27	28.75	30	31.25
E	shoulder			5.75	6	6.25	6.5	6.5	6.5
F	sleeve length			8	8.5	9	9.75	11	12.25
G	sleeve opening (1/2)			8.5	9	9.5	10	10.5	11
H	armhole straight			11	11.5	12	12.5	13	13.75
J	front neck drop			4.5	4.5	4.5	5	5	5
K	back neck drop			1.5	1.5	1.5	1.5	1.5	1.5
	neck opening stretch			52	52	52	54	54	54
L	across front at mid armhole			21.5	22	22.5	23.5	24	25
M	neck rib width			1.5	1.5	1.5	1.5	1.5	1.5
N	placket length / width			10/2	10/2	10.5/2	10.5/2	11/2	11/2
O	front & back yoke from h. p. s.			7	7	7.5	7.5	8	8
P	side slit length			3.5	3.5	3.5	3.5	3.5	3.5

* **TOLERANCE : +/−0.5 cm FOR ALL MEASUREMENTS**

* Measures in red have been revised and/or added, to be confirm with . . .

表 1-2 订单标牌资料

main label 4.5 cm×1.2 cm	Care label	Hang tag 4 cm×8 cm

表 1-3 订单标牌尺寸表

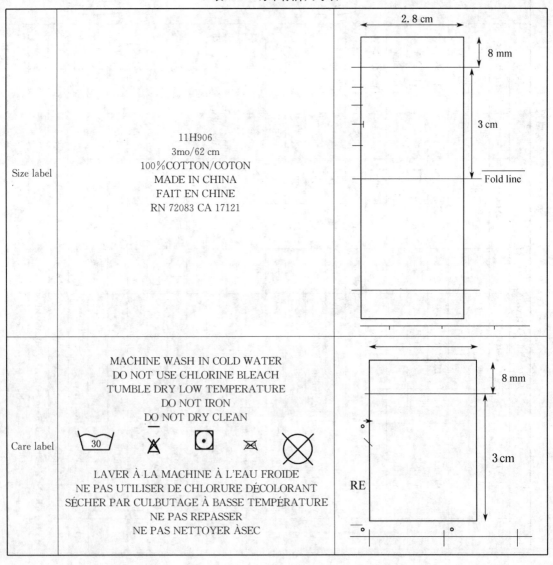

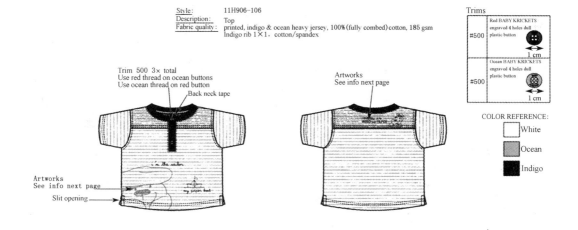

Style: 11H906-106
Description: Top
Fabric quality: printed, indigo & ocean heavy jersey, 100%(fully combed) cotton, 185 gsm
Indigo rib 1×1, cotton/spandex

Trims

#500 Red BABY KRICKETS engraved 4 holes dull plastic button
1 cm

#500 Ocean BABY KRICKETS engraved 4 holes dull plastic button
1 cm

COLOR REFERENCE:
White
Ocean
Indigo

Trim 500 3× total
Use red thread on ocean buttons
Use ocean thread on red button
Back neck tape

Artworks
See info next page

Artworks
See info next page

Slit opening

STITCHING: WHITE ON PRINTED JERSEY, INDIGO ON INDIGO JERSEY & RIB; OCEAN ON OCEAN JERSEY (DYE TO MATCH)
BARTACKS: RED

2. 1PAGE2-4

图 1-1　订单款式资料一

Style: 11H906-106 Top
Description: Artworks

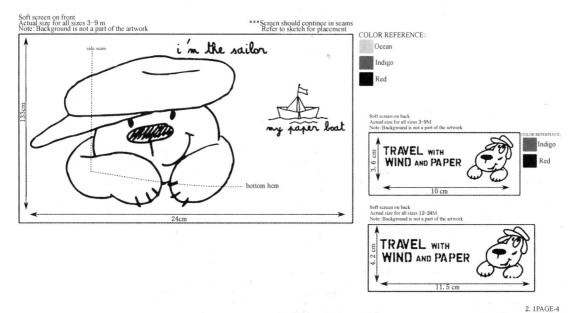

Soft screen on front
Actual size for all sizes 3–9 m
Note: Background is not a part of the artwork

***Screen should continee in seams
Refer to sketch for placement

COLOR REFERENCE:
Ocean
Indigo
Red

i'm the sailor

side seam

133cm

bottom hem

24cm

my paper boat

Soft screen on back
Actual size for all sizes 3–9M
Note: Background is not a part of the artwork

COLOR REFERCENCE:
Indigo
Red

3.6 cm
TRAVEL WITH WIND AND PAPER
10 cm

Soft screen on back
Actual size for all sizes 12–24M
Note: Background is not a part of the artwork

4.2 cm
TRAVEL WITH WIND AND PAPER
11.5 cm

2. 1PAGE-4

图 1-2　订单款式资料二

Style: 11H906-106 Top
Description: Artworks

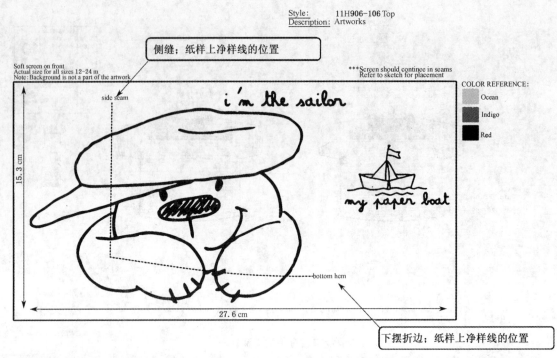

图 1-3 订单款式资料三

Style reference: 11P905 romper & hat
11H906-106 top
11H907-107 top
11H908-108 top
Description: Repeat

图 1-4 订单款式资料四

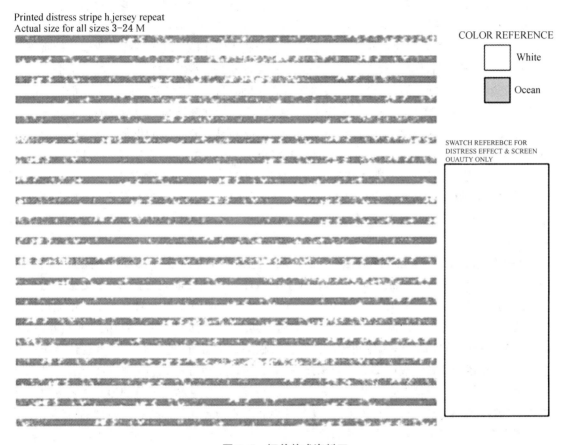

Style reference: 11H906-106 top & cardigan
Description: Repeat

Printed distress stripe h.jersey repeat
Actual size for all sizes 3-24 M

COLOR REFERENCE
White
Ocean

SWATCH REFEREBCE FOR
DISTRESS EFFECT & SCREEN
OUAUTY ONLY

图 1-5　订单款式资料五

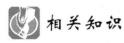 任务分析

接到服装订单后,必须依据客户对服装产品的要求,用文字、图表等方式,严格按照加工要求和流程在订单中清晰、充分地表现。理单员准确、规范地整理并制作出指导服装产品生产、销售全过程的详细理单文本,这是与客户在具体加工过程中核对订单的依据,也是跟单员检验产品的重要依据。

相关知识

一、接受订单

寻找订单的途径很多,可以通过我国驻外机构、领事馆、中国银行或其他外商银行的介绍;

通过国际友好组织、各国商业或工业民间组织以及国内外的国际咨询公司进行了解咨询；从国内外的各种媒体广告、行业名录、厂商年鉴中了解；通过各种展销会、博览会、小交会及广交会（中国进出口商品交易会）等结识客户。随着电子商务的日益普及，网络信息以传播快而广的特点已为很多公司、企业利用，通过互联网寻找商机和合作伙伴已成为众多商家询盘的首选。例如服装行业各专业展会的主页，像亚洲纺织联盟（www. tex-asia. com）、国际采购网（www. buy-hk. org）等，这些知名网站的主页上面有商业资讯、贸易信息，以及各种专业展会中所有参展商的联系方式、产品种类、参展商公司网站等重要的资料，这些资料都是非常有价值的。一般国外的参展商往往既是卖家也是最大的进口商，我们可以对这些客户进行重点跟进。同时欧洲很多企业都有在黄页上刊登自己公司信息的习惯，如欧洲黄页（www. europages. com）、托马斯欧洲企业名录（www. thomasglobal. com）。由中国商务部办的世界买家网（win. mof-com. gov. cn/index. asp），其客户资料全部来自广交会，里面的《世界进口商》和《最新数据》每个工作日都会更新，可以每天查阅整理。还有福步论坛及众所周知的阿里巴巴中文网站，都可以通过它们主动出击，寻找客户。或者在 B2B 网站上注册企业以及产品信息，提升公司产品曝光率，从而让客户主动联系，很多客户都是直接利用 B2B 的程序发邮件，理单员需要定期登陆检查收件箱是否有客户询盘。

要把信息变成订单，也需要掌握一定的技巧。把客户询盘变成有效订单的前提是做好客户的询盘，用图片直接把产品的卖点、特色尽量展示在客户的面前，并进行多次交流沟通。首先，必须掌握好磋商函电的书写技巧，在信函开头吸引客户，开门见山，直入主题。不能仅仅是文字及图片的交流，更有效的是真诚的语言沟通。其次，注重细节，如按客户的要求打板，同时报价，在客户允许的情况下，为保质量跟进重新打板并同时报价，这样客户会体会到合作的诚意。最后，在客户询盘时最重要是如何来报价，要让客户觉得你的报价是物有所值，要讲出产品定价的依据，表明报价的合理性。当客户直接寻价时，要尽量通过问答的形式了解客户。比如可以问客户需要的数量、质量要求，有没有特殊的需求等，了解清楚客户的意愿后，然后根据客户的需求，量身定做一份最合适的报价单。当发出报价单后，要找准时机跟单，要把询盘的客户分类管理，做到定时跟单。

在对外贸易中，跟单员接到的订单常见的有以下几种形式：

（1）订单（Order）

订单是指由进口商或实际客户拟制的货物订购单。

（2）委托订购单（Indent）

委托订购单是指由代理商或佣金商拟制的代客购买货物的订购单。

（3）合同（Contract）

出口合同的形式一般有由卖方草拟的销货合同（Sales Contract）和由买方草拟购货合同（Purchase Contract），合同内容一般包括三部分：合同首部、合同主体和合同尾部。

（4）确认书（confirmation）

确认书是合同的简化形式，对于异议、索赔、仲裁、不可抗力等一般条款都不会列入，使用第一人称语气。确认书包括由卖方草拟的售货确认书（Sales Confirmation）和由买方草拟购货确认书（Purchase Confirmation）。这种格式的合同，适用于成交金额不大、批次较多的轻工日用品、小土特产品，或已有包销、代理等长期协议的交易。

（5）协议书（Agreement）

"协议书"在法律上与"合同"具有相同的意义。"初步协议"（Preliminary Agreement）一般会标明"本协议属初步性质，正式合同有待进一步洽商后签订"（This agreement is of preliminary nature, a formal contract will be signed after further negotiation）或作出其他类似意义的声明，以明确该协议不属正式有效的合同性质。

（6）备忘录（Memorandum）

备忘录也可作为书面合同的形式之一，但在跟单中较少使用，不具有法律上的约束力。

（7）意向书（Letter of Intent）

意向书只是双方当事人为了达成某项协议所作出的一种意愿的表示（Expression of Intentions），也不具有法律上的约束力。

二、审查合同、订单

承接外贸订单首先要依据企业原有的相关衡量标准及业务员相关经验确定订单的质与量。在保证订单的质与量后，收到客户的订单信息时，核实企业法人登记注册情况；解读供应商、生产企业财务审计报告；了解企业生产、经营能力及经营条件；理单员要对客户资料进行核查，包括数量、尺码分配、尺寸表、颜色、物料、包装方法及物料等，并且要仔细看清客户原样有无特别的制作工艺，并重点记录，特别是收到需要马上报价的订单，业务人员需第一时间整理资料，核算成本。

三、翻译整理订单

外贸订单客户一般有两种：第一是将新订单资料直接用邮件发过来，要求我们报价给客户之后签订销售合同，然后再进行样品和大货的制作；第二是提前一个季度进行样品的打样（也叫推销样），做好后客户用来开订货会，有了订单以后再发给我们进行大货的报价和生产。两种方式各有好处：第一种减少了推销样的制作过程，直接进行大货生产。第二种因为先打了推销样，做大货的时候更便于准确合理地报价以及大货面辅料的采购，但不管是何种方式的订单，收到客户信息的第一时间都是进行订单的整理，特别是需要马上报价的订单，业务人员需第一时间整理资料，核算成本。在此过程中订单的整理尤为重要，它直接关系到能否顺利接到订单。

四、客户英文原单中的服装专业英语翻译技巧

1. 尺寸规格的翻译技巧

Specification（尺寸规格）是服装外贸订单的一个重要组成部分，Specification 翻译的正确与否直接关系到顾客是否接受样衣以及后期成衣的尺寸能否顺利出货，所以以尺寸规格的翻译非常重要，必要时应结合测量方法进行翻译。例如："WAIST (12 FROMHPS)"译为从颈侧点下来 12 英寸量腰围；"Neck Width (seam to seam)"或"Neck Width (edge to edge)"都是指横开领大，但具体到款式中，两个尺寸就截然不同，前者指缝到缝的尺寸，后者指领边缘到领边缘的尺寸，对于这种难以表达清楚的或不易用语言表达的部位尺寸，尽量利用图示进行具体说明。同时注意存在同一部位不同客户的表达方式、表达习惯亦不相同。例如："X-Shoulder"和

"Across Shoulder"都表示肩宽。

2. 缩写的翻译技巧

在服装外贸订单中的缩写形式运用的是国际惯例,但有时在区域行业内部也会有一定的表达习惯,翻译时就要针对不同的上下文或语境来进行理解。例如"The bt are 0.8" and SPI should be 12-13 and has bt at side seam"翻译过来是"下摆卷边宽为 0.8 英寸,线迹密度为每英寸 12~13 针,需要在侧缝处打套结"。第一个"bt"为 bottom,第二个"bt"为 bartack,SPI 为 stitch per inch。类似的还有"SS"可能是 side seam 的缩写,也可能是 sales sample 的缩写,亦可能是 short sleeve 的缩写,要针对不同的上下文或语境来加以识别翻译,并对不同的缩写进行强化记忆。

3. 色彩的翻译技巧

由于世界上各地区、各民族在地理位置、历史传统、文化风俗、民族思维习惯、意识形态等方面存在一定的差异,同一颜色词语有时表现出明显的语义差异,所以说色彩的翻译是服装外贸订单翻译中难度较大的。例如:"navy"可以翻译成海军蓝,也可以翻译成藏青,或者深芷青;"antique brass"可以翻译成青古铜或古铜色。在实际中我们为避免引起理解偏差,在翻译色彩时后面要附加上潘通(PANTONE)色卡号。

4. 工艺的翻译技巧

在服装行业,对于不同的客户,不少公司对工艺的叫法也不相同。香港或者广州一带的客户,习惯把"劈缝"叫作"开骨工艺","样品"叫作"办"。再有就是线迹的翻译,如"edge stitch"译为清止口,指下摆或袖口、脚口等部位是卷边做光处理;"overlock"译为拷边,"coverstitch"译为(针织上常用的)绷缝。

5. 客户沟通交流中的服装专业英语翻译技巧

在翻译客户意见及信函时应简洁、清楚、准确,不引发歧义。例如"Please make sure to follow our size chart-also for size sets which MUST be within the agreed tolerances. Thanks."译为"请按客户尺寸表做准",而不用繁琐地写成"请确保按着客人的尺寸表做,且所有的尺寸都要在客户的允许差内。"必要时可以采用红色字体、下划线或加粗等方式来达到提醒的目的。同时在翻译客户意见时需要针对客户的描述进行恰当的转译,并对客人没有提出的可能影响后期产品质量的内容进行必要的删减、补充。回复客户时应主题明确,条理清晰,先说明主题,然后再针对客户信函询问或述说的问题逐条分段加以回复。

6. 订单翻译注意事项

核查订单上物料是否正确、尺寸是否准确、款式是否正确、做工是否细致、成品颜色是否正确、有无漏定物料、物料是否能按预定时间到加工厂、时间上是否有问题。所有与客户有接触的文件都必须符合国际惯例,要使用正规的商务信函、正规的合同格式、正规的样品发票等。

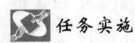 **任务实施**

一、明确所需整理订单的主要内容如下

① 翻译所有资料(款式图、尺寸表、印绣花、面辅料信息)。

② 整理所有面、辅料(面料:主面料、配布;辅料:扣子、拉链、唛头;包装的一系列资料等。如果开始客户没有一次性给齐资料,包装的资料可以晚点儿催促)。

③ 整理安排印绣花样(清楚标明尺寸、颜色、要求等)。

④ 整理安排样品(共有多少种样品,对面、辅料的要求等)。

⑤ 沟通解决发现的问题。在整理订单时发现的任何会阻碍工作进行的问题,都必须立即沟通解决。例如:a. 款式图上未标明里布的面料,这时就需要马上联系客户问清楚有没有里布。如果有,是什么品质,什么颜色? b. 客人对款式的注释和画的款式图不一致时,必须马上问清楚是按哪一个进行等。

二、整理订单

(一)翻译所有订单

(1)图 1-1 中内容的翻译对照表(表 1-4)

表 1-4　订单款式资料一翻译表

英语	中文	备注
Style:11H906-106	款号:11H906-106	
Description:top	款式描述:上衣	
Fabric quality: Printed, indigo & ocean heavy jersey, 100%(fully combed)cotton, 185 gsm, Indigo rib 1×1, cotton/spandex	面料质量:藏蓝色和海蓝色的 185 g/m² 全棉精梳印花条纹针织平纹布;藏蓝色 1×1 罗纹 成分:棉/氨纶	
Trims	辅料	
#500 Red　BABY KRICKETS engraved 4 holes dull plastic button	#500 编号:红色的 4 目塑料扣,上面刻有"BABY KRICKETS"字样	
#500 Ocean　BABY KRICKETS engraved 4 holes dull plastic button	#500 编号:海蓝色的 4 目塑料扣,上面刻有"BABY KRICKETS"字样	
Trim 500 3× total Use red thread on ocean buttons, Use ocean thread on red buttons.	#500 编号的扣子,合计 3 颗 海蓝扣子用红色线钉 红色扣子用海蓝色线钉	
Back neck tape	后领包条	
Artworks see info next page	图案见下页	
Slit opening	开衩	
STITCHING:WHITE ON PRINTED JERSEY, INDIGO ON INDIGO JERSEY & RIB;OCEAN ON OCEAN JERSEY(DYE TO MATCH) BARTACKS:RED	车缝线:印条纹汗布上面用白色的线,藏蓝色汗布和藏蓝色罗纹上面用藏蓝色线,海蓝色汗布上用海蓝色线(配色) 套结:红色	
COLOR REFERENCE:White Ocean Indigo	色卡:白色、海蓝色、藏蓝色	

(2) 图 1-2 中内容的翻译对照表 (表 1-5)

表 1-5　订单款式资料二翻译表

英语	中文	备注
Style：11H906-106	款号：11H906-106	
Description：Artworks	款式描述：图案（印绣花）	
soft screen on front	前片印花	
Actual size for all sizes 3-9 m	此实际尺寸用于 3～9 m	24 cm×13.3 cm
Note：Background is not a part of the artwork	注意：底色不是印花图案的一部分	
Screen should continue in seams Refer to sketch for placement	印花需延伸到侧缝里，印花位置参照款式图	
COLOR REFERENCE：Ocean Indigo Red	色卡：海蓝色、藏蓝色、红色	
Soft screen on back	后背印花（因其他英文和上面一样，故不再重复翻译）	由图片资料得知有两个尺寸的印花

(3) 图 1-3 中内容的翻译对照表(表 1-6)

表 1-6　订单款式资料三翻译表

英语	中文	备注
Style：11H906-106	款号：11H906-106	
Description：Artworks	款式描述：图案（印绣花）	
soft screen on front	前片印花	
Actual size for all sizes 12-24 m	此实际尺寸用于 12～24 m	27.6 cm×15.3 cm
Note：Background is not a part of the artwork	注意：底色不是印花图案的一部分	
Screen should continue in seams Refer to sketch for placement	印花需延伸到侧缝里，印花位置参照款式图	位置如图所示
COLOR REFERENCE：Ocean Indigo Red	色卡：海蓝色、藏蓝色、红色	

(4) 图 1-4 和图 1-5 中内容的翻译对照表(表 1-7)

表 1-7　订单款式资料四、五翻译表

英语	中文	备注
Style reference	涉及款式	常常几个款式都用到一个面料
Description：Repeat	描述：重复图案	
Printed distress stripe h. jersey repeat	做旧条纹重复印花汗布	
Actual size for all sizes 3-24 m	此实际尺寸用于 3～24 m	
COLOR REFERENCE：	色卡	
For distress effect & Screen quality	印花效果和质量参考	一般客户会在旁边贴出一个实样供参考

（5）订单规格尺寸表中内容的翻译对照表（表1-8）

表1-8　订单规格尺寸表对照翻译表

英语	中文	备注
DATE：March 15，2010	日期：2010-3-15	
STYLES：11H906 11H106	款号：11H906-106	
GROUPE：TRAVEL WITH THE WIND	组别：TRAVEL WITH THE WIND	
DESCRIPTION：TOP	描述：上衣	
SAISON：SPRING 2011	季节：2011 春季	
SIZE：	尺码	
SUPPLIER：	供应商：	
FABRIC：HEAVY JERSEY	面料：针织汗布	
total length from h. p. s.	衣长 肩颈点量	h. p. s＝ high point shoulder
neck width	领宽	
chest (1/2) 1 cm below armhole	1/2 胸围-袖窿下 1 cm	
bottom (1/2)	1/2 底摆	
shoulder	肩宽	
sleeve length	袖长	
sleeve opening (1/2)	1/2 袖口	
armhole straight	挂肩	
front neck drop	前领深	
back neck drop	后领深	
neck opening stretch	领口拉伸量	
across front at mid armhole	胸宽	袖窿线中
neck rib width	领口罗纹宽	
placket length / width	门襟长/宽	
front & back yoke from h. p. s.	前后约克长-肩颈点量	
side slit length	开衩长	
TOLERANCE：＋/－0. 5 cm FOR ALL MEASUREMENTS	所有尺寸公差范围：＋/－0. 5 cm	

(6) 订单标牌资料的翻译及说明(表1-9)

表1-9　订单标牌资料翻译表

英语名称	图片	中文	备注
main label 4.5 cm×1.2 cm		主唛 尺寸：4.5 cm×1.2 cm	
Size label		尺码唛	客户未指明材质,所以需向客户要品质样或者按常规做一个样给客户批核。一般客户都会提供品质样和色样
Hang tag 4 cm×8 cm		挂牌 4 cm×8 cm	

(7) 订单标牌尺寸表的翻译及说明(表1-10)

表1-10　订单标牌尺寸翻译表

英语	中文	备注
Size label	尺码唛	
Care label	洗水唛	
11H906 3 m 100%COTTON/COTON MADE IN CHINA FAIT EN CHINE RN 72083 CA 17121	11H906（款号） 3 m（尺码） 100%棉（面料成份） 中国生产(产地) RN 72083 CA 17121(客户编号)	在生产唛头的时候注意根据实际的尺码变动唛头上的尺码 "/"后面的coton也是棉的意思,这个唛头上有两种语言
Fold lline	对折线	即唛头在做好以后需要对折后车缝在衣服上

(二) 整理所需的面、辅料并询价

由翻译的资料可以得知如下信息(表1-11)。

表 1-11　面、辅料

名称	规格	成份	颜色	使用部位	询价
条纹汗布	185 g	全棉	藏蓝色＋白色	约克	50 元/kg
条纹汗布	185 g	全棉	海蓝色＋白色	大身,袖子	50 元/kg
1×1 罗纹	未给资料	棉/氨	藏蓝色	领口	45 元/kg
素色汗布	185 g	全棉	藏蓝色	门襟	45 元/kg
素色汗布	185 g	全棉	海蓝色	后领包条	45 元/kg
四目扣	1 cm	塑料	红色	门襟	0.2 元/粒
四目扣	1 cm	塑料	藏蓝色	门襟	0.2 元/粒
主唛	4.5 cm×1.2 cm				0.15 元/个
洗水唛	2.8 cm×3.8 cm				0.1 元/个
尺码唛	2.8 cm×7.6 cm				0.1 元/个
吊牌	4 cm×8 cm				0.3 元/个
无纺衬				门襟里	1 元/m
线			白色/红色/藏蓝色/海蓝色		15 元/kg
印花					1.5 元/件

(三) 安排打板师进行打板排单耗

给打板师翻译好的款式图、尺寸表、印绣花位置及尺寸、订单数量比例,要求打板师算面、辅料用量以便报价,注意在给打板师资料的时候,所有面料需写明有效幅宽(表 1-12),单耗一栏则是需要打板师排料、计算后填写的。

表 1-12　面料有效幅宽参考

名称	规格	有效幅宽(m)	成份	颜色	使用部位	单耗
条纹汗布	185 g	1.8 m	全棉	藏蓝色＋白色	约克	
条纹汗布	185 g	1.8 m	全棉	海蓝色＋白色	大身,袖子	
1×1 罗纹	未给资料	1.6 m	棉/氨	藏蓝色	领口	
素色汗布	185 g	1.8 m	全棉	藏蓝色	门襟	
素色汗布	185 g	1.8 m	全棉	海蓝色	后领包条	

(四) 核算成本并报价

报价＝面料费用＋辅料费用＋运费＋加工费＋报关报检费用＋人工费＋损耗＋利润(表1-13)。

注:以下表格未加损耗和利润。需要将针织面料的长度转换为重量,因为针织面料是按重量计算出售的。

表 1-13　报价参考表

面辅料名称	规格	有效幅宽	颜色	单耗(m)	单价	合计
条纹汗布	185 g/m²	1.8 m	藏蓝色＋白色	0.6	50 元/kg	10.3
条纹汗布	185 g/m²	1.8 m	海蓝色＋白色	0.2	50 元/kg	3.4
1×1 罗纹	未给资料	1.6 m	藏蓝色	0.05	45 元/kg	0.74
素色汗布	185 g/m²	1.8 m	藏蓝色	0.02	45 元/kg	0.3
素色汗布	185 g/m²	1.8 m	海蓝色	0.02	45 元/kg	0.3
四目扣	1 cm		红色	1	0.2 元/粒	0.2
四目扣	1 cm		藏蓝色	2	0.2 元/粒	0.4
主唛	4.5 cm×1.2 cm		黄色	1	0.15 元/个	0.15
洗水唛	2.8 cm×3.8 cm		白色	1	0.1 元/个	0.1
尺码唛	2.8 cm×7.6 cm		白色	1	0.1 元/个	0.1
吊牌	4 cm×8 cm		黄色	1	0.3 元/个	0.3
无纺衬		1 cm	白色	0.01	1 元/m	0.01
线			白色/红色/藏蓝色/海蓝色		15 元/kg	0.1
印花				1	1.5 元/件	1.5
加工费				1	5 元/m	5
运费				1	0.2 元/m	0.2
商检费				1	0.5 元/m	0.5
合计						23.6

到此,理单的工作基本结束,把净成本价加上利润和损耗就可以直接报给客户,客户确认以后就可以进行后面大货样品的开发了。

注意:在此理单的过程中会涉及很多关于订单的问题,有的是客户未给资料或者是给错资料的,跟单员在理单过程中发现了就要及时提出,如上面提到罗纹面料,客户未给克重和组织结构,面料的棉/氨纶的成分比例是多少也未给,这时就需要业务人员及时和客户沟通。

（五）销售确认书的确认（表1-14）

表1-14　销售确认书

销 售 确 认 书

SALES CONFIRMATION

No：	2012YC15
DATE：	16-May-12

SELLERS:四川省进出口有限责任公司　　　ADD:成都市江汉路

BUYERS:JOSEF KANZ GMBH & CO. KG　　ADD：LOGISTIKZENTRUM, JOH.-FRIEDRICH DIEHM-STR. 2,

36341 LAUTERBACH, GERMANY

TEL. 0049 6641 /181-0

兹经买卖双方同意按下列条款成交

THE UNDERSINGED SELLERS AND BUYERS HAVE AGREED TO CLOSE THE FOLLOWING

TRANSACTIONS TO THE TERMS AND CONDITIONS STIPULATSD BELOW：

品种及规格	数量	单位	单价 （美元/件）	金额 （美元）
BABIES' 100% cotton top	2 000	件	US$6	US$12 000
合计				US$12 000

1. 数量及总值均有3%的增减,由卖方决定。

WITH 3% MORE OR LESS BOTH IN AMOUNT AND QUANTITY ALLOWED AT THE SELLER'S OPTION

2. 成品总值:美元壹万贰仟元整

3. 包装(PACKING):纸箱

4. 装运期(TIME OF SHIPMENT):2012年6月30日前

5. 装运口岸和目的地(LOADING PORT & DESTINATION):上海—德国

6. 付款条件:收到文件后 T/T 30天内。

TERMS OF PAYMENT：T/T within 30 days after goods shipped.

7. 装船标记(SHIPPING MARK)：

8. 备注(REMARKS)：

卖方:四川省进出口有限责任公司　　　买方:JOSEF KANZ GMBH & CO. KG

外贸订单的整理与审核是一项十分细致的工作,订单翻译的好坏、对错会直接影响后续订单的执行和产品的质量等。所以优秀的服装外贸理单人员要兼备良好的服装专业知识和较强的服装专业英语翻译技巧,并能在服装外贸理单中不断积累经验,这样才能更有助于服装外贸理单工作的开展。

教学实施组织

一、导入相关知识介绍

认识对服装理单跟单及业务人员的要求,理单员开始尝试整理教师提供的企业订单。

二、安排初期工作任务

教师通过实例讲授理单的方法。

三、同步指导服装理单流程

团队分组合作完成工作任务。

四、总结本单元的教学内容

针对教学过程中的重点内容向学生提问,以便加深学生的印象,同时也请学生质疑,由教师答疑。

练习题同步训练

请根据如下(图 1-6,表 1-15)订单资料完成下列任务:
(1) 翻译出以下所有的订单内容。
(2) 列出该订单服装所有的面、辅料。

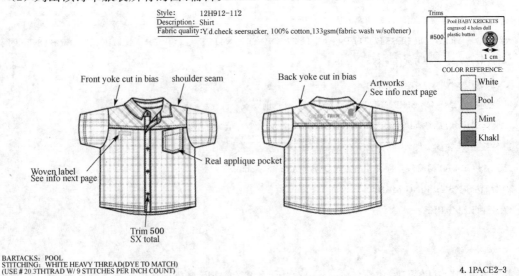

Style:　12H912-112
Description:　Shirt
Fabric quality:　Y.d.check seersucker, 100% cotton,133gsm(fabric wash w/softener)

Trims

Pool BABY KRICKETS engraved 4 holes dull plastic button
#500
1 cm

COLOR REFERENCE:
White
Pool
Mint
Khakl

Front yoke cut in bias　　shoulder seam

Back yoke cut in bias

Artworks
See info next page

Woven label
See info next page

Real applique pocket

Trim 500
SX total

BARTACKS: POOL
STITCHING: WHITE HEAVY THREAD(DYE TO MATCH)
(USE # 20.3THTRAD W/ 9 STITCHES PER INCH COUNT)

4. 1PACE2-3

图 1-6　订单资料

表 1-15　订单资料

GRADING CHART

DATE					SAISON				SUPPLIER	
STYLES	GROUPE					SIZE				FABRIC
		DESCRIPTION	size:	3M	6M	9M	12M	18M	24M	
A		total length from h. p. s.		30.75	32	34	36	38	40	
B		neck width		12	12	12	13	13	13	
C		chest (1/2) 1 cm below armhole		26	27	28	29.75	31	32.25	
D		bottom (1/2)		26	27	28	29.75	31	32.25	
E		shoulder (fictive on raglan cut)		6.75	7	7.25	7.5	7.5	7.5	
F		sleeve length		8	8.5	9	9.75	11	12.25	
G		sleeve opening (1/2)		9	9.5	10	10.5	11	11.5	
H		armhole straight		11.5	12	12.5	13	13.5	14.25	
I		front neck drop		4	4	4	4.5	4.5	4.5	
J		back neck drop		1	1	1	1.5	1.5	1.5	
K		across front at mid armhole		21.5	22	22.5	23.5	24	25	
L		stand up collar height back / front		2.5/2	2.5/2	2.5/2	2.5/2	2.5/2	2.5/2	
M		collar height back / front		3.5/4	3.5/4	3.5/4	3.5/4.5	3.5/4.5	3.5/4.5	
N		placket width		2.5	2.5	2.5	2.5	2.5	2.5	
O		front yoke from center front		4.5	4.5	4.5	4.5	4.5	4.5	
P		back yoke height (center back)		5.5	6.5	6.5	7.5	7.5	8.5	
Q		front patch pocket height/ width		8/6.5	8/6.5	8.5/7	8.5/7	9/7.5	9/7.5	
S		side difference length		2.5	2.5	2.5	2.5	2.5	2.5	

拓展知识:服装加工企业的选择与生产组织形式

一、加工厂的评审

一般外贸公司没有自己的加工厂,所有订单以外发跟单形式完成,所以是否能够顺利完成订单与找到合适的加工厂有着直接的联系。更重要的是,加工厂的产能决定了是否能按照客户的品种、质量、交货期的要求完成订单的生产。在国际贸易中,很多客户都要求对服装加工厂进行评审,其目的是判断服装贸易公司所组织的生产资源是否达到客户所要求的标准。

本节主要从保障人权和守法状况、安全防范与卫生健康、环境保护、生产计划与控制、设备与维护、质量管理计划与控制、厂房保安等多个方面介绍选择服装加工厂时的评审内容。

(一)保障人权和守法状况

1. 是否有相关的政策法规

服装加工企业应该依据 SA8000 社会责任国际标准体系、ISO9000 质量管理体系及 ISO14000 环境管理体系等企业普遍应该遵循的国际标准制定经营行为准则。具体条款要包括禁止雇用童工、禁止强制劳动、禁止压迫和人身侵犯、禁止歧视、关于健康和安全以及组建工会的自由等,并针对工资和各种补贴、劳动时间、环境保护等制定公司规章制度。

2. 是否执行了相关的政策法规

企业内部涉及管理的相关制度的健全性与有效性是评审企业的主要内容。除了成文制度的执行情况还应该对内部管理制度是否完善、是否得到执行做出评审:各项支出实际完成情况及其与预算比较情况;各项支出是否符合相关财政财务政策制度规定,手续是否完备,相关票据是否真实、合法;是否严格执行政府采购与招投标等政策法规;相关资产及合同协议管理是否规范。同时,重点考查项目支出预算执行的效果,包括已完成项目的预期目标实现程度、项目实施形成的新增资源的利用程度及产生的效益或效果、是否存在新增设备设施闲置或重复购建等浪费现象,决算报表的全面性、完整性、正确性等。

3. 是否有完整的工时及工资记录佐证政策法规的执行情况

企业应该遵守劳动保护法律法规,切实改善劳动环境,具有完备的考勤制度、加班条例和清晰的工资发放明细表。每周至少保证劳动者休息一天,每周工作总数不超过 40 h。对于实行计件工资或底薪加提成工资制度的,该工资标准也需要不低于当地最低工资标准。企业除了要保障劳动者不会受到歧视性待遇和不公平待遇,还应承担劳动者失业、养老和最低生活保障等各类劳动保险费用,能够认识到不承担社会责任的经营活动很难有生路。

(二)安全防范与卫生健康状况

1. 水电设施评审

服装企业水电设施的基本要求是安全、可靠、优质、经济。企业选址合理,电气设备满足工厂的用电量要求;具有独立的变电所,多层厂房设置多台变压器;整个车间灯具分布均匀,光源适于劳动者视力健康,易于提高生产效率;根据生产工艺对照度和光色要求不同,有可调节的照明方式。具有生产用水、生活用水和消防用水组成的给水系统,保障正常的生产,同时具有完善的排水系统。

2. 消防设施评审

服装厂的原料、半成品和成品都属于易燃物品,对于存放的地点要求符合建筑设计的耐火等级和防火规范要求,重点巡查各个车间用火、用电有无违章情况;安全出口、疏散通道是否畅通,安全疏散指示标志、应急照明是否完好;消防设施、器材和消防安全标志是否在位、完整;常闭式防火门是否处于关闭状态,防火卷帘下是否堆放物品;易燃易爆危险物品和场所防火防爆措施的落实情况以及其他重要物资的防火安全情况;消防安全重点部位的人员在岗情况和设施运行、记录情况;消防车通道、消防水源情况,同时可了解重点工种人员以及其他员工消防知识的掌握情况。

3. 工作环境评审

场容、卫生环境决定一个企业整体的管理理念及生产品质。从面、辅料进厂,经过验料、裁剪、缝制、整烫、后整理等工序,整个生产过程要求生产车间的布局合理,满足生产的连续性,减少迂回,提高生产效率。生产车间应该有良好的通风和充足均匀的采光,有必要的避暑、取暖及降低噪音的设施。各种设备干净清洁、摆放有序,半成品及成品等物品分类码放整齐,路面平整畅通无积水,生产区内外卫生清洁,生产、生活垃圾及时清除,为劳动者提供安全、放心、舒适的工作环境。

4. 生活环境评审

舒适的生活环境会提高劳动者的生产效率,交通及生活消费容易得到实现,劳动者能享受基本的医疗与社会保障体系的相关政策,企业也有对劳动者相关的住房保障管理规划,较为完善的最低生活保障制度。在较为公平公正的环境下按照奖惩制度执行,合理的意见或建议得到处理,劳动者之间、劳动者与管理者之间、管理者与管理者之间人际关系融洽。

(三)环境保护状况

作为企业,要将环境负荷控制到最小限度,这是企业的社会责任与义务。企业内部要设有专门的环境管理组织机构,具有阐述企业在环境管理方面总的管理体系,能够对企业人员进行环保培训、指导绿色采购。

服装生产流程中会对环境造成负荷,在评审该项目时,首先要调查该企业生产污染是否符合当地的环境法规要求,在此前提下审核企业在节能减排、保护环境方面的相应措施和制度:

① 选择面料时选择环保面、辅料的力度。

② 在服装整个生命周期中为减少及杜绝危险化学物质排放的相关举措。

③ 废水、废渣的排放政策和处理方法。

④ 有毒气体排放政策的处理方法。

⑤ 废弃物管理。

⑥ 在节约资源、能源和降低能耗方面的处理方法;是否有节约水资源、使用可再生能源及绿色办公等方面的政策或措施。

(四)生产计划与控制

1. 生产计划评审

对生产计划的评审,可审核其制定的生产作业计划、中长期计划和年度生产计划是否符合企业的客观实际状况,针对企业的实际生产能力,并评审生产计划的可行性、可操作性。生产能力是指在一定时期内直接参与企业生产过程的固定资产,在一定的组织技术条件下,所能生产一定种类的产品或加工处理一定原材料数量的能力。它反映了企业所拥有的加工能力以及企业的生产规模。重点从以下因素评审企业的生产能力：

① 生产设备的先进程度。

② 服装原材料供应情况。

③ 调换生产品种的能力。

④ 劳动组织及操作者的技术水平情况。

⑤ 生产季节性影响。

⑥ 生产计划是否符合交货期原则。

⑦ 企业管理及资金状况。

在样品试制前，还要进行款式评审、质量性能评审、产品规格评审、加工工艺评审、批量生产可行性评审、生产周期评审及价格评审。

2. 生产控制评审

为保证生产计划科学制定、下达并顺利执行，确保与之相关的各个环节衔接流畅，企业会制定相应的控制程序文件，同时在文件中明确各个环节的责任范围和职责。

平衡性和同一性是生产控制的目的和要求。作业量的平衡性是指为了使企业各生产环节的生产进度均匀、负荷平衡，保证企业生产的稳定性，相同生产能力的工序工作量分配相同，以及同一阶段各部门的工作量相同。同一性是生产计划制定后按照各级部门下达，要求各级计划间要在内容上严格保持一致，不得有相互矛盾或抵触的情况发生。生产控制的良好状态是在生产过程的各个环节处于连续运动的状态，没有或者很少有不必要的停顿与等待现象，物料在生产过程不出现平行交叉作业，各环节的生产能力保持适当的比例关系，各环节能力趋于平衡，没有"瓶颈"。产品从投料到完工按计划均衡地进行，在相等的时间内完成的工作量大体相等，没有前松后紧的现象。

（五）设备与维护

该评审项目主要考察以下几个方面的内容。

1. 设备配置评审

设备配置的评审主要看其设备的配置是否能完成客户产品的要求。服装加工企业所拥有的设备限定着企业的生产能力，对产品的质量，服装面、辅料及公用工程单耗等方面都有直接的影响。服装机械设备种类较多，根据生产加工过程中的作用或者用途，可从以下方面进行评审：

① 准备机械设备：三维测量仪、服装设计设备、验布机、预缩机等。

② 裁剪机械设备：铺布机、断料机、裁剪机（直刀往复式、带刀式、圆刀式、摇臂式）计算机裁剪系统等。

③ 黏合设备：辊式黏合机、板式黏合机。

④ 通用缝纫机械设备：工业平缝机、包缝机、绷缝机、链缝机、锁眼机（平头、圆头）、钉扣机、套结机、开袋机、缲边机、缲袖机。

⑤ 装饰用缝纫机：曲折缝纫机、电脑绣花机、打褶机。

⑥ 整理定形设备：熨斗、烫台、熨烫机。

⑦ 检测设备：吸线头机、检针机。

⑧ 吊挂传输系统及其他配套设备。

2. 设备维护评审

设备的良好状态是安全生产顺利进行的保证,机械保养必须贯彻"养修并重,预防为主"的原则,保证机械设备经常处于良好的技术状态,减少故障停机日,提高机械完好率、利用率。设备的管理与维护有具体负责的管理部门,并制定设备管理目标和各项设备管理制度,以对本部门的设备进行使用、维护保养、检修等全过程的日常管理。设备检修的方案及具体实施必须包含以下六个方面。

① 必须按机械保养规程、保养类别做好各类机械的保养工作,保养项目、保养质量和保养中发现的问题应做好记录,报本部门专门负责人员。

② 进行常规的清洁、紧固和润滑作业,并部分地进行调整作业,保持机械各总成、机构、零件具有良好的工作性能。

③ 及时更换适用季节的润滑油、燃油,采取防冻措施,增加防冻设施等。

④ 机械转移工地前,应进行转移保养,作业内容可根据机械的技术状况进行保养,必要时可进行防腐。

⑤ 停用及封存机械应进行保养,主要是清洁、防腐、防潮等。

⑥ 保养计划完成后要认真检查和验收,并编写有关资料,做到记录齐全、真实。

(六) 质量管理计划与控制

服装企业质量控制是指为达到质量要求,在产品形成过程中按照技术标准和工艺要求所采取的技术作业和措施。该评审项目主要考察以下几个方面的内容。

1. 质量管理计划评审

质量管理是一种以预防为主的管理方式,要在产品生产前制定相应的技术文件,在与产品形成有关的全过程中,始终处于受控制的状态,不使产品产生质量问题,或者出现问题也能在生产过程中得到及时解决,不使其产生不良后果,影响最终产品质量。

2. 质量控制评审

质量控制的内容包括:

① 服装设计过程的质量控制:产品的固有质量、固有成本、性能和可靠性等,材料质量,如对购进的布料应该进行抽查,保留书面记录,且衣片和坯布抽查比例要大于10%;对色布或印花布进行色差检验,对有色差或色疵的布料进行控制。

② 服装工艺设计的质量控制:样板质量控制、工艺技术文件的质量控制。

③ 服装生产阶段的质量控制:裁剪阶段、黏合阶段、缝制阶段以及整烫工序的质量控制。

3. 质量管理控制评审

① 产品质量检验相应的把关制度:是否有质量不良事故记录、是否每个订单都有质量疵点百分率记录、是否做最后的随机抽样检验、是否对每个操作工的产品进行检查,出现质量问题要求车缝工100%返修的记录、是否有独立行使职权的质量控制人员、工厂是否有质量总监,对产品质量独立行使职权等。

② 次品隔离制度。

③ 出货前监查、抽样检查制度。

④ 质量管理与收入挂钩制度。

⑤ 质量责任制度。

（七）产地来源

该评审项目需要工厂提供最近半年的订单，以确定订单的产地来源。看其是否熟悉订单的基本要求。

（八）厂房保安

该项目评审的主要内容包括物料出入仓记录、成品出入仓记录、危险品出入仓记录、保安每日巡厂安检记录、访客出入记录、货物出入仓的详细记录、出入仓货物不符实的报告制度、厂内入集装箱的清单、违法行为的举报制度、警报器的每月测试记录、员工离职时上交钥匙或密码的记录、工厂保安制度及常规培训、专项培训记录等。

二、服装企业生产组织形式了解

不同的服装企业有不同的组织结构和生产形态，但贯穿其中的生产过程及工序是基本一致的。

（一）服装生产环节

1. 服装设计

对于加工型企业来说，也有设计部门主要针对客户的要求进行成衣设计，根据号型比例制定一套有规律的尺码，进行大规模生产。根据服装厂的设备和工人的技术，选择合适的面料、辅料。

2. 纸样设计

设计样品经客户确认后，下一步就是按照客户的要求绘制工业样板。将标准纸样进行"推档"，制作生产用纸样，并画出排料图。

3. 生产准备

对生产所需的面料、辅料、缝纫线等材料进行必要的检验与测试，材料的预缩和整理，样品、样衣的缝制加工等，制定生产用技术文件。

4. 裁剪工艺

把面料、里料及其他材料按排料、划样要求剪切成衣片，还包括坯布疵点的借裁、套裁、裁剪、验片、编号、捆扎等。

5. 缝制工艺

按生产用技术文件要求，通过合理的缝合，把各衣片组合成服装的一个工艺处理过程。在此过程中合理地组织缝制工序，选择缝迹、缝型、机器设备和工具等都十分重要。

6. 熨烫工艺

成衣制成后，经过熨烫处理，达到理想的外形，使其造型美观。熨烫一般可分为生产中半成品的熨烫和成品整体熨烫两类。

7. 成衣品质控制

成衣品质控制是使产品质量在整个加工过程中得到保证的一项十分必要的措施，是研究产品在加工过程中产生和可能产生的质量问题，并且制定必要的质量检验标准。

8. 后整理

包括包装、储运等内容，是整个生产过程中的最后一道工序。操作工按包装工艺要求将每一件整烫好的服装整理、折叠好，放在塑料袋里，然后按装箱单上的数量分配装箱。有时成衣也会吊装发运，将服装吊装在货架上，送到交货地点。

（二）服装加工企业

服装加工企业的核心竞争力是控制成本，以质量为生命，加强服装生产的各项环节的管理。具有较强加工能力的企业具有以下几个特点：

① 具有先进的设备、成熟的工艺、新型面料，且不断采用新技术，适应新产品的生产。

② 服装加工技术向自动化、立体方面发展。

③ 交货准时、质量有保障，有好的商业信誉和企业形象。

④ 服装设计、服装 CAD、服装 CAM、服装款式设计的三维系统等已用于实际，供客户选择。

⑤ 裁剪电脑化，黏合整烫设备自动化，缝制设备专业化、高速化，使缝制工艺简化，效率高。

⑥ 服装生产管理科学化，生产工序及工艺编排合理。

随着高科技的发展，很多服装企业引进吊挂生产线、电脑缝制设备、电脑控制专业工艺设备、产品信息条码分拣设备、后整理设备、产品检验检测设备等，提高了劳动生产率；化解了现在出现的劳工荒问题；解决熟练技工紧缺问题；减少了制造过程中人为因素产生的质量问题，不断地提高制造水平和管理水平，使服装加工制作步入了高速化、自动化、高效率的新时代（图 1-7～图 1-11）。

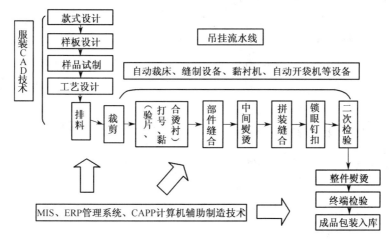

图 1-7　服装生产过程

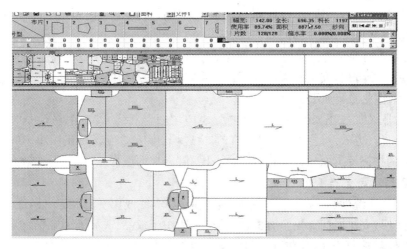

图 1-8　服装 CAD 技术

图1-9　自动裁床

图1-10　黏衬机

图1-11　自动开袋机

服装生产企业是劳动密集型企业,生产讲究技艺的结合,生产产品所需要的面料、辅料、工人、机械设备等相互之间必须适当配合,才能保质、保量、按时完成既美观,又适体、耐用的服装。服装生产过程及所需设备、技术如上图所示;这其中的每一项生产工作环环相扣,相互影响,一个环节的错误都会使后序的环节受到影响甚至停滞,如果没有完善的管理都会影响到最终成品服装的质量,降低效率,提高生产成本。

服装加工企业主要是以订货生产方式来接受生产任务,其生产管理的重点是"抓交货期",按"期"组织生产过程各环节的衔接平衡,保证按期交货。订货生产不会出现产品过剩而影响库存,但工作量不稳定,有时为了保证交货日期,往往需配备较多的人员或设备,造成一定的浪费。由客户决定服装的规格或来料加工的生产,按合约规定按时按量交货,生产出的成品在品种规格、数量、质量和交货期等方面是各不相同的,所以车间布局也不尽相同。根据服装生产需要确定生产方式,车间布置能直接反映出生产策划和流程组合的合理性。

车间布置要有一定的灵活性,以适应不同款式的服装制作,合理的车间布置主要有以下原则:

① 设备要和整个工序有效配合,使物料在传递过程中传递顺畅。

② 物料流动应单向,避免交叉、迂回现象。

③ 减小或降低物料的运送时间和流动路线限度,提高生产效率。

④ 提高车间的空间利用率。

⑤ 在保证工艺路线顺畅的情况下,原料进入车间的入口要尽量靠近原料仓或裁剪部,成品出口处应尽量靠近成品库;尽量使用水、用电、用气较多的车间缩短供应距离,以节约能源,也便于集中供给和管理。

⑥ 车间布置时要结合机器的排列,注意采光和照明要求,以保证机台工作面的采光均匀,为作业者提供一个方便、安全和舒适的工作环境,进一步提高生产效率。

(三) 流水作业服装加工企业

流水作业服装加工主要有传统包流生产、CPU生产、传送带方式、吊挂系统、U型多点投入单件流五种生产方式。通过对生产平衡、质检过程、半成品与成品在作业中的流通、空间需求、即时数据的把握等方面比较分析,综合企业实际需求而选择生产组织形式组织服装生产。

1. 传统捆扎式生产系统

捆扎式生产系统(图1-12)是把半成品或成品以10件或12件扎成一捆,通常按照作业者的座位安排工序,安排专门分发员分配,在生产过程中半成品、成品流通顺畅,但半成品堆积空间大,空间整体需求面积大,且在制品储存量难以控制和掌握,易出现物品混乱。管理者很难发现流程中的浪费,生产平衡难实现,同时管理者无法目视出即时生成数据,数据的不准确也使管理困难。当质检人员开始检查成品时,已经有大批的半成品在流水线上,返工成本非常高。这一系统现在一般不予采用,本种生产系统适合管理水平不高的小型工厂,采用标准工时系统可以较好改善弊端。

图 1-12 传统捆扎式生产系统

图 1-13 传送带方式生产系统

2. 传送带方式生产系统

传送带方式(图 1-13)是借助传送带进行在制品的搬运,有较好的灵活性和产品适应性,适用于款式多的服装车缝加工。生产过程中所有半成品都在传送带上,节约空间;因在制品都放在箱子中,不需要对制品进行捆扎或解扎,且箱子由传送带传送,大大节省了物料作业的辅助时间;整体节奏感强,流程平衡容易实现;质量控制容易,根据作业节拍,流水线完成一件检查一件,当发现品质问题的时候,流水线中问题成品不超过作业员人数,较快地解决品质问题;管理者通过时段产量看板或电子产量看板能够追踪目标产量与即时产量的差异,管理人员一目了然了解生产现状,及时进行调整,推行专业化作业;车间的外观和环境布置整齐,文明生产程度高。但此方式投资成本大,整套运输设备的成本高,同时,保养维修费也很高,对管理人员要求较高。传送带方式生产系统适应于多品种少批量的生产场合,由于传送箱的容积受限制,更适合于小型产品的生产。

3. CPU 生产方式生产系统

CPU 生产方式(图 1-14)将传统捆扎"前推式"转变为"后拉式",是依照服装产品加工工艺流程的顺序进行作业的方式。机器排列采用不规则型,流程间以最短距离、传递最方便、由作业者手传手为原则,作业者每完成一包,要进行一次传递,按照生产工艺的先后顺序排布流程,空间占用相对较小,小部件半成品摆放占一定空间,隐藏了流程中的浪费,生产较平衡。管理者通过时段产量看板或电子产量看板能够追踪目标产量与即时产量的差异,管理人员能够一目了然了解生产现状,并及时进行调整。质检出问题时,返工数量根

图 1-14 CPU 生产方式生产系统

据小包数量来计算流通相对顺畅。CPU 生产方式生产系统需要完善的生产前准备工作及多技能作业者,管理相对灵活,投资较小。

4. 吊挂式生产系统

服装吊挂生产系统(图1-15)需要结合企业的实际情况,编制合理的生产工艺,在整个缝纫生产过程中,半成品(在制品)运输均由吊挂传输系统负责完成。衣片夹夹住衣片,吊挂在挂架上,减少了半成品的存放空间。同时,吊挂式传送避免了衣片的污损,自动控制技术防止了错片等质量问题,生产效率高,节约人力、物力及车间面积,并充分利用了空间。在吊挂生产线上,每个工位的停留衣片数是可以预设的。在生产过程中,一旦某工

图1-15 吊挂式生产系统

位停留衣片值远大于预设数,则此工序即为"瓶颈工序",可通过配备熟练工人或增加工位数或适当调整工序加以解决。合理解决"瓶颈工序",可提高工序的编制效率,所有数据、信息在电脑中较准确,方便管理人员进行调整,达到高效均衡生产。吊挂式生产系统对厂房的高度、间距要求比较高,占用空间大,能有效实现工厂信息化管理,灵活性较强,投资较大,适用于单一产品的生产线。

5. U型单件流生产系统

U型单件流(图1-16)是按照服装的工艺流程顺序将不同的设备或其他制造资源排列在一起组成生产线,产品的加工基本没有停滞和等待。由于产品在其间的加工和流转批量约等于1,所以称之为单件流,在这样的流程中,产品的加工周期更短,品质更高。U型单件流生产系统后拉式生产,节奏感强,流程平衡容易实现,根据作业节拍,流水线完成一件检查一件,当发现品质问题的时候,流水线中问题成品不超过作业员人数,较快地解决品质问题。实现了物流和信息流的顺畅,按照衣服部件排布流程,设定投入、产出点,由专门作业者完成半成品传递,半成品控制严格,没有裁片堆积空间,节约空间。U型单件流生产系统属于精益生产理念在服装工厂的有效实践,要求工厂有很强的执行力。

图1-16 U型单件流生产系统

在市场经济中,服装加工企业要想求得生存,取得发展,要适应多种订单的需求,根据企业自身的财力、物力采用不同形式的模块式快速反应组织不同的生产系统,适应市场的需求。

项目二

出口服装企业跟单(外贸公司)

任务1 外贸样衣试制跟单及修正

知识目标：1. 服装样板跟单要求。
　　　　　2. 样衣跟单目的与流程控制。
　　　　　3. 样衣制作类型。
　　　　　4. 样衣修正要求。
　　　　　5. 样衣资料管理。
技能目标：1. 了解样衣的重要性,合理安排样衣试制时间,控制样衣质量。
　　　　　2. 根据客人评语修正样衣。

任务描述

　　理单结束以后需要马上进行样衣的试制工作,以便后面大货生产的顺利进行。作为跟单员需要根据前期整理好的订单,协助企业技术部门进行样板的开发和样衣制作。

任务分析

　　服装样衣试制一般包括两个内容。第一是根据客户的服装样板或款式图片进行样品试制,目的是为了客户的认可。第二是根据客户的修改意见以及生产的可行性研究进行实物标样试制,也叫试样,目的是为了帮助确立最佳生产方案和保证产品的质量。作为跟单员需要了解样衣跟单的目的和原则,全面协助控制企业样衣制作的跟单程序,首先熟悉样板的制作类型,传达沟通客户要求,其次重点在样衣制作过程的质量监控与管理,熟悉企业样衣制作的流程。

相关知识

接到客户订单资料后,跟单员需要仔细检查客户所给的资料是否完整。订单资料是跟单员跟进的唯一依据,只有资料完整准确才能保证整个订单的跟进工作。

分析资料内容一般包括:

① 资料是否完整。根据客户订单审查样品或图片、物料色卡是否齐全,对样品或图片作全方位的分析,包括所需的技术条件和要求分析,列出该产品的款式、规格、包装以及所需的材料、设备、工具、工艺等条件及工艺操作工序,做好记录并制定工艺单。

② 文字描述是否与款式图一致。

③ 确认面、辅料要求。如:面料品种、纱线线密度(支数)、面密度(克重)、色彩等。将样品或图片、物料色卡交到样板房,一般物料色卡每个品种只剪下一小块给板房,其余跟单留底,待采购物料时使用或以后做大批量生产时使用。完整的样板工艺单与面、辅料交给板房起初样。

④ 查看设计要素。

⑤ 有无工艺特殊要求。工艺单要注明面、辅料要求,洗水方式,用线要求,缝制要求,印、绣花及其他处理,交板日期等,特别是对样品的关键技术处理做好必要的记录和说明。

一、样衣跟单目的

服装样衣试制的目的是让客户确认服装的款式造型是否准确、设计风格是否一致、缝制工艺是否达到要求等。可以使用替代面料制作,数量根据客户需求而定。样衣的生产数量一般每款比客户要求数量多做几个,一个留板房,一个由跟单员保留。跟单员需要明确以下工作内容:

① 妥善整理并保管客户来样,避免混淆;及时了解进程,打好样衣及时送交客户,跟进批复结果。

② 将打好样品寄交客户同时留样并做记录,包括单号、品质、送样时间及回复结果等。

③ 提高工作效率,力争在最短时间内打出合格的样衣且确保按期交货,获取客户信任和更多的订单。

④ 样衣制作过程,是由客户、跟单和研发部门相互协调配合共同完成的。

⑤ 通过样衣在工厂方面要达到以下目的:打出的样品达到客户要求,得到客户确认,获得实质性生产加工订单;(探讨可行的染色印花生产工艺,保证大货生产中的工艺可行性、产品质量和生产效率以确保订单生产顺利完成);尤其是对于多品种、多颜色、多花型、小批量的订单样衣,能够锻炼和提高生产企业的适应能力和应变能力,提高竞争力;通过样衣研发,积累经验,提高开发能力和技术水平。

二、样衣跟单的原则

客户来样有两种情况:一种是跟随订单的来样;另一种是单纯来样。

① 跟随订单来样是针对该订单要求,以合同(订单)附件形式一同下达,样衣的制作时间包括在订单的交货期内。

② 单纯来样是客户出于试探性或者技术储备的目的,既为考察企业生产能力也为订单预先进行准备,样衣的制作时间不包括在交货期内。

跟单员需要明确客户意图,与加工厂协调样衣加工时间,并注意以下各环节内容原则要求:

① 客户的来样要妥善整理并保管,尤其是同一客户的多个订单对应的多个样品,仔细核对,避免混淆。

② 客户来样与订单对应,编号或单号明确且容易分辨,有不明确的样品应及时与客户沟通,落实样品去向。

③ 样衣制作过程中应及时了解进程,打好的样衣及时送交客户,跟进客户的批复结果。

三、样衣制作跟单程序

1. 服装样板类型认识

服装样板是服装企业用于反映服装设计效果或服装加工质量的实物样本,是服装生产部门重要的工艺技术文件。服装工业生产中的样板,以结构图为基础制作出来,是服装设计效果图的直观反映,又是排料、缝纫工艺的直接生产依据和检验生产规格质量的直接衡量标准,它有以下四个方面的作用。

① 检验设计效果的可行性。

② 缩短开拓期,减少开发费用。

③ 设置最佳的生产组合要素。

④ 服装批量生产的重要依据和质量标准。

服装样板的制作应根据不同的订单要求进行,要根据客户的不同需求和流行趋势,对样板进行多次修改,从图 2-1 的展示中可看出样板的重要性。

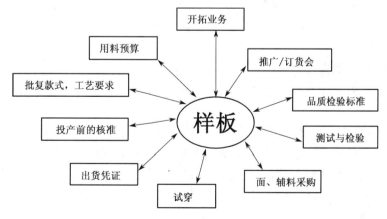

图 2-1 样板关联性展示

跟单员在和客户的沟通中需要了解到不同的样板要求,客户通常要求的样板有如下几类:

① 头板(Proto-sample)，一般来说头板主要是看做工和合身度的，可以用代替面料，但当有配色时，一定要搭配合适才行，尺寸做工完全按照客供指示及要求。

② 推销板或大板(Salesman sample)，作为大板，客户看重的是颜色要对、辅料要齐，印绣花也要按照要求的去做，特别是代表大货面料，一定要好。因为一般来说，大板是客人用于展销会的展办，目的是为了将之前所做出的新款式通过展销办获得订单。所以它一定是好的和准确的，符合客户的设计要求。此项工作非常重要。

③ 生产板(PP-sample)，一般来说是在大货面料出来以后，为了保证大货的准确性，在裁剪前做给客户看的样板，代表大货质量，也是客户对大货的检验。为了生产的方便，要求生产板必须符合客户对大货的一切要求，避免出现生产损失，安排生产板一定要快并准确，争取做货时间。

④ 影相板，又叫照相板(Photo-sample)，一般来说是在订单确定后，大货出货前，客户用来扩大宣传、增加销售量的样板，主要看款式，外观效果要好，一定要起到门面作用(影相板必须提前安排)。

⑤ 齐色齐码板(Size set sample)，此项要求只是对于特定客户的订单，大货下来后，该客户会要求先安排做跳码板(可以代用布和物料)，待跳码板确认后，再做正确大货布齐色齐码板给客户确认后才可开裁。

⑥ 洗水样板(Wash sample)，此项一般由跟单员自己批核，洗水要求按照客人要求，并要保证成衣水洗尺寸，必须提前做好面料缩水率测试。如果洗水差异跟客人样板出入较大，且返洗又实在无法达到客户要求的，就挑出落色板给客户批核确认，并跟客户解释沟通以得到客户认可。

⑦ 船头板(Shipping sample)，大多数客户船头板要求板房在出货前6～10 d做好或从大货里挑选，船头板原则上并入大货收费，寄出船样的细码单并入大货交给财务出具发票，跟单员应负责跟进回收货款。

不同的样板用处不一样，跟单员了解到客户指定好的样板后，就需要和技术部沟通样板的制作。服装样板制作的依据是服装样板制作工艺单内的所有资料。样板工艺单的主要内容有填单日期，样板类别，款式说明，交办期，面、辅料规格及颜色，尺寸表，款式图，物料说明(包括缝线、拉链、钮扣、商标等的规格、品种、颜色、数量、位置等)，制造规格与要求等。样板制作工艺单如表2-1所示。

2. 服装样衣类型认识

根据客户要求安排样衣的制作，一般客户会有初样、尺寸样、产前样要求。

(1) 初样

① 初样也称照相样，即拿到款式图后的第一件样衣，此样的目的是让客户看到按照他们提供的彩图做出来的真实效果，客户在收到样衣后，会和设计师讨论是否是他们想要的衣服款式，如有更改，会通知到业务人员，即客人的所有修改意见。外贸公司的业务员收到意见后就必须马上整理，安排下一件样衣的制作(即尺寸样)。客人的意见里一般会提到能否进行尺寸样或者产前样的制作。

② 面、辅料的要求：一般初样的时候是不可能找到同客户要求一致的面料，所以为了让客户看到效果，需用品质一样，颜色最为接近的面、辅料。

表 2-1　样板制作工艺单

制单编号		客户		款号		填单日期	
样板类别		款式说明		产量		交样板期	
面料	组织/成分	规格/幅宽	用量/打	颜色	供应商	实物样卡	
	类别	衬料	缝纫线	钮扣	拉链	饰带	松紧带	商标
	规格							
	颜色							
	用量							
	供应商							
	实物样卡							
尺寸表			款式图样				后整理
量度方法与允差值							
制造规格与要求							
注意事项							

(2) 尺寸样

① 尺寸样的目的是和客户确认尺寸是否适合,客户提供的尺寸是否合理。要求严格的客户对尺寸要求相当高,如有问题,可以连续做多次尺寸样,直到符合顾客的尺寸要求为止,所以尺寸样是关键的一次样衣,必须力求一次性通过。尺寸样通过以后方可生产产前样。

② 面、辅料要求。尺寸样的主要目的是确认尺寸,所以面辅料只需要品质一样,样色任意即可。

③ 尺寸的修正常用方法是熨斗熨烫,对于很多针织面料,尺寸很难控制,通过熨斗的喷气热缩可以很好地控制尺寸。

(3) 产前样

产前样即大货生产前的确认样衣,此样衣的是否确认直接关系到工厂是否可以开裁。产前样上的所有面辅料,所有工艺做工,质量的好坏,都是大货的表现,所以产前样的制作必须完全正确,客户确认了产前样,如没有其他任何意见,则大货可以完全照产前样做,一般客户会有小小的改动,此时就需要业务人员认真做好修改记录,如果时间充裕必须根据产前样意见做二次产前样,但是如果没有时间就要仔细地将产前样意见交代给工厂管理人员和跟单人员,以保证大货的正确生产。

3. 协调企业各部门完成样衣制作过程

在了解了客户对样板的要求以后,跟单员需要完整熟悉和协调样衣的制作、修改、交付和确认全过程,与此同时应该对企业各个部门的工作职责和程序全面熟悉。参看样衣生产流程图 2-2。

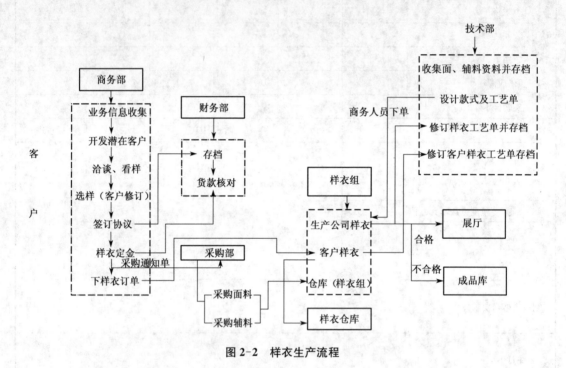

图 2-2　样衣生产流程

(1) 企业各相关部门职责

① 业务部:负责与客户的联系,明确客户的要求;负责传送资料(客户样衣资料、更改资料、样衣等)给技术部。

② 技术部:负责样衣纸样的制作,负责整理客户资料,编写样衣生产制造通知单;主持样衣制作前的产前会,传达客户要求;负责样衣完成制作后的工艺技术、质量要求的确认。

③ 工艺室:接受技术部提供的样衣制作资料,根据样衣进行工艺分析;负责样衣制作前纸样、原客人样衣、样衣生产制造通知单、裁片、辅料相互间的核对;参与样板师主持的样衣制作产前会;负责样衣制作过程中的质量控制与完成后的检查工作;负责样衣传送工作。

④ 前准备部:负责样衣面、辅料的裁剪工作,负责提供样衣的配套辅料。

⑤ 后整理部:负责样衣的手工、整烫、包装等工艺部分;负责样衣工艺技术、质量要求的确认。

⑥ 质检部:负责样衣制作后的成品检验。

(2) 企业各相关部门样衣制作工作流程(图 2-3)

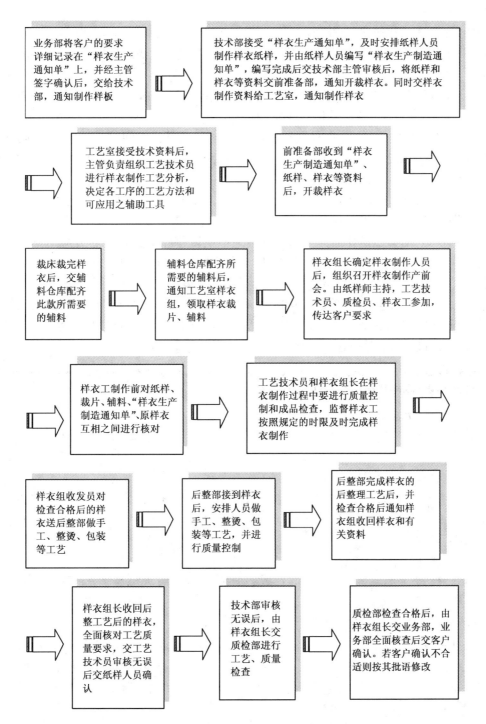

业务部将客户的要求详细记录在"样衣生产通知单"上,并经主管签字确认后,交给技术部,通知制作样板

技术部接受"样衣生产通知单",及时安排纸样人员制作样衣纸样,并由纸样人员编写"样衣生产制造通知单",编写完成后交技术部主管审核后,将纸样和样衣等资料交前准备部,通知开裁样衣。同时交样衣制作资料给工艺室,通知制作样衣

工艺室接受技术资料后,主管负责组织工艺技术员进行样衣制作工艺分析,决定各工序的工艺方法和可应用之辅助工具

前准备部收到"样衣生产制造通知单"、纸样、样衣等资料后,开裁样衣

裁床裁完样衣后,交辅料仓库配齐此款所需要的辅料

辅料仓库配齐所需要的辅料后,通知工艺室样衣组,领取样衣裁片、辅料

样衣组长确定样衣制作人员后,组织召开样衣制作产前会。由纸样师主持,工艺技术员、质检员、样衣工参加,传达客户要求

样衣工制作前对纸样、裁片、辅料、"样衣生产制造通知单"、原样衣互相之间进行核对

工艺技术员和样衣组长在样衣制作过程中要进行质量控制和成品检查,监督样衣工按照规定的时限及时完成样衣制作

样衣组收发员对检查合格后的样衣送后整部做手工、整烫、包装等工艺

后整部接到样衣后,安排人员做手工、整烫、包装等工艺,并进行质量控制

后整部完成样衣的后整理工艺后,并检查合格后通知样衣组收回样衣和有关资料

样衣组长收回后整理工艺后的样衣,全面核对工艺质量要求,交工艺技术员审核无误后交纸样人员确认

技术部审核无误后,由样衣组长交质检部进行工艺、质量检查

质检部检查合格后,由样衣组长交业务部,业务部全面核查后交客户确认。若客户确认不合适则按其批语修改

图 2-3 样衣制作工作流程

四、寄样与留样

1. 寄样

寄样方式一般采用快递。对快递公司的选择一般有自己的偏好习惯,常用的有顺丰速运、申通快递、EMS快递……使用公司约定的快递公司可以得到及时殷切的服务,并且方便结账,一般采用签单月结的方式。寄送快递后要保留底单,作为出现意外情况时跟快递公司理赔的依据和查核物品运送情况的依据。寄送后及时通知客户查收并作出反馈,需要时将单据号和寄送时间告知客户,以确保客户及时查收并且及早给予样品确认意见。样品确认过程需注意以下三点:

① 客户在批核样品过程中要及时跟进,如果客户批复样品时间过长,可能会影响到大货的交货时间。跟单员必须促使客户及时回复,尽早给出确认意见,获得充足的大货生产时间,保证交货期。

② 客户确认意见应以书面的形式通知,或者采用传真、电子邮件等有记录可查的方式。如果为货期紧急的订单,可以接受客户通过电话或者口头通知,但是必须请客户补充递交书面形式确认意见,即在送样通知单的批核结果栏里填写确认意见并寄回给跟单员。书面回复可以作为跟单和生产的依据,并且是大货验货甚至交涉理赔时的依据,跟单员应加以妥善保管。

③ 客户一旦确认样品,跟单员应及时通知相关部门,组织大货生产。样衣的确认是一个反复的过程。确认样品的直接目的是让客户认可所有样品,为下一步的大货生产在时间和质量上打好基础;最终目的是使客户满意。

> **补充知识:跟单员接听拨打电话基本技巧**
>
> ① 电话机旁应备记事本和笔
>
> 即使是人们用心去记住的事,经过 9 h,遗忘率也会高达 70%,日常琐事则遗忘得更快。
>
> ② 先整理电话内容,后拨电话
>
> 跟单员无论给客户还是工厂打电话时,如果想到什么就讲什么,往往会丢三落四。应事先逐条逐项地整理记录然后再拨电话,边讲边看记录,随时检查是否有遗漏。尽可能在 3 min 之内结束。
>
> ③ 态度友好
>
> 讲话时必须抬头挺胸,伸直脊背,微笑着讲话。"言为心声",态度的好坏都会表现在语言之中。
>
> ④ 注意自己的语速和语调
>
> 急性子的人听慢话会觉得断断续续很难受;慢吞吞的人听快语,感到焦躁心烦;年长者,听快言快语,难以充分理解其意。讲话速度并无定论,应视对方情况,灵活掌握语速,随机应变。
>
> ⑤ 不要使用简略语、专用语
>
> 外贸术语因地域而异,普通话顾客不一定知道广东话客户用语习惯。跟单员使用企业内部习惯用语时,第三者往往无法理解,甚至给对方留下不友善的印象。同时,意义不明

的英语,容易产生误会。

⑥ 养成复述习惯

为了防止听错电话内容,一定要当场复述。特别是同音不同义的词语及日期、时间、电话号码等数字内容,务必养成听后立刻复述、予以确认的良好习惯。当说到日期时,不妨加上星期几,以保证准确无误。

2. 留样

① 客户确认的样品,应留备份待查核之用。在建立样品资料库时,将客户的原样及打出经客户确认的样品集中统一存放,可以建立资料夹,按客户、订单号、样品编号(色号、版号)进行汇集保管,同时将客户和样品确认书附在每一个订单的样品资料中,以方便查询检索。

② 样品资料库的建立,可以有多种作用。防止样品丢失、损失,达到安全保存的目的;方便有关人员随时查阅,帮助研发人员研发、改进产品,解决技术问题,提高跟单员的工作效率和准确性;样品库是外贸公司接单生产实践积累的成果,可以提升形象。

③ 建立样品间是客户在追加订单或者下订单时,方便查找以往的生产经验,敦促下单,从而节省时间、提高生产效率,提升企业竞争力。

五、服装样衣修正

样品在生产过程中,跟单员应深入板房,一是跟进所做样板质量,二是跟进其生产进度。特别是客户要求急的样板,应同板房主管协商赶做。通过客户的批复意见,并协同技术部门填写好样板修改记录表(表2-2)和样板质检评语表(表2-3)。

表2-2　样板修改记录表

生产季度		客户		款式编号	
样板制作工艺单号		样板类型		交货期	
样板厂		面料			
更改日期	更改资料				负责人
2013-4-3	更改前袋袋口的工艺处理方法				***
2013-3-31	更改衬料颜色,编号为:5211号				***
2013-3-28	更改袖长尺寸				***
2013-3-25	更改款式,详见款式图				***
2013-3-21	更改……				***
2013-3-18	更改……				***

表 2-3　样板质检评语表

客户		款式编号	
生产季度		面料	
样板类型		洗水方式	
样板尺码		试衣模特	
样板生产部		交样板期限	
评板负责人			

评语(参考)
1. 来样板拉链请改用锦纶细牙拉链
2. 来样板后裤裆过紧,请适量放松
3. 来样板腰围偏大 1.5 cm,请改善
4. 来样板裤脚缉线不平顺,请注意
5. 来样板左右裤长尺寸偏差了 1 cm
6. ……

图示

注:样板随附后面

核板人:_____　　　　　　　　　　　　　　　　　　评核日期:_____

　　如在样品试制过程中,由于客观原因或物料、技术、工艺方面无法达到客户的要求,需做部分修改时应及时与客户联系,征求客户同意。如客户提出可以修改,应立即根据样板的生产情况和技术条件并经业务经理来确定能否做修改,填写好订单资料更改记录(表 2-4)。确定修改完善后,立即通知相关部门,待样品生产好后,跟单员需要认真检查。检查主要是对生产的服装样板与客户样品或图片、色卡进行审核,鉴定其造型、结构、材料组合是否符合客户要求,鉴定其尺寸规格、号型设置以及材料、工艺等质量是否符合要求。

表 2-4　订单资料更改记录

合同编号		客户名称		签单日期	
订单编号		订单数量		交货期	
制单编号		款式描述			
资料名称	收到日期	第 1 次修改	第 2 次修改	第 3 次修改	第 4 次修改
合同细则					
款式要求					
面料样板					
尺寸表					
生产规格与允差值					

(续　表)

辅料样品					
客批资料	第1次更改	第2次更改	第3次更改	第4次更改	核准日期
初样板					
报价					
合同签订					
面料小颜色样板					
大货面料样板					
辅料卡					
试身/放码样板					
核准样板					

当样衣达到客户要求,得到客户确认后,跟单员应保证大货生产中的工艺可行性、产品质量和生产效率,以确保订单生产顺利完成。全部检验合格后,打好包装,根据客户提供的地址快递基础样品。需要请客户回传有关样品各方面性能,需改进的地方应及时跟进。同时追踪大货订单的下达。

 任务实施

模拟某公司接到订单任务后的跟单流程。

一、编写打样通知单的内容

打样通知单一般包括客户名、客款号、款式类别、本厂编号、样衣类别及样衣数量和尺码、样衣交期、款式图片、面料、里料、衬布的品号/颜色/客供或代用/面料提供的日期、各种标的型号/颜色/客供或代用/提供的日期、所有辅料的型号/颜色/客供或代用/提供的日期、面料裁向的要求/面料对条对格的要求。

二、分派打样通知单和客户资料

在开出打样通知单后需要注明开单人、开单日期,复查无误后交给部门经理签名,下单数量、打样通知单复三份,客户资料复两份。另在派单时,需要将客户提供的相关物料一起交给技术中心(如客户纸板、客户原样、相关的图片等)。

三、领/配面、辅料

打样通知单发出后,面料业务员会尽快根据打样通知单开出的面料生产订单(PO)安排打样所需的面料,面料完成后服装业务员凭面料业务员的出库单到进出口部换领送货单,再凭送货单到相应的仓库领打样面料,并同面料业务员所提供的布卡核对无误后将面料和送货单的其中一联一起交给技术中心的面料负责人。同时也要提供一份面料的布卡(布卡上要注明面料的品号、成分、门幅)。辅料一般情况下可由技术中心自行配用,如客户有指定或客供的,就需要业务员提供给技术中心。

四、发现—分析—解决问题

在样板的制作过程中,不管是纸板,还是车缝提出的问题,或者是客户资料尺寸不合理的地方,均需与技术中心的工作人员一起寻找问题的根源,并作出相应的处理方案,可根据客户的特点来考虑是否将问题反映至客户处。如客户的原则性较强,在改变客户提供的物品或影响到外观时,一定要在第一时间将问题及建议方案反映至客户方,由客户方来决定解决的方案,切忌隐瞒问题或忽略问题。因为在做板时不将问题暴露及解决的话,很大程度将会影响到将来大货的进度。

五、验收样衣

样品完成后,需根据所有的资料来检查样衣是否合乎客户要求标准,从样衣的外观、尺寸、做工至客户评语,均需要一一检查,如有不合乎标准之处,需改后方可寄出(如有些问题不影响客户试穿的,可在自检报告中注明,并告之将在下一轮样板中更改)。

六、样衣寄出

填写所有样衣寄出资料,进行必要的叠放包装,装入指定的快递包装袋,交送到进出口部规定的寄送箱内,同时进行必要的邮件联系和电话联系,等待客户批复批语。

备注:

(1) 客户需要将相关的要求、相关 LOGO 提供给客服人员,并交付相应的设计费用。由本公司设计部根据客户要求作出设计效果图,期间向客户沟通、确认,客户认可后交与市场部,由市场部业务人员与客户沟通,客户对设计稿签字确认后,安排打板室根据设计稿做出样品实物。

(2) 客户提供样衣实物委托本公司按照样品做货时,由打板室按照客户提供的样衣做样品。如有需要在原样衣上改动的,须客户提前交与本公司市场部书面通知并签字,否则由此原因出现问题我方不承担任何责任。

(3) 选择本公司原有款式,也需要在做货前由打板室打出样品,客户确认后方可签订合同做货。

▶ 教学实施组织

一、导入相关知识介绍

根据前期整理好的订单,了解跟单员的工作流程安排,协助企业技术部门进行样板的开发和样衣制作。

二、安排初期工作任务

教师通过实例讲授样衣跟单的流程和方法。模拟某公司打样跟单,给每个小组一份样衣单资料,可以安排部分同学完成样衣制作,部分同学严格按照流程跟单。

三、同步指导样衣跟单流程

分组合作完成工作任务。

四、总结本单元的教学内容

针对教学过程中的重点内容向学生提问,以便加深学生的印象,同时也请学生质疑,由教师答疑。

练习题同步训练

1. 样衣制作部门的工作流程以及各自的作用。
2. 什么是样衣确认意见?确认意见有什么重要作用?
3. 什么是打样通知单?打样通知单的主要内容是什么?
4. 请查看表2-5中卡美服饰的样衣制作工艺单内容是否有问题;若有,需要如何调整修改呢?

表2-5 样衣制作工艺单

制单编号	L-267	客户	卡美服饰	款号	M-718	填单日期	2012-9-26
样衣类别	外套	款式说明	连帽衫,长袖,上拉链,前幅斜插袋	产量	3	交样板期	2012-9-29

面料		组织/成分	规格/幅宽	用量	颜色	供应商	实物样卡	
		平纹			咖啡色			
		90%棉 10%化纤		4 m	咖啡色			

辅料	类别	帽子毛边	缝纫线	门襟拉链织带	拉链	帽子织带	领口织带	商标
	规格		30 s/3	1.5 cm	45 cm	1 cm	1 cm	长 5 cm 宽 2 cm
	颜色	灰色	咖啡色	灰色	咖啡色	灰色	灰色	灰蓝色
	用量	3条	若干	150 cm	3条	3条	3条	3个
	供应商							
	实物样卡							

尺寸表				款式图样	后整理

尺码 部分	12	14	16
衣长(含罗纹)	49.5	53.3	57.1
胸围/2	43.2	45.7	48.2
肩宽	35	37	39
袖长	52	55.5	59
袖隆深	19.5	20.5	21.5
袖口罗纹宽/高	8/5	8.5/5	8.5/5
帽高	30.2	31.5	32.8
帽宽	21.6	22.8	22.8
帽口罗纹长	56	58.5	61
衫脚罗纹宽/高	36.5/5	38.5/5	40.5/5
拉链	42	45.5	49

制造规格与要求	1. 针距10针/2 cm 2. 前袋口2 cm左右要对称要平顺 3. 领骨1 cm人字带,压1/4单线 4. 每件用一张吊牌、一个别针,一张条码,一张合格证;条码贴在吊牌背面(平齐底端黑色条码线);合格证贴在吊牌里虚线框内(居中);吊牌用别针别在主唛上
注意事项	整件上衣注意倒顺毛,上袖口衫脚罗纹均匀,宽窄一致,间条对齐

制 表 人:＿＿＿＿＿＿＿   跟单主管:＿＿＿＿＿＿＿   承造部门:＿＿＿＿＿＿＿

拓展知识:服装特殊工艺

服装特殊工艺是指服装一般车缝工艺以外的能满足设计要求的其他辅助工艺,一般是指印花工艺、绣花工艺、打条工艺和水洗等后整理工艺。

(一) 印花工艺

使染料或涂料在织物上形成图案的过程为织物印花。印花是局部染色,要求有一定的染色牢度。根据效果和工艺的不同,用在服装上的印花工艺一般有水浆印、胶浆印、发泡印花、静电植绒印花、厚板浆印花、烫银印花、烫金印花等。

1. 水浆印花

水浆印花是印花行业中一种最基本的印花工艺,最大的优点是应用广泛,花位牢度很好,能用相对低廉的价格印出较好的效果,不会影响面料原有的质感,所以比较适合用于大面积的印花图案。可用在棉、涤纶、麻等浅底色面料上印花。它的工作原理近似于染色,所不同的是其将面料的某一区域"染"成花位所需要的颜色。所以,这种工艺在深底色面料上无法应用。产品见图 2-4、图 2-5。

图 2-4　水浆印花　　　　图 2-5　水浆印花

2. 胶浆印花

胶浆印花工艺是应用特殊的化学凝胶与染料高度无缝混合。染料通过凝胶的介质作用,牢固的附着在面料上,胶浆印花工艺克服了水浆印花的局限性。其特点是适应各种色深及材质的印花,它可在棉、麻、黏胶、涤纶、锦纶、丙纶、氯纶及各种纤维的混纺织物上印花,也可在皮革、人造革等材料上印花,胶浆印花工艺最大的优点是应用广泛,色彩靓丽,还原度高,但它的印制工艺相对水浆印花工艺要复杂,成本相对要高。产品见图 2-6、图 2-7。

图 2-6　胶浆印花　　　　　　图 2-7　胶浆印花

3. 发泡印花

发泡印花又称立体印花，是在胶浆印花工艺的基础上发展而来。它的原理是在胶浆印花染料中加入几种一定比例的高膨胀系数的化学物质，所印花位经烘干后用200～300℃的高温起泡，实现类似"浮雕"的立体效果，发泡印花工艺可视承印物的要求做高中低发泡效果。发泡印花工艺最大的优点是立体感很强，印刷面突出、膨胀。广泛的运用在棉布、尼龙布等材料上。但是衣服经过多次穿着洗涤之后，立体效果会慢慢消失压平。产品见图2-8、图2-9。

图2-8　立体印花

图2-9　立体印花

4. 静电植绒印花

静电植绒印花工艺是立体印花工艺中的一种。其原理是将高强度的复方树脂粘合亮剂用包含所需花位的丝网转印到承印物表面上，再让纤维绒毛通过数十万伏的高压静电场带电，使绒毛垂直均匀地飞速"撞"到粘合剂上，在面料表面"铺"上一层绒毛，再经高温固化成型。将绒毛附着在物体表面上，不受被植物形状、大小的限制，植绒工艺印制的产品立体感强，颜色鲜艳，手感柔和，不脱绒耐摩擦。棉布、丝麻、皮革、尼龙布、各种PVC、牛仔布、橡胶、海绵、金属、泡沫、塑料、树脂无防布等都可印制。产品见图2-10、图2-11。

图2-10　静电植绒印花

图2-11　静电植绒印花

5. 烫金烫银

烫金烫银是传统的的装帧美化手段，常常运用在许多纸张包装上，而丝印烫金烫银却是一种新型工艺，其原理是在印花浆中加入特殊的化学制剂，使花位呈现出特别靓丽的金银色，并且色样持久,不褪色,可在许多种布料上印制,成本比要比传统工艺低,是一种十分理想的印花装饰工艺。产品见图2-12、图2-13。

图2-12 烫金烫银

图2-13 烫金烫银

6. 厚板浆印花

厚板浆印花是源于胶浆的基础上,它好像是胶浆反复地印了好多层一样,它能够达到非常整齐的立体效果,一般来说工艺要求比较高,所以一般印花小厂印不好,有的甚至连这个技术都没有,可是它却是目前风靡全球的印花手法。一般适宜用在比较运动休闲型的款上,图案方面一般采用数字、字母、几何图案、线条等,线条不宜太细。也有人别具一格用来印花卉图案,见于秋冬装皮料或较厚的面料上。产品见图2-14、图2-15。

图2-14 厚板浆印花

图2-15 厚板浆印花

(二)绣花工艺

电脑绣花也称打板,是指打出卡、带、碟或通过数字化等处理来准备花样,指导或激发绣花机和绣框作设计所需的各种运动的过程。这个过程的设计者就是打板师。这个术语来源于机械式的绣花机上通过在纸带上打孔来记录针迹而得。不管是机械式的还是电子式的绣花机,用一个与水平和垂直棒相连的针,用机械方式、鼠标或更现代化的方式来记录那些形成花样所需要的点。常见的电脑绣花有平绣、贴布绣、立体绣、雕孔绣、珠片绣、植绒绣等。

1. 平绣

平绣是一种最常用也是最传统的绣花工艺。它是用绣线通过不同的针法表现图案。制作工艺比较简单,主要靠图案、绣线和针法来创新。产品见图 2-16、图 2-17。

2. 贴布绣

也叫镶绣,是在一块底布上绣花时,贴上另一块面料,利用贴布代替针迹而节省绣花线,用来表现图案的不同肌理块面效果,成品较柔软。产品见图 2-18、图 2-19。

图 2-16　平绣

图 2-17　平绣

图 2-18　贴布绣

图 2-19　贴布绣

3. 立体刺绣

立体刺绣是使用泡棉来刺绣,使刺绣品看起来有立体感的刺绣方法。通常用于皮革、帽子及运动鞋上。一般产品多是混合使用普通刺绣及立体刺绣。产品见图 2-20、图 2-21。

图 2-20　立体刺绣

图 2-21　立体刺绣

4. 雕孔绣

雕孔绣可在普通的平绣机上进行,但需安装雕孔绣装置。利用雕孔刀把布料雕穿,然后用绣花线包边而中间形成孔状。产品见图 2-22、图 2-23。

5. 珠片绣

珠片绣在平绣机上安装珠片绣装置可刺绣，刺绣珠片的规格 3～9 mm。产品见图2-24、图2-25。

图 2-22 雕孔绣

图 2-23 雕孔绣

图 2-24 珠片绣

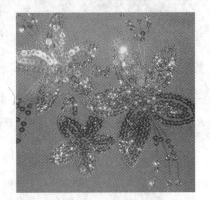
图 2-25 珠片绣

6. 植绒绣

植绒绣可在普通平绣机上进行，但需安装植绒针，利用植绒针上的勾把绒布上纤维绒勾起植于另一布料上。绒毛结构较松而长，且有弹性的绒布做出来的植绒效果比较丰富。产品见图 2-26、图 2-27。

图 2-26 植绒绣

图 2-27 植绒绣

（三）打条工艺

打条工艺是一种面料再造技术,为服装成衣设计创造了丰富多彩的构成形态。有直纹、横纹的整齐平静,斜纹、曲线纹的变化美,牙签纹、中纹的缜密细腻等。在成衣生产中在保证订单信息正确无误后,要做出打条前后的纸样及打条后的实样各一份。打条纸样上必须标明第一条条边、最后一条条边、条距、条深、条数、扼位、条向、主条位等,保留复印件,确保板单上有打条布的布样,如果打条布为条格布,要清晰标注主条主格。

1. 直线打条（图 2-28、图 2-29）

 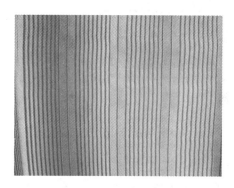

图 2-28　直线打条　　　　　　　　　图 2-29　直线打条

2. 斜纹、曲线打条（图 2-30、图 2-31）

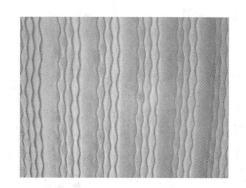 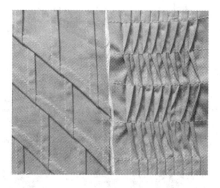

图 2-30　曲线打条　　　　　　　　　图 2-31　斜纹打条

3. 间隔打条（图 2-32、图 2-33）

图 2-32　间隔打条　　　　　　　　　图 2-33　间隔打条

（四）打揽

打揽是一种装饰工艺,需要专业的机器。有双链打揽(有面线有底线)和单链打揽(有面线无底线)两种线迹选择。面线采用普通线,底线采用松紧线,常常几行平行,间距均匀,适用于女裙打褶、连衣裙等腰边松紧打褶等,要求松紧均匀,线迹完美。产品见图2-34、图2-35。

图 2-34　打揽

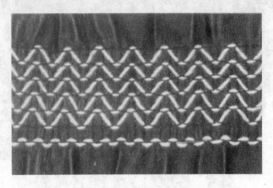

图 2-35　打揽

（五）水洗工艺

1. 石洗石磨

石洗即在洗水中加入一定大小的浮石,使浮石与衣服打磨,在石磨前可进行普洗或漂洗,也可在石磨后进行漂洗。可以采用黄石、白石、BBB石、人造石、胶球等进行洗涤,以达到不同的洗水效果,洗后布面呈现灰蒙、陈旧的感觉,衣物有轻微至重度破损。产品见图2-36、图2-37。

图 2-36　石洗石磨

图 2-37　石洗石磨

2. 酵素洗

酵素是一种纤维素酶,它可以在一定 pH 值和温度下,对纤维结构产生降解作用,使布面可以较温和地褪色、褪毛,并得到持久的柔软效果。产品见图2-38、图2-39。

3. 砂洗

砂洗多用一些碱性、氧化性助剂,使衣物洗后有一定褪色效果及陈旧感,若配以石磨,洗后布料表面会产生一层柔和霜白的绒毛,再加入一些柔软剂,可使洗后织物松软、柔和,从而提高穿着的舒适性。产品见图2-40、图2-41。

图 2-38　酵素洗

图 2-39　酵素洗

图 2-40　砂洗

图 2-41　砂洗

4. 化学洗

化学洗主要是通过使用强碱助剂来达到褪色的目的,洗后衣物有较为明显的陈旧感,再加入柔软剂,衣物会有柔软、丰满的效果。如果在化学洗中加入石头,则称为化石洗,可以增强褪色及磨损效果,从而使衣物有较强的残旧感,化石洗集化学洗及石洗效果集于一身,洗后可以达到一种仿旧和起毛的效果。产品见图 2-42、图 2-43。

图 2-42　化学洗

图 2-43　化学洗

5. 漂洗

为使衣物有洁白或鲜艳的外观和柔软的手感,需对衣物进行漂洗,即在普通洗涤过清水后,加温到60℃,根据漂白颜色的深浅,加适量的漂白剂,7～10 min 时间内使颜色对板一致。

漂洗可分为氧漂和氯漂。氧漂是利用双氧水在一定 pH 值及温度下的氧化作用来破坏染料结构,从而达到褪色、增白的目的。一般漂布面会略微泛红。氯漂是利用次氯酸钠的氧化作用来破坏染料结构,从而达到褪色的目的。氯漂的褪色效果粗犷,多用于靛蓝牛仔布的漂洗。设备、产品见图2-44、图2-45。

图 2-44 漂洗

图 2-45 漂洗

6. 破坏洗

成衣经过浮石打磨及助剂处理后,在某些部位产生一定程度的破损,洗后衣物会有较为明显的残旧效果。产品见图 2-46、图 2-47。

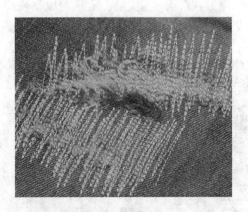

图 2-46 破坏洗

图 2-47 破坏洗

7. 雪花洗

把干燥的浮石用高锰酸钾溶液浸透,然后在专用转缸内直接与衣物打磨,通过浮石打磨在衣物上,使高锰酸钾把摩擦点氧化掉,使布面呈不规则褪色,形成类似雪花的白点。工艺、产品见图2-48、图2-49。

图 2-48　雪花洗

图 2-49　雪花洗

8. 喷马骝

　　喷马骝和喷砂本质的区别就是前者为化学作用，后者则为物理作用。喷马骝就是用喷枪把高锰酸钾溶液按设计要求喷到服装上，发生化学反应使布料褪色。用高锰酸钾的浓度和喷射量来控制褪色的程度。从效果上分的话，喷马骝褪色均匀，表层里层都有褪色，而且可以达到很强的褪色效果。而喷砂只是在表层有褪色，可以看到纤维的物理损伤。产品、设备见图 2-50、图 2-51。

图 2-50　喷马骝

图 2-51　喷马骝

9. 碧纹洗

　　碧纹洗也叫单面涂层涂料染色，意思是说这种洗水方法是专为经过涂料染色的服装而设的，其作用是巩固原来的艳丽色泽及增加手感的软度。产品见图 2-52、图 2-53。

图 2-52　碧纹洗

图 2-53　碧纹洗

任务 2　服装生产进度跟进的实施及催单

知识目标： 1. 服装生产跟进的目的。

2. 服装生产跟进的基本步骤。

3. 企业产能分析。

4. 生产计划和生产通知单。

5. 服装生产工艺流程。

6. 服装生产跟进中的沟通。

技能目标： 1. 熟悉服装生产流程和每个工艺细节，以便更好地掌握生产进度，协助工厂做好产品质量。

2. 对工厂的生产能力、技术水平及配合力度进行评估，明确知道如何根据走货的数量、尺寸、规格等合理安排服装生产。

3. 对面料、辅料、印花、绣花等的品质有很好的判断和把控能力。

4. 生产过程中及时跟工厂沟通进度，回馈客户信息。

任务描述

在客户确认大货样和面、辅料后，接下来生产大货。跟单员在接到客户大货订单时核对订单配比，大货款式、尺寸、工艺、面料、辅料、客人评语、印绣花资料和线色等是否准确，并给工厂提供完整的生产工艺单。

与工厂进行沟通，以使工厂合理安排生产进度，以满足订单交货期。

在生产过程中及时查验产品质量与生产进度，发现问题及时处理。有效节约成本，保证大货质量并按期交货。

每单结束后整理订单资料，并对进度、质量、损耗等进行分析和总结。

任务分析

跟单员对服装生产进行跟进是为了工厂能够更好地完成客户订单，按照订单日期及时交货。在跟进过程中的主要内容有：

① 按生产计划落实工厂的产前准备工作。

② 根据交货日期进行生产产能数据统计并合理安排工厂生产进度。

③ 根据车间生产日报，对不能完成当天生产任务的进行跟进并及时与工厂确认生产执行情况。

④ 依据生产计划对工厂车间每日完成大货情况的进度进行跟进,包括完成日期、产品数量、生产工序进度。

⑤ 对生产异常情况及时与客户进行沟通并作出相应调整。

⑥ 对生产的各个环节进行检查,对存在的问题与工厂及时沟通并作出相应的改善。

⑦ 对每个订单批次,按照客户要求进行成品抽检。

在订单的执行过程中及时给客户报告生产进度,汇总资料,整理订单,避免出现疏漏的地方;及时与客户和工厂沟通,对出现的意外情况要及时处理。如上报部门经理、与客户协商延期、协调有关部门采取补救措施等。

在临近交货期时,如生产过程中有防碍大货交期无法按合同顺利执行时,必须事先通知客户;当大货生产过程中,缝制、印花、绣花等出现防碍生产顺利进行时,一定要及时通知客户(同时发样给客户)采取有关补救措施。为了大货生产能够顺利进行,首先要及时去生产厂看每天的生产情况。对客户确认迟缓或者提供一些资料不及时,除了沟通之外,还应有书面形式传真于客户或者把生产进度情况告诉客户,并提醒有可能影响交货期,同时,要排查生产环节中还可能存在的问题,要及时汇总情况,尤其是辅料。

 相关知识

跟单员在接到订单后、向工厂下达生产计划前,必须清楚掌握工厂的生产产能,以便制定生产计划。企业的生产能力是企业编制生产计划的重要依据,正确核算企业的生产能力,将有助于生产计划的正确制定与执行,便于工厂能够按时完成订单。跟单员要深入企业,了解企业各个生产车间生产情况,查验产品的质量与生产进度。

生产过程中跟单的基本要求:

① 按时交货:要使生产进度与订单交货期相吻合,做到不提前也不推迟。

② 按质交货:生产出来的产品符合订单的质量要求。

服装生产跟单的流程如图 2-54 所示。

一、分析生产产能

生产能力(简称产能)是企业全部生产性固定资产(各种设备、厂房等建筑物)在一定时间内、在一定技术和组织条件下所能生产一定种类产品的最大量。

服装企业生产能力是指服装各个生产环节包括出纸样、制作排料图、裁剪、缝制、整烫、包装等各个生产环节的能力,是服装企业利用现有的生产性固定资产,在一定的组织与生产技术条件下,在一定的时期内生产一定种类服装产品的数量。生产性固定资产主要有参加服装生产过程或直接服务于服装生产的厂房、生产设备、设施及各种供电、供气、供水、运输等辅助生产设备、设施等。

1. 服装生产能力的表达方式

① 年服装生产能力。一年内服装企业能够生产一定种类服装产品的数量,如:年产 240 万件衬衣。

② 月服装生产能力。一个月内生产一定种类服装产品的数量。

③ 日服装生产能力。一天内生产一定种类服装产品的数量。

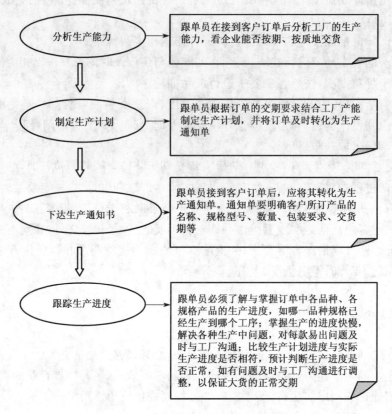

图 2-54　服装生产跟单流程

年服装生产能力通常用于年度生产经营计划与年度生产能力之间的平衡分析,每月或每天的服装生产能力通常用于月度生产计划或生产作业计划之间的平衡分析。由于服装企业的生产环节较多,各个环节的生产能力的大小及利用效率往往不一致,有富裕环节也有薄弱环节,而且随着生产服装的品种、工艺、批量的不同,各个环节的生产能力的实际利用率又会有所不同。因此,跟单员在分析服装企业产能的过程中要经常计算和掌握各个生产环节的实际生产能力,以便对整个服装生产过程的生产能力进行平衡和协调,进而提高生产效率,完成订单,准时交货。

2. 服装生产能力计算和分析

跟单员应学会分析计算企业的生产能力,检查企业生产能否按期保质保量交货。生产能力通常以工时为单位。对一个企业生产能力的计算,一般通过以下步骤:

(1) 理想产能计算

假定所有的机器设备完好,每周工作 7 d,每天工作 3 班,每班工作 8 h,期间没有任何停机时间,这是生产设备最理想的生产能力。但显然由于操作人员不可能一天 8 h 完全在工作,因此它是理想产能,与实际有效产能有较大区别。

(2) 计划产能计算

计划产能是对企业理想产能的修正,但它仍不代表企业实际的有效产能。根据企业每周实际工作天数、排定的班次及每班次员工工作时间来确定。

(3) 有效产能计算

有效产能是以计划产能为基础,减去因停机和产品不合格率所造成的标准工时损失。产品不合格的损失,包括可避免和不可避免的报废品的直接工时。

计算并分析服装企业的生产能力,可以让跟单员更好地掌握企业实际生产能力的大小。跟单员向企业安排生产计划时可以平衡生产能力与生产任务、生产期限与交货期,充分利用生产能力,确保生产任务完成。表2-6为各工厂生产能力对比。

表2-6 工厂生产能力统计表   单位:件

组别	2013年生产供应商产量统计表			
	机织	针织	毛织	合计
工厂0	计划排单	计划排单	计划排单	计划排单
工厂1	210 000			210 000
工厂2	240 000			240 000
工厂3	188 000			188 000
工厂4	300 000			300 000
工厂8		278 000		278 000
工厂9		191 000		191 000
工厂10		183 500		183 500
工厂11		185 000		185 000
工厂14			158 000	158 000
工厂15			124 000	124 000
工厂16			94 000	94 000
工厂17			44 000	44 000
现有工厂排单合计	938 000	837 500	420 000	2 195 500
计划年产量	1 226 000	1 650 000	500 000	3 376 000
需工厂开发消化产量	63 920	10 230	80 000	254 150

加工类别	现有工厂		需开发工厂	
	A	B 或 C	A	B 或 C
梭织	3(A)	1(B)和2(c)	1(A)	2(B)
针织	1(A)	4(B)和2(c)		2(A)
毛织	2(A)	2(B)	2(A)	

备注:A 主力;B 辅助;C 辅助

3. 服装生产能力的影响因素

服装生产能力的大小往往会受到许多客观因素或主观因素的影响。一般来说影响服装生产能力的因素有以下几个方面。

(1) 用于服装生产的各种固定资产的数量

即服装企业在计划期内,能够用于服装生产的全部机器设备和生产空间。机器设备包括各种正在使用的、正在修理的及暂停使用的机器设备,但不包括丧失生产能力的、备用的及封存的机器设备。裁床车间的主要设备有裁床及电剪等,缝制车间的主要设备有平车及特种衣车等。整烫车间的主要设备是烫床、熨斗等。服装企业生产设备的数量和生产空间的大小,是形成服装企业生产能力的物质基础。

(2) 固定资产的有效工作时间

它是指服装企业按照现行工作制度计算的机器设备的全部有效工作时间。计划期内每台设备有效工作时间或称台时数可用以下公式计算:

计划期设备有效工作时间＝计划期工作日×班次×每班工作小时数×设备开工率

计划期设备有效工作时间＝计划期工作日×每天工作小时数×设备开工率

对于服装企业,除个别生产环节如洗水车间,很少采用轮班组织形式,因此计算计划期内每台设备有效工作时间通常选用后一个公式。

固定资产的有效工作时间反映了固定资产的负荷程度。负荷程度越高,固定资产的利用效率越高。对于采用轮班工作制的企业,固定资产的负荷程度高于员工的负荷程度,对于采用单班工作制的企业,固定资产的负荷程度与员工的负荷程度是相等的。

(3) 生产设备的生产效率

生产设备的生产效率是指每台生产设备单位时间的生产量,也可用单位产品所消耗的台时定额表示,生产设备的生产效率反映了设备的生产速度或先进程度。由于服装生产过程需要人机配合,机器设备的理论生产效率往往是达不到的,机器设备的实际生产效率取决于员工的技术水平及熟练程度。

(4) 工艺难度

多品种、小批量是服装企业生产的基本特点,由于服装生产品种更换频繁,批量多少不一,因此每个服装品种的工艺难度也不相同,从而导致同样的生产设备,不同品种或生产批量,其生产能力也不相同。

(5) 员工

服装企业的生产过程是人机紧密配合的生产过程,因此服装生产设备的实际工作效率取决于员工的工作表现。影响服装生产能力的员工因素包括员工的有效工作时间、员工的技术水平、员工的熟练程度及员工的工作积极性等。

① 员工的有效工作时间:由于服装企业通常采用单班工作制,员工的有效工作时间就是生产设备的有效工作时间,因此如何提高员工的有效工作时间是提高生产设备效率的关键因素。有些服装企业通过较细致的专业化分工,减少操作员工生产准备时间,如增加划线定位工序、中烫工序或半制品专职人员配送等,从而提高员工有效工作时间,达到提高设备生产效率的目的。

② 员工的技术水平:员工的技术水平是员工内在素质的表现,技术水平高的员工对生产设备的操作能力强,人机连续配的时间长,对新工序及新品种的适应能力强,生产速度快,生产质量高。此外员工技术水平的发挥,也会受到心理因素的影响。

③ 员工的熟练程度:员工的熟练程度是指员工在现有的技术水平下,在加工新品种或新工序时所能达到的生产能力与正常生产能力的差异程度。通常一定技术水平的员工在加工新品种或新工序时需要有一定的适应期,在此期间随着对生产工艺的熟练程度提高,其生产速度与生产质量也会不断提高并趋于稳定,这一稳定的生产速度便是该员工的正常生产能力。通

常技术水平高的员工,适应期较短。当适应期较长时,将会对服装生产能力产生较大的影响,因此在对服装生产能力进行精确的理论计算时往往会考虑熟练程度这一因素。在服装生产跟进中,跟单员要在充分了解员工技术水平的基础上,对员工的正常生产能力进行大致的估算,这是服装生产线安排难以达到完全均衡的原因之一。

(6) 管理水平

由于服装生产工序划分较细,这就增加了服装生产工序之间生产能力平衡与协调的难度,也增加了各个部门之间的协作难度。企业生产管理水平的高低,将直接影响服装生产过程的均衡程度,从而影响服装生产效率和服装生产能力。

在一定时期内,影响服装生产能力的前三个因素通常是确定的,因此由前三个因素可以计算出服装生产能力。

其计算公式为:

服装生产能力=设备数量×设备有效工作时间×设备的生产效率

服装生产能力=员工数量×员工有效工作时间×员工的生产效率

由于影响服装生产设备生产能力的工艺难度、员工、管理水平这三个因素往往是难以精确估计的,因此在计算服装生产能力时要充分考虑服装生产品种、生产批量、员工工作表现及企业管理水平对服装生产能力的影响,跟单员要进行弹性估算,确保生产能力与生产任务的平衡,生产期限与交货期的平衡。

4. 提高生产能力的对策

在现实工作中,存在一些企业因各种原因,出现生产能力不足的问题。有的是因接单过多,来不及生产;有的是企业本身规模小、设备落后生产能力有限;有的是内部计划安排不周造成前后工序等待,影响产能发挥等。当发现企业生产能力不足,不能保证订单按时交货,为了保证交货期,跟单员须要求企业或生产部门采取以下措施:

① 延长工作时间,由一班制改为两班制、三班制或延长员工工作时间。

② 增加机器设备台数,延长开机时间。

③ 增加其他车间生产支持,或将部分生产任务拨给其他车间承担。

④ 调整生产计划,将部分生产向后推。

⑤ 部分产品调到其他工厂生产。

⑥ 与工厂协商增加临时用工。

⑦ 产能长期不足时,与工厂协商应增加人员和机器设备。

服装生产过程中跟单员要对生产进度、产品质量进行督导。跟单员要对产品的生产细节了解清楚。生产指令即使有细微的差错都会延误生产进度,影响出货期。跟单员负责反馈客户意见并下达生产指令,客户对产品质量问题如有不满可直接向跟单员投诉,跟单员则根据实际情况作出解决方案,尽量使客户满意。出色的跟单员能够减少工作失误,节约时间,提高工厂企业生产效率,能够保证产品质量,提高客户对公司的信任。

二、制定生产计划

生产计划的制定及实施关系着生产管理及交货的成败。跟单员要根据各个工厂的实际生产能力分析制定计划表,从而更好地完成客户订单。

某公司生产能力统计见表2-7。

表2-7　生产能力统计表　　　　　　　　　　　　　　单位:件

供应商名称	等级核定	总产量	总实际产量	春		夏		秋		冬	
				计划产量	实际产量	计划产量	实际产量	计划产量	实际产量	计划产量	实际产量
小组计划目标产能		395 000		85 000		90 000		100 000		120 000	
A	230 000	135 000	45 000	40 000	50 000	45 000	60 000	50 000	75 000		
B	20 000	11 616	10 000	11 616	10 000						
C	30 000	23 936	25 000	23 936					5 000		
D	30 000	11 650		试单	5 601	10 000	6 049	20 000			
总计		705 000	182 202	165 000	75 552	150 000	50 601	170 000	56 049	220 000	

三、生产通知单

跟单员根据生产计划协助计划部门向工厂下发生产通知单,内容中必须包括客户名、出货时间、产品代码、名称、规格、尺寸、颜色、数量、服装工艺要求,如表2-8所示。

表2-8　生产通知单

*********有限公司								
生产通知单								
生产厂家	工厂8			下单日期				
品名	男装短袖T恤			出货日期				
下单比例(件)								
款号	色号	S	M	L	XL	XXL	XXXL	合计
KS131042	黑色	14	26	32	26	20	2	120
KS131043	白色	10	25	35	28	20	2	120
合计								240

款式图

辅料清单

编号	辅料名称	用量	位置	备注
6311	主唛-黑色	1个	后内领中	客供
6312	尺码唛-黑色	1个	左肩骨内	客供
6313	洗水唛	1个	左侧骨	客供
6314	吊牌、合格证	1套		客供
6315	吊粒	1个		客供
6316	塑料袋	1个		客供
6317	纸箱			厂供
6318	纸板			厂供

规格/尺寸(cm)							
码数	S	M	L	XL	XXL	XXXL	正负公差
部位/量法	165/100	170/105	175/110	180/115	185/120	185/125	
后中长	67	68	69	70	71	72	1
胸围	96	100	104	108	112	116	1
腰围	92	96	100	104	108	112	1
摆围	94	98	102	106	110	114	1
肩宽	42.5	44	45.5	47	48.5	50	1
袖长	20	21	22	23	24	25	1
夹圈	22	22.5	23	23.5	24	24.5	0.5
领横	19.5	20	20	20.5	20.5	21	0.5
注意:尺寸如有修改以生产板确认为准							
工艺要求							
全件明线车线针距为1寸13针,全幅明线要求不可驳线、跳线;全幅衫身不可勾纱、抽纱							
各部位缝制平服,线路顺直、整齐、牢固,针迹均匀,面底线松紧适宜,起步针及倒针处须缉牢							
全幅要求干净,不可有污渍、油污,全身内外划粉要清理干净;不可接受针孔情况							
领面平服,领窝圆顺,左右领尖不反翘;上袖圆顺,前后基本一致							
熨烫要求平服,不接受起镜、变色							
制单:		审核:		工厂复核:		日期:	

四、跟踪生产进度

服装工厂根据公司下发的生产通知单进行生产,跟单员跟进服装生产过程,其目的是促使订单的生产进度有条理,资料信息清楚,了解与掌握生产的进度,使部门经理及时了解订单的运作情况,便于与客户沟通。

跟单员跟踪生产进度是根据服装生产工艺流程来进行的,主要包括对服装面料裁剪的跟进、黏合工艺与特殊工艺的跟进、缝制工艺的跟进、后期整理与包装的跟进。

1. 技术准备

在批量生产前,首先要由技术人员做好大货生产前的技术准备工作。技术准备是确保批量生产顺利进行以及最终成品符合客户要求的重要手段。技术准备包括工艺单、样板的制定和样衣的制作三个内容。

工艺单是服装加工中的指导性文件,它对服装的规格、缝制、整烫、包装等都提出了详细的要求,对服装辅料搭配、缝迹密度等细节问题也加以明确。服装加工中的各道工序都应严格参照工艺单的要求进行。工艺单样如表2-9所示。

表 2-9 生产工艺单

客户	＊＊＊＊有限公司	款式	男装短袖 T 恤	下单期	做版要求	无
款号	KS131042/KS131043	单号		交货期	查货要求	无
布种	65S/2 双丝光净色平纹布			成份	洗水要求	无
绣花部位及工厂		左前胸/工厂2(A)			无	
布纹要求		无			无	

货号/颜色/码数	S	M	L	XL	2XL	合计	走货短溢	备注
	165/100	170/105	175/110	180/115	185/120			
黑色(件)	14	26	32	26	20	120	±3%	
白色(件)	10	25	35	28	20	120	±3%	
合计(件)						240	±3%	

名称\部位 货号	主身布	主唛	尺码唛	洗水唛	肩带	塑料袋	纸箱	
KS131042 黑色	前后幅/袖/领	黑底白色	黑底白色	黑底白色	配色	6314	6316	
KS131043 白色	前后幅/袖/领	黑底白色	黑底白色	黑底白色	配色	6314	6316	6319
KS131042 黑色	前后幅/袖/领	黑底白色	黑底白色	黑底白色	配色	6314	6316	6319

型号尺码		S	M	L	XL	XXL	正负公差
名称		165/100	170/105	175/110	180/115	185/125	
1 衣长	后中度(不含领)	67 cm	68 cm	69 cm	70 cm	71 cm	1 cm
3 胸阔	夹下2.5 cm度	96 cm	100 cm	104 cm	108 cm	112 cm	1 cm
4 腰围	边至边	92 cm	96 cm	100 cm	104 cm	108 cm	1 cm
5 脚阔	直坎脚边	94 cm	98 cm	102 cm	106 cm	110 cm	1 cm
6 肩阔	骨至骨	42.5 cm	44 cm	45.5 cm	47 cm	48.5 cm	1 cm
袖口宽		15.5 cm	16 cm	16.5 cm	17 cm	17.5 cm	0.5 cm
夹阔	直度	22 cm	22.5 cm	23 cm	23.5 cm	24 cm	0.5 cm
领阔	骨至骨	19.5 cm	20 cm	20 cm	20.5 cm	20.5 cm	0.5 cm
前领深	肩水平线至前领骨	14 cm	14.5 cm	14.5 cm	15 cm	15 cm	0.5 cm

制作工艺	
领做法:	用原身布做拉捆环口单针锁链底(锁链底在底 注:不能拉断线)
膊做法:	四线及骨埋膊,膊走前2 cm,面间 1/4"单线于后幅,内落2分棉肩带(不见光)
夹圈/上袖:	四线(配色线)及骨上袖,骨位拔向衫身
埋夹:	四线(配色线)及骨埋夹,骨位拔后,夹底骨位要对齐
袖口:	原身布折入坎 1/8"双针网底(做圆筒袖,先及骨后坎袖)
衫脚:	原身布折入坎 1/8"双针网底
客人修改意见:	
备注:跟据修改意见生产大货,未尽事宜跟样衣	

制表人　　　　　　　　　　　制表日期　　　　　　　　　　　签收人

样板制作要求尺寸准确,规格齐全。相关部位轮廓线准确吻合。样板上应标明服装款号、部位、规格、丝缕方向及质量要求,并在有关拼接处加盖样板复合章。

在完成工艺单和样板制定工作后,可进行小批量样衣的生产,针对客户和工艺的要求及时修正不符点,并对工艺难点进行攻关,以便大批量流水作业顺利进行。样衣经过客户确认签字后成为大货重要的检验依据之一。

2. 生产工艺基本流程（图2-55）

图2-55　生产工艺流程图

① 大货布料及物料送厂后,大货布料由仓库验布员验布。布料进厂后要进行数量清点以及外观和内在质量的检验,符合生产要求的才能投产使用。提供验布报告,并为客户提供一份报告。把好面料质量关是控制成品质量重要的一环。通过对进厂面料的检验和测定可有效地提高服装的正品率。

物料检验包括松紧带缩水率、黏合衬黏合牢度、拉链顺滑程度、数量能否满足大货生成等。对不能符合要求的物料不予投产使用。

面料检验包括外观质量和内在质量两大方面。外观上主要检验面料是否存在破损、污迹、织造疵点、色差等问题。经砂洗的面料还应注意是否存在砂道、死褶印、披裂等砂洗疵点。影响外观的疵点在检验中均需用标记注出,在剪裁时避开使用。面料的内在质量主要包括缩水率、色牢度和克重(姆米、盎司)三项内容。在进行检验取样时,应剪取不同生产厂家生产的不同品种、不同颜色具有代表性的样品进行测试,以确保数据的准确度。

跟单员根据验布报告进行跟进,同时剪定头布和缩水布。要洗水的要交由洗水部根据客户要求去洗水。回厂后由洗水部,分出色样交客户批核(有些客是要求整个布封的定头布,去批颜色的,并且要求洗前与洗后的,但有些是不用的,根据客人的要求来做,并且要留意布的正反面、中边色差、倒顺毛等等),然后根据大货样用料,初步计算该单的用布量,加裁或缩裁交客户确认,跟单员必须在大货生产前整理好制单资料和物料卡,在裁剪之前分发给相关部门,流程参看图2-58。

审批用料及通知开裁。核实大货物料是否满足大货生产量,并将实收数及时通知客人,计算用布量是否够。如遇或多或少的情况,须询问客户是否可缩裁或加裁,遇有绣、印花的,需整理好绣、印花样办,核对正确后,才可外发。

② 裁剪前要先根据样板绘制出排料图,"完整、合理、节约"是排料的基本原则。

裁剪:面、辅料裁剪一次称之为一床或一刀,裁床可以提高生产效率,相对节约原材料,比手工裁剪更能确保质量,一般裁剪的层数越少成本越高。排料图样如图2-56和图2-57所示。

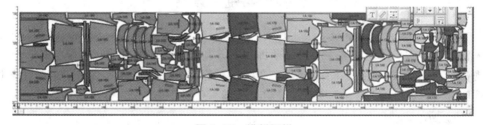

图2-56　排料图样

Auto nesting for 3 minutes
混排3 min

Left-right color different
段色

Up-down color different
分边色

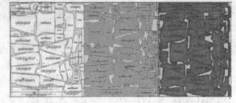
Pyramid nesting
高低层排

图 2-57　排料图样

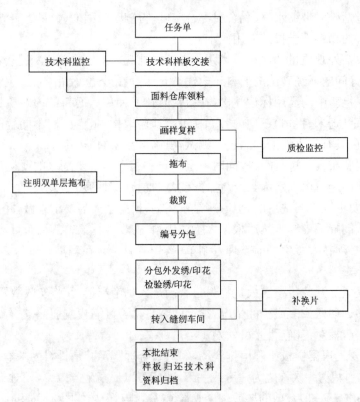

图 2-58　生产进度跟踪表

③ 缝制是服装加工的中心工序。缝迹和缝型是缝合的基本要素,服装的缝制根据款式、工艺风格等可分为机器缝制和手工缝制两种。在缝制加工过程实行流水作业。根据产品的款式和规格,充分利用工厂的技术条件,把整个缝制过程划分为若干个不可分割的最小工序,并加以顺序排列,以提高工厂生产效率。缝制时有制程分析图表,作为生产线设计的基础资料,如图 2-59 所示。

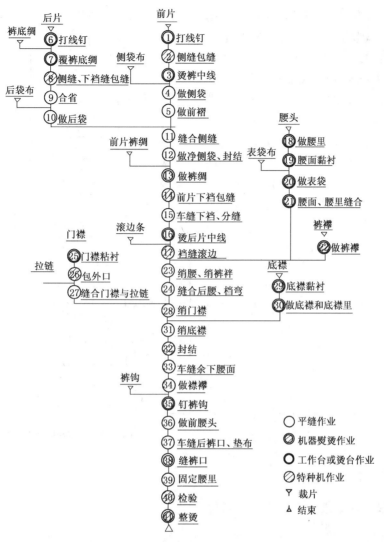

图 2-59　缝制制程分析

　　黏合衬在服装加工中的应用较为普遍,其作用在于简化缝制工序,使服装品质均一,防止变形和起皱,并对服装造型起到一定的作用。其种类以无纺布、机织品、针织品为底布居多,黏合衬的使用要根据服装面料和部位进行选择,并要准确掌握胶着的时间、温度和压力,这样才能达到较好的效果。

　　④ 服装整烫。整烫的作用是用喷雾整烫使服装得到预缩,使衣服外形美观,改变材料的伸缩度,进行塑型。人们常用"三分缝制七分整烫"来强调整烫是服装加工中的一个重要的工序。熨烫时在衣内套入衬板使产品保持一定的形状和规格,衬板的尺寸比成衣所要求的略大些,以防回缩后规格过小,熨烫的温度一般控制在 180～200℃之间较为安全,不易烫黄、焦化。

　　整烫过程中应避免以下现象的发生:a. 因熨烫温度过高、时间过长造成服装表面的极光和烫焦现象。b. 服装表面留下细小的波纹皱折等整烫疵点。c. 存在漏烫部位。

　　⑤ 服装检验。服装在出厂前的检验起着举足轻重的作用,由于影响成衣检验质量的因素有许多方面,因而,成衣检验是跟单员在整个跟单过程中重要的环节。

正确的检验观至关重要,质量检验是指用某种方法对产品或服务进行一种或多种特性进行测量、检查、试验、度量,并将这些测定结果与评定标准加以比较,以确定每个产品或服务的优劣,以及整批产品或服务的批量合格与否。与所要求的质量相比,生产出的产品性质会参差不齐,有一定的差距。对于这种差距,跟单员需根据一定的标准来判定产品合格与否。通常执行的标准是:属于允许范围内的差距判定为合格品;超出允许范围内的差距判定为不合格品。其检验的参照标准为客户确认的大货样和工艺单。

⑥ 成品包装。服装的包装可分挂装和箱装两种。箱装一般又分为内包装和外包装之分。内包装指一件或数件服装入一塑料袋,服装的款号、尺码应与塑料袋上标明的一致,包装要求平整美观,一些特别款式的服装在包装时要进行特别处理。例如,扭皱类服装要以绞卷形式包装,以保持其造型风格。外包装一般用纸箱包装,根据客户要求或工艺单指令进行尺码颜色搭配。包装形式一般有混色混码、独色独码、独色混码、混色独码四种。

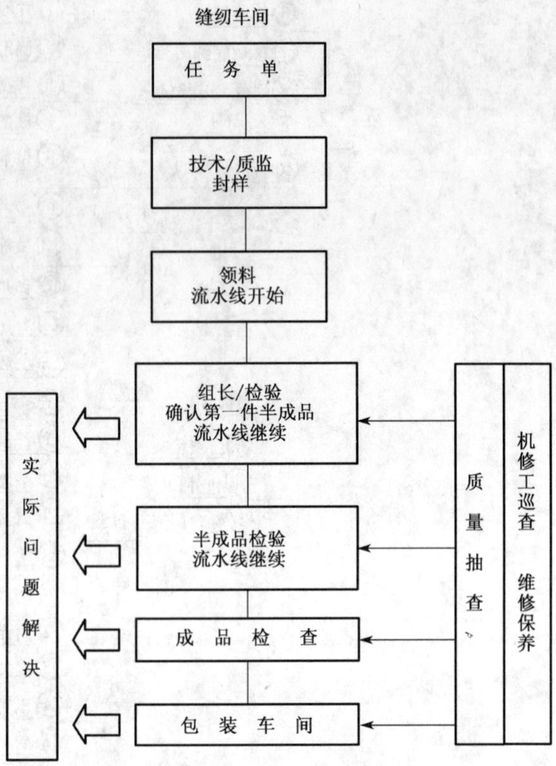

整体流程参看图 2-60。

图 2-60 成品包装流程

五、跟单员在跟进生产过程中必须做好以下工作

① 面、辅料到厂后督促工厂在最短时间内根据发货单详细盘点并由工厂签收。若出现断码或少码现象要亲自参与清点并确认。

② 如工厂前期未打过样品须安排其速打出投产前样确认,并将检验结果书面通知工厂负责人和工厂技术科。特殊情况下须交至公司或客户确认,整改无误后方可投产。

③ 校对工厂裁剪样板后方可对其进行板长确认,详细记录后的单耗确认书由工厂负责人签名确认并通知其开裁。

④ 根据双方确认后的单耗要与工厂共同核对面、辅料的溢缺值,并将具体数据以书面形式通知公司和客户。如有欠料须及时落实补料事宜并告知工厂。如有溢余则要告知工厂大货结束后退还公司并督促其节约使用,杜绝浪费现象。

⑤ 投产初期跟单员必须按生产计划的进度跟进,每个车间、每道工序高标准地进行半成品检验,掌握每天的生产数量(当日产量、累计产量、欠缺数量),预计完成订单的日期。如有问题要及时反映工厂负责人和相应管理人员,跟单员监督、协助工厂落实整改。

⑥ 每个车间下机首件成品后,要对其尺寸、做工、款式、工艺进行全面细致地检验。出具检验报告书,大货生产初期、中期、末期及整改意见经加工厂负责人签字确认后留工厂一份自

留一份并公司存档一份。

⑦ 跟单员要求工厂协助报出每天有关资料数据,便于随时掌握订单的完成情况,每天要记录、总结工作,制定明日工作方案。可以建立订单生产进度记录,以方便跟进,督促工厂,生产进度要随时汇报公司。

⑧ 针对客户或公司巡检到工厂所提出的制作、质量要求,跟单员要监督、协助工厂落实到位并及时汇报公司落实情况。在大货生产过程中,跟单员必须了解与掌握各品种、各规格的生产进度,如哪一批次哪一规格哪一型号生产到哪个工序;掌握生产的进度快慢,比较生产计划进度与实际生产进度是否相符,预计判断生产进度是否正常,以便进行调整避免影响大货交期。

⑨ 成品进入后整理车间,需随时检查实际操作工人的整烫、包装等质量,并不定期抽验包装好的成品,要做到有问题早发现、早处理,尽最大努力保证大货质量和交期。产品质量的好坏不但会影响订单的交付,影响企业以后的订单,而且直接关系到企业的形象与信誉,所以必须通过订单生产的各个环节,严格控制订单质量。跟单员必须查看针织服装订单检验报表,并且按照3%~5%左右进行抽查,从而了解与掌握订单的质量以及出现的问题,可以起到督促工厂生产改进质量的作用。

⑩ 跟单员对订单质量的跟进可以从以下几个方面着手:其一就是在大货投产前,要求工厂企业对每台缝纫失败的运转状态进行查看,确保缝纫设备处于完好状态;其二就是在大货生产过程中,跟单员需要不定时的对缝制好的服装进行抽验,这样可以跟踪服装质量,避免服装质量的波动;其三就是查看生产单位的检验报表。了解与掌握服装质量分布状况,为改进和提高服装质量做好基础。

⑪ 大货包装完毕后要将裁剪明细与装箱单进行核对,检查每色、每号是否相符。如有问题必须查明原因并及时相应解决。

⑫ 加工结束后详细清理并收回所有剩余面料、辅料。

⑬ 对生产过程中各环节,包括本公司相应部门和各业务单位的协同配合力度、出现的问题、对问题的反应处理能力以及整个订单操作情况进行总结,以书面形式报告公司主管领导。

⑭ 在检查过程中一定要公平真实。

补充知识:

现在的贸易交易中为了避免贸易双方因质量问题导致的纠纷,从客户下订单开始所有检验都由第三方检验公司的跟检员来完成,包括面辅料、样衣、大货、包装等,并由第三方提供相应的检验报告给客户。

六、跟单员在生产跟单过程中应具备的职业素养

① 跟单员代表公司形象,在与工厂沟通接触中要言行举止得当,注意礼貌,尊重他人。

② 跟单员要注意个人和企业形象,有损公司利益的事情不做,有损公司形象的话不讲,不得泄露公司的生产经营秘密。

③ 跟单员对工作要讲求方法,要有计划、目标,工作要分轻重和主次,讲求效率。

④ 跟单员沟通之技巧:

a. 使用语言文字的意义要明确,不要拖泥带水模棱两可,以免接受者产生误会。

b. 酌情使用图表,具有形象性,使对方容易理解与接受。在交谈中可借助手势与表情,有助于思想感情的沟通。

c. 尽量使用短句,一般情况下少用或不使用长句,否则使人产生累赘之感,不利于意见沟通。

d. 叙事说理时力求言之有据,条理清楚。

e. 语言文字要净化,做到语言美,戒脏话。

⑤ 作为跟单员必须要有强大的推动生产进度的能力才能让生产计划有个更好的执行效果,加强与工厂的联系,明确生产、交货的权责。

⑥ 作为跟单员一定要有主导意识,跟单员不能被动地接受生产现状,也不是单纯地了解生产进度就可以的,而是要主动地跟进,运用各种先进的管理工具,想尽一切办法去督导各部门按照要求完成订单。

 任务实施

安排跟单员跟踪生产进度,模拟小批量服装生产线:

对服装面料裁剪的跟进 — 黏合工艺与特殊工艺的跟进 — 缝制工艺的跟进 — 后期整理与包装的跟进。

教学实施组织

一、导入相关知识介绍

通过了解服装生产跟进的目的、生产进度基本步骤介绍、讲解生产计划和生产通知单、介绍服装生产工艺流程控制和对生产进度的掌握,协助工厂做好产品质量。对面料、辅料、印花、绣花、成品等的品质有很好的判断和把控能力,生产过程中及时跟工厂沟通进度,回馈客户信息。

二、安排工作任务

教师通过实例讲授生产跟单的流程和方法,模拟某公司跟单安排。

三、同步指导跟单流程

分组合作完成工作任务。

四、总结本单元的教学内容

针对教学过程中的重点内容向学生提问,以便加深学生的印象,同时也请学生质疑,由教师答疑。

练习题同步训练

1. 案例分析:女睡衣面料用的长条花,门襟采用横料,由于在确认样和产前样制作过程中是单裁单做的,并没有发现问题,但是大批裁剪时发现左右门襟图案不能对称,有部分花与杆子对在一起,感觉不像是同一款面料。请问你作为跟单员怎么处理这个问题才能将损失减到最小?

2. 请分析表 2-10 进度跟踪表内容,列出跟单员应注意的要点。

表 2-10　订单进度跟踪表

订单进度跟踪表							
客户	GAP	面料	CF171	布重:	11 OZ	目的地	日本横滨
款号	11081	布封	54″	启运港:	深圳盐田	运输方式	船运
款式	女装牛仔长裤	成份:	棉 98%,弹 2%				

头板(寄出):	3 月 10 日	产前板(寄出):	4 月 15 日
(批板):	3 月 14 日	(批板):	4 月 18 日
车花批 OK:	3 月 15 日	交货期(客户):	5 月 18 日
印花批 OK:	无印花	船头板(寄出):	5 月 10 日
布料批 OK:	3 月 14 日	装箱单交财务:	5 月 18 日
布料回厂:	4 月 10 日	客户对账单回传:	5 月 20 日

物料进度跟踪　　〈〉〈〉

面	批复	3 月 14 日	警告唛	批复	3 月 22 日	胶钮	批复	3 月 25 日	贴纸	批复	4 月 5 日
	订购	3 月 14 日		订购	3 月 22 日		订购	3 月 25 日		订购	4 月 5 日
	入仓	4 月 10 日		入仓	4 月 3 日		入仓	4 月 8 日		入仓	4 月 15 日
里布	批复	3 月 14 日	旗唛	批复	3 月 18 日	牛仔钮	批复	3 月 25 日	挂牌	批复	4 月 5 日
	订购	3 月 14 日		订购	3 月 18 日		订购	3 月 25 日		订购	4 月 5 日
	入仓	3 月 25 日		入仓	3 月 30 日		入仓	4 月 8 日		入仓	4 月 15 日
袋布	批复	3 月 14 日	线	批复	3 月 28 日	铆钉	批复	3 月 25 日	价钱牌	批复	4 月 5 日
	订购	3 月 14 日		订购	3 月 28 日		订购	3 月 25 日		订购	4 月 5 日
	入仓	3 月 18 日		入仓	4 月 3 日		入仓	4 月 8 日		入仓	4 月 15 日
拉链	批复	3 月 20 日	绳	批复	不用绳	四合扣	批复	3 月 25 日	行李索	批复	4 月 5 日
	订购	3 月 20 日		订购			订购	3 月 25 日		订购	4 月 5 日
	入仓	4 月 5 日		入仓			入仓	4 月 8 日		入仓	4 月 15 日
主唛	批复	3 月 18 日	织带	批复	3 月 18 日	五爪钮	批复	不用五爪钮	腰带	批复	4 月 5 日
	订购	3 月 18 日		订购	3 月 18 日		订购			订购	4 月 5 日
	入仓	3 月 30 日		入仓	3 月 30 日		入仓			入仓	4 月 15 日
烟治唛	批复	3 月 18 日	橡巾	批复	不用橡巾	皮牌	批复	3 月 25 日	包装袋	批复	4 月 10 日
	订购	3 月 18 日		订购			订购	3 月 25 日		订购	4 月 10 日
	入仓	3 月 30 日		入仓			入仓	4 月 8 日		入仓	4 月 20 日
洗水唛	批复	3 月 22 日	鸡眼	批复	不用鸡眼	皮牌线	批复	3 月 25 日	纸箱	批复	4 月 10 日
	订购	3 月 22 日		订购			订购	3 月 25 日		订购	4 月 10 日
	入库	4 月 3 日		入库			入库	4 月 3 日		入仓	4 月 20 日

跟单员:　刘列

任务 3　服装尾期检验及判断标准

知识目标：1. 掌握 AQL 的抽验标准。
　　　　　2. 尾期货物查货质量标准。
　　　　　3. 验货报告的撰写。
技能目标：1. 掌握产品工艺制作和质量要求，成品尺寸测量、外观效果检测。
　　　　　2. 掌握服装质量基本检验标准及客人对服装的质量要求。
　　　　　3. 掌握 AQL 的抽验标准。
　　　　　4. 验货报告的撰写。

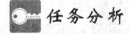

任务描述

　　某外贸服装公司加工的一批产品出厂前要进行尾期检验，以保证交付给客户的产品符合客户要求及相应的法律法规要求，能顺利交付并收回加工费用。

任务分析

1. 检验的依据

　　要对产品进行尾期检验并判定其是否符合要求，首先必须明确判定的依据。通常判定的依据主要从以下两个方面来确定：

(1) 客户的要求

　　应符合客户的设计要求，包括原材料、款式、尺码、缝制工艺要求、后整理要求等。这一点通常在前期进行样衣生产确认时已经得到明确，并编制成为相应的技术文件，如生产计划（或生产通知单等）、作业指导书、检验规程等。

(2) 法律法规的要求

　　出口服装除了质量上的要求，在安全方面的要求也比较高，尤其是出口到欧洲、北美等地的产品，"绿色环保"标准十分严格，甚至被一些企业称为"绿色环保壁垒"。客户可能不会在合同中提出这个最基本的要求，但是不符合"绿色环保"标准的产品是不合格产品，可能会面临退货甚至索赔的局面。所以出口服装企业在法律法规的符合性上一定要特别注意。但服装安全方面的检验一般是对所含化学物质的检测，工厂很难具备相应条件，企业多采用外送检验机构进行检验的方式来控制。

2. 检验的方法

（1）检验的具体方法

按照《中华人民共和国产品质量法》的要求，出厂前的产品可以按照相关标准如 GB/T 2828 进行抽样检验，合格后附合格证出厂。但为了保证出厂产品合格，外贸服装企业通常采用全数检验的方式，即逐一检验。

（2）检验的时机

尾期检验通常指的是所有加工工序都已经完成，包括锁眼、钉扣、整烫时进行的检验。

 相关知识

一、服装质量检验的相关知识

服装检验按不同标准有不同的分类方法。具体分类方法如下：

（一）按检验的目的不同分类

1. 生产检验

又称第一方检验、卖方检验。是由生产企业或其主管部门自行设立的检验机构，对所属企业进行原材料、半成品和成品产品的自检活动，经检验合格的成品有"检验合格证"标志。生产检验是生产企业为了及时发现生产中的不合格品，防止不合格品流入下道工序和确保产出的成品达到标准要求，而采取的一系列质量检验措施，从而达到保证质量，维护企业信誉的目的，是生产企业质量管理的重要内容。生产检验是保证产品质量的基本环节和重要组成部分，根据它发挥的作用不同又有不同的分类：

（1）按生产顺序分

进货检验、生产过程检验和成品检验三种。进货检验是指对服装加工的原料（面料、里料、辅料）的检验；生产过程检验是指对裁片、半成品等加工过程中各道工序的检验；成品检验则是对服装产品出厂前的检验，里面又分为出厂检验和型式检验（在后面介绍衬衫检验时详细介绍型式检验的内容）。

（2）按检验的地点分

固定检验和流动检验。固定检验是指服装生产过程中需要在某些固定的地方设置检验站，进行制品的检验（适合关键工序制品的全数检验）。流动检验又称巡回检验，适合对一般工序的抽查检验。

（3）按检验的人员分

专职检验、工人自检、相关工序互检三种。专职检验是由企业指定专职检验人员进行的检验，专职检验员隶属于技术部；工人自检是操作者对自己所操作的半制品的自我检验（一般对要求不高的次要工序检验）；互检是相关工序之间进行的相关检验（要求不高的工序可互检）；自检和互检人员归属于生产部门。

（4）按检验的时间分

首件检验、首批检验和批次检验。首件检验是对首件产品质量标准、工艺规程、技术规程等技术文件和生产质量等的检验（又称封样检验）；首批检验是对企业所承接的一个大订单中第一批次的产品所做的质量检验；批次检验是对产品出厂前的最终检验。

2. 验收检验

又称第二方检验、买方检验。是由商品的买方为了维护自身及其顾客利益,保证所购商品符合标准或合同要求,杜绝服装不合格品进入流通、消费领域,防止自己和消费者的利益受到侵害所进行的检验活动。目的是及时发现问题,反馈质量信息,促使卖方纠正或改进商品质量。在实践中,商业或外贸企业还常派"跟单员",对商品质量形成的全过程进行监控,对发现的问题,及时要求生产方解决。

3. 第三方检验

又称公正检验、法定检验。是由处于买卖利益之外的第三方(如专职监督检验机构),以公正、权威的非当事人身份,根据有关法律、标准或合同所进行的商品检验活动。如公证鉴定、仲裁检验、国家质量监督检验等。目的是维护各方面合法权益和国家权益,协调矛盾,促使商品交换活动的正常进行。第三方检验中除与法律责任相关的以外,一般分为企业送检与市场监督检验两种,前者是由企业自行选择样本送到第三方检验机构检查,其目的是提供合格的产品检验报告给客户,以证明其产品合格;而后者是在三方的监督下随机抽取服装样本进行检验,其可信度更高。

(二)按接受检验商品的数量不同分类

1. 全数检验

又称全额检验、百分之百检验,是对整批商品逐个(件)地进行检验。其特点是能提供较多的质量信息,给人一种心理上的放心感。缺点是由于检验量大,其费用高,易造成检验人员疲劳而导致漏检或错检。

2. 抽样检验

是按照已确定的抽样方案,从整批商品中随机抽取少量商品用作逐一测试的样品,并依据测试结果去推断整批商品质量合格与否的检验。它具有占用人力、物力和时间少的优点,具有一定的科学性和准确性,是比较经济的检验方式。但检验结果相对于整批商品实际质量水平,总会有一定误差。

3. 免于检验

即对于生产技术水平高和检验条件好、质量管理严格、成品质量长期稳定的企业生产出来的商品,在企业自检合格后,商业和外贸部门可以直接收货,免于检验。

(三)按接受检验的性质不同分类

破坏性检验是指在检验过程中,不得不对服装的外观造型、内在结构等造成一定程度的破坏的检测,这种检验通常用于对于服装理化性能的测试,如西服黏合部位的剥离强力的测试、服装缝制强度的测试等。完整性检验是指在检验过程中,不对服装的外观造型、内在结构等造成破坏的检测,这种检验通常用于服装外观的检验,如服装尺寸的检验、面料的疵点检验等。

二、服装尾期检验

服装质量检验是指检验者借助一定的设备、工具、手段、方法以及多年积累的经验,通过对服装各项质量指标项目进行检验、测试,并将测试结果同规定要求(国家标准、行业标准、企业标准或合同要求)进行比较,由此做出合格与否的判断过程。服装尾期检验即在大货出货前对即将出货的整批服装按照标准进行检验。对于出口企业的尾期检验一般是按照国际标准AQL进行抽样检验(注意此时的尾期检验必须是在所有服装已经包装完成后进行),合格则出口,反之不能出口。

(一) AQL 检验标准

1. 何为 AQL

"AQL"是英文 Acceptable Quality Level 的缩写,即验收质量水平,它是检验的一个参数,不是标准。验货根据批量范围、检查水平、AQL 值决定抽样的数量、合格与不合格产品的数量。服装质量检查采用一次抽样方案,服装企业多用 AQL2.5 标准和 AQL4.0 标准,检查水平为一般检查水平,检查的严格度为正常检查(表 2-11 中深色部分)。

2. AQL 标准相关表格

① AQL 检验水平标准见表 2-11。

表 2-11 AQL 检验水平标准

出货数量(件)	特殊放宽				一般		
	S-1	S-2	S-3	S-4	Ⅰ	Ⅱ	Ⅲ
2~8	A	A	A	A	A	A	B
9~15	A	A	A	A	A	B	C
16~25	A	A	B	B	B	C	D
26~50	A	B	B	C	C	D	E
51~90	B	B	C	C	C	E	F
91~150	B	B	C	D	D	F	G
151~280	B	C	D	E	E	G	H
281~500	B	C	D	E	F	H	J
501~1 200	C	C	E	F	G	J	K
1 201~3 200	C	D	E	G	H	K	L
3 201~10 000	C	D	F	G	J	L	M
10 001~35 000	C	D	F	H	K	M	N
35 001~150 000	D	E	G	J	C	N	P
150 001~500 000	D	E	G	J	M	P	Q
>500 000	D	E	H	K	N	Q	R

② 国标 AQL 正常检验单次抽样一般检验水平Ⅱ级标准抽样表 2-12。

表 2-12 Ⅱ级标准抽样表   单位:件

出货数量	基本样本数	0.10		0.15		0.25		0.40		0.65		1.00		1.50		2.50		4.00		6.50		10	
		样本	接受	样本	接受	样本	接受	样本	接受	样本	接受	样本	接受	样本	接受	样本	接受	样本	接受	样本	接受	样本	接受
2~8	2	100%	0	100%	0	100%	0	100%	0	100%	0	100%	0	100%	0	5	0	3	0	2	0	5	1
9~15	3	100%	0	100%	0	100%	0	100%	0	100%	0	13	0	8	0	5	0	3	0	2	0	5	1
16~25	5	100%	0	100%	0	100%	0	100%	0	20	0	13	0	8	0	5	0	3	0	8	1	5	1
26~50	8	100%	0	100%	0	100%	0	32	0	20	0	13	0	8	0	5	0	13	1	8	1	8	2
51~90	13	100%	0	80	0	50	0	32	0	20	0	13	0	8	0	20	1	13	1	13	2	13	3
91~150	20	125	0	80	0	50	0	32	0	20	0	13	0	32	1	20	1	20	2	20	3	20	5
151~280	32	125	0	80	0	50	0	32	0	20	0	50	1	32	1	32	1	32	3	32	5	32	7
281~500	50	125	0	80	0	50	0	32	0	80	1	50	1	50	2	50	3	50	5	50	7	50	10

（续　表）

出货数量	基本样本数	0.10		0.15		0.25		0.40		0.65		1.00		1.50		2.50		4.00		6.50		10	
		样本	接受	样本	接受	样本	接受	样本	接受	样本	接受	样本	接受	样本	接受	样本	接受	样本	接受	样本	接受	样本	接受
501~1 200	80	125	0	80	0	50	0	125	1	80	1	80	2	80	3	80	5	80	7	80	10	80	14
1 201~3 200	125	125	0	80	0	200	1	125	1	125	2	125	3	125	5	125	7	125	10	125	14	125	21
3 201~10 000	200	125	0	315	1	200	1	200	2	200	3	200	5	200	7	200	10	200	14	200	21	125	21
10 001~35 000	315	500	1	315	1	315	2	315	3	315	5	315	7	315	10	315	14	315	21	200	21	125	21
35 001~150 000	500	500	1	500	2	500	3	500	5	500	7	500	10	500	14	500	21	315	21	200	21	125	21
150 001~500 000	800	800	2	800	3	800	5	800	7	800	10	800	14	800	21	500	21	315	21	200	21	125	21
>500 000	1 250	1 250	5	1 250	7	1 250	7	1 250	10	1 250	14	1 250	21	800	21	500	21	315	21	200	21	125	21

注：表中的 100% 是指全数检验。

（二）AQL 抽样表格说明

① AQL 收货标准也适用于服装厂任何生产线（包括车缝间、成衣、查剪、中查、尾查、整烫、包装等）。

② 以 AQL2.5 为例说明使用方法如下：

a. 151 件~280 件抽查 32 件——2 件及以下有问题可接受，3 件及以上有问题不可接受；

b. 501 件~1 200 件抽查 80 件——5 件及以下有问题可接受，6 件及以上有问题不可接受；

c. 36 001 件~150 000 件抽查 500 件——21 件及以下有问题可接受，22 件及以上有问题不可接受。

③ 不合格的处理方法：

a. 返工；

b. 挑出不合格品；

c. 再次按 AQL2.5 标准抽查直至合格为止（不分次数）；

d. 不能返工的等于报废。

三、跟单员对成品检验相关知识的了解

（一）服装成品检验环境与抽样规定

1. 检验环境

检验环境是检验工作一个重要的外部因素，如果检验环境管理不善，会给检验结果带来不良的影响。

检验环境的管理内容有：

第一，硬件措施，包括照明、噪声、气温、气味以及卫生条件等，其中照明条件十分关键。若面料检验时无良好的照明条件，就很难发现疵点、色差、纬斜等疵病。此外，整体环境的好坏，对检验人员的情绪也有很大的影响。

第二，软件措施，即检验过程中的标识，这是检验环境管理中非常重要的一条。标识分为大标识和小标识，大标识是指对服装检验区域进行划分、标识，比如待检区、检验区、合格产品区、返工返修产品区等，并严格按照标识的区域进行货品的堆放，避免不合格产品、返工返修产品混入合格产品中流入市场销售。小标识是指对服装不合格品进行标识，如返工返修产品、报

废品,许多企业通过悬挂不同颜色的吊牌来标识不合格品,并要求对返工、返修做记录,最后的检验也需要标注出来,以保持产品的可追溯性。万一出现不合格品混入合格品出厂的情况,企业可以追根溯源,采取针对性的措施解决问题。而且一旦出现这样的情况,对服装企业尤其是品牌企业造成的影响是非常严重的,企业将付出很大的代价。

2. 抽样检验

抽样检验是指根据数理统计的原理预先制定的抽样方案,从交验的一批产品中,随机抽取部分样品进行检验,根据样品的检验结果,按照规定的判断准则,判定整批产品是否合格,并决定是接收还是拒收该批产品,或采取其他处理方式。

抽样检验的主要优点是明显节约了检验工作量和检验费用,缩短了检验周期,减少了检验人员和设备。特别是属于破坏性检验时,只能采取抽样检验的方式。抽样检验的主要缺点是有误判的风险。例如样本数量不足以代表整批货品时,将合格批错判为不合格,或把不合格批错判为合格。虽然运用数理统计理论,在一定程度上减少了风险,提高了可靠性,但只要使用抽样检验方式,这种风险就不可能绝对避免。

抽样检验适用于下面几种场合:

① 生产批量大、自动化程度高,产品质量比较稳定的产品或工序;

② 带有破坏性检验的产品或工序,如服装的剥离强力与缝制强度的测试;

③ 外协件、外购件等成批进货的验收检验;

④ 某些生产效率高、检验时间长的产品或工序;

⑤ 检验成本太高的产品或工序。

(1) 抽样规定

合理科学的抽样检验,必须符合以下三个基础条件:

① 抽样检验必须有预先设计好的合理的抽样方案,以保证不误判。

② 必须在合理的抽样方案基础上实现随机抽样,以保证能从整批产品中随机抽取一小部分能代表整批产品的样品。

③ 能合理分配抽样引发的误判风险。抽样检验的误判概率是客观存在的,完全无误并不现实,合理的做法是由生产者和使用者各承担一部分风险的责任,常规的做法是生产者承担5%,使用者承担10%。

(2) 抽样检验的方法术语

① 单位产品和样本容量。单位产品是指待检查的基本产品单位,或称为个体,这是一个带有一定随意性的数字单位、样本,由一个或数个产品构成。样本容量称为样本大小,通常用 n 来表示。

② 交验批和批量。交验批是指待检的一批产品,它所包含的单位产品数量称为批量,通常用 N 来表示。

③ 合格判定数。合格判定数是指预先规定的在判定批产品合格的样本中,允许存留的最大不合格数,通常用 Ac 或 c 来表示。

④ 不合格判定数。不合格判定数是指预先规定的在判定批产品不合格的样本中,允许存留的最小不合格数,通常用 Re 或 e 来表示。

⑤ 批不合格率。批不合格率是指批中不合格品数 D 占整个批量 N 的百分比,用 P 来表示,即:

$$P = \frac{100D}{N}(100\%)$$

⑥ 过程平均不合格率。过程平均不合格率是指数批产品首次检查时得到的平均不合格率，用 P' 来表示。假设有 k 批产品，其批量分别为 N_1、N_2、N_3⋯N_k，经检验，其不合格品数分别为 D_1、D_2、D_3⋯D_k，则过程的平均不合格率应为：

$$P' = \frac{D_1 + D_2 + D_3 + \cdots + D_k}{N_1 + N_2 + N_3 + \cdots + N_k}$$

按理，如果要得到 P' 的真值，就必须在全部产品形成以后通过全检才能得到，但这并无必要，因为只要通过抽样检验对 P' 作出估计即可，即从 k 批产品中依次抽取 n_1、n_2、n_3⋯n_k 个样本，若经检验，各样本中的不合格品数分别为 d_1、d_2、d_3⋯d_k，则利用样本去估计即可得到过程平均不合格率为：

$$P' = \frac{d_1 + d_2 + d_3 + \cdots + d_k}{n_1 + n_2 + n_3 + \cdots + n_k}$$

⑦ 合格质量水平。合格质量水平是指可接收的连续交验批的"过程平均不合格率"的上限值，也称为可接收质量水平，它既是供货方可稳定达到的实际质量水平，同时又是收货方可接受的质量水平。这个指标对供求双方的利益能形成最为有利的保护，通常用 AQL(Accepted Quality Level)来表示，故也称为可接受的质量水平。

⑧ 批最大允许不合格率 LTPD(Lot Tolerance Percent Defective)。批最大允许不合格率是指用户能够接受的产品批的极限不合格率值，LTPD 的合理确定直接影响用户（消费者）的利益。

⑨ 生产者风险 PR(Produce's Risk)。生产者（供方）所承担的合格批被判为不合格批的风险，风险概率通常记作 α。

⑩ 消费者风险 CR(Consumer's Risk)。消费者（用户）所承担的不合格批被判为合格批的风险，风险概率通常记作 β。

（二）衬衫的质量检验

衬衫(shirt)是和西服配衬的内衣，随着时代的发展也与其他服装配衬，并逐步走向外衣化，单独穿用。由于衬衫穿着舒适，外观大方，制作简单，便于从事各种活动，是广大消费者普遍喜爱的服装，因此，衬衫属于大类产品之一，也是法定检验商品。衬衫按不同标准有不同的分类方法，如按穿着对象的不同可分为男衬衫和女衬衫；从款式分有长袖衬衫、短袖衬衫、无袖衬衫等；按穿着用途又可划分为普通衬衫（一般当内衣穿，与西服、茄克等配套）、休闲衬衫（外衣化，有时里面还套 T 恤衫）。其中最有代表性的是普通衬衫中的男式硬领衬衫。

1. 检验标准

与衬衫相关的标准有《GB/T 2660—1999 衬衫》《GB/T 2667—1993 男女衬衫规格》《SN/T 0556—2005 出口衬衫检验规程》《GSBY 76001—88 出口衬衫熨烫外观样照》等，另外可按合同要求及实物样品对衬衫进行检验。

以下按照《GB/T 2660—1999 衬衫》标准为依据，进行衬衫检验的介绍。这里的衬衫指以纺织织物（非针织）为原料，成批生产的男女衬衫、棉衬衫，也适用于衬衫类的时装产品。

2. 成衣部位划分

衬衫部位划分见图 2-61。

3. 检验项目

衬衫的成品检验分为出厂检验和成品检验两种类型。一般我们涉及到的检验为出厂检验,包含了成衣外观检验、缝制检验和成衣规格检验,不包括理化性能的检验。而型式检验则必须做理化性能的测试,衬衫的理化性能包括成品主要部位收缩率、成品主要部位起皱级差、成品主要部位缝口纰裂程度以及成品衬衫释放甲醛含量四项。

型式检验对产品质量进行全面考核,即对产品标准中规定的技术要求全部进行检验(必要时,还可增加检验项目),又称例行检验。一般在下列情况时,应进行型式检验:

① 新产品投产时。

② 正式生产后,如采用新材料、新工艺、新设备等,可能对产品性能有影响时。

③ 正常生产过程中,定期或积累一定产量后,周期性地进行一次检验,考核产品质量稳定性时。

④ 产品长期停产后,恢复生产时。

⑤ 出厂检验结果与上次型式检验结果有较大差异时。

⑥ 国家质量监督机构提出进行型式检验的要求时。

型式检验的项目企业往往采用送检的方式,送到拥有相应设备的检测机构去检验,因此本书中重点讲解的是出厂检验。

(1) 成衣外观检验

① 成衣外型确认:以目测为主,按合同、标准或有关规定等查对货品是否按照确认样生产,主商标、尺寸商标、洗水商标等位置是否正确。

② 熨烫定型:衬衫翻领、立领的领圈大小适宜,领尖插片不折尖,整件衬衫折叠端正,前、后身及袖身平服,挺括、袖口齐,无亮光、水渍、烫黄等,成衣外观整洁。

③ 色差:领面、过肩、袖头面与大身色差高于4级,其他部位4级,衬布影响或多层料造成的色差不低于3~4级。

④ 外观疵点:面料无明显疵点(参照表2-13规定,未列入的疵点按其形态,参照表2-13中相似疵点执行;部位划分参见图2-61)。

表2-13 衬衫各部位允许出现疵点的程度 单位:cm

疵点名称	各部位允许存在程度			
	0部位	1部位	2部位	3部位
粗于一倍粗纱2根	0	长3.0以下	不影响外观	长不限
粗于二倍粗纱3根	0	长1.5以下	长4.0以下	长6.0以下
粗于三倍粗纱4根	0	0	长2.5以下	长4.0以下
双经双纬	0	0	不影响外观	长不限
小跳花	0	0	6个	不影响外观
经缩	0	0	长4.0宽1.0以下	不明显
纬密不均	0	0	不明显	不影响外观0
颗粒状粗纱	0	0	0	0
经缩波纹	0	0	0	0
断经断纬1根	0	0	0	0
搔损	0	0	0	轻微
浅油纱	0	长1.5以下	长2.5以下	长4.0以下
色档	0	0	轻微	不影响外观
轻微色斑(污渍)	0	0	(0.2×0.2)cm² 以下	不影响外观

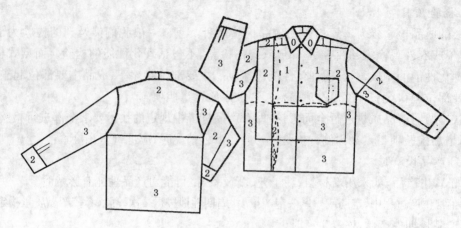

图 2-61　衬衫部位划分图

(2) 缝制检验

① 各部位线路顺直,整齐、牢固、平服,针距密度符合要求(表 2-14);

② 上下线松紧适宜,无跳线、断线,起落针处应有回针;

③ 0 部位不允许跳针、接线,其他部位 30 cm 内不得有两处单跳针(链式线迹不允许跳线);

④ 包缝牢固、平整,针距密度符合要求;

⑤ (如果有绣花)绣花位置正确,平整,颜色适宜,符合客户要求;

⑥ 领子平服,领面松紧适宜,不反翘、不起泡、不渗胶;

⑦ 袖、袖头及口袋和衣片的缝合部位均匀、平整、无歪斜;

⑧ 锁眼位置准确,一头封口上下回转四次以上,无绽线;扣与眼相对,线量应达到表 2-14 的规定。

表 2-14　衬衫针距密度要求

项　目	针距密度	备注
明　线	3 cm 不少于 14 针(一般衬衫)	包括暗线
	3 cm 不少于 11 针(棉衬衫)	
包缝线	3 cm 不少于 12 针	包括锁缝(链式线)
锁　眼	1 cm 不少于 15 针	
钉　扣	每眼不低于 6 根线	

(3) 成衣规格检验

① 规格尺寸的测量方法:参见图 2-62。

a. 领大:领子摊平横量,立领量上口,其他领量下口;

b. 衣长:男衬衫前后身底边拉齐,由领侧最高点垂直量至底边;女衬衫由前身肩缝最高点垂直量至底边;圆摆衬衫由后领窝中点垂直量至底边;

c. 长袖长:由袖子最高点量至袖头边;短袖长:由袖子最高点量至袖口边;

d. 胸围:将衬衫钮扣扣好,前后身摊平(后褶拉开),在袖底缝处横量一周的围度;

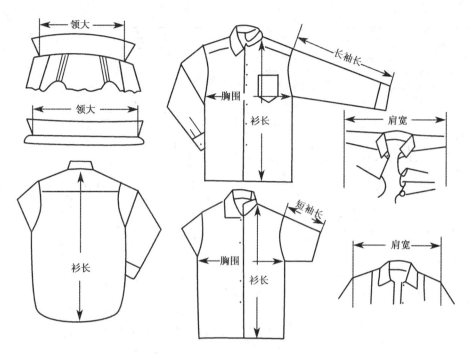

图 2-62　衬衫各部位尺寸测量方法

e. 肩宽:男衬衫由过肩两端、后领窝向下 2.0～2.5 cm 处为定点水平测量;女衬衫由肩缝交叉处,解开钮扣放平量。

② 衬衫规格的允许偏差见表 2-15。

表 2-15　衬衫规格的允许偏差　　　　　　　　　　　　单位:cm

部位名称	一般衬衫	棉衬衫
领大	±0.6	±0.6
衣长	±1.0	±1.5
长袖长	±0.8	±1.2
短袖长	±0.6	—
胸围	±2.0	±3.0
肩宽	±0.8	±1.0

(4) 缺陷

在标准《GB/T 2660—1999 衬衫》中,对衬衫的缺陷规定如表 2-16 所示。

表 2-16　成品衬衫缺陷规定

项目	序号	轻缺陷	重缺陷	严重缺陷
外观质量	1	商标不端正,明显歪斜;钉商标线与商标底色不适宜	号型标志不准确;无商标	无厂名、厂址;无号型标志;无成分标志;无洗涤标志;无合格证

（续　表）

项目	序号	轻缺陷	重缺陷	严重缺陷
外观质量	2	领型左右不一致,折叠不端正,互差 0.6 cm 以上(两肩比对,门里襟对比);领窝、门襟轻起兜不平挺;底领外露,胸袋、袖头不平服、不端正	领窝、门襟严重起兜	
	3	熨烫不平服;有亮光	轻微烫黄、烫变色	变质、残破
	4	表面有死线头长 1.0 cm,纱毛长 1.5 cm,2 根以上;有轻度污渍,污渍≤2.0 cm²,水花≤4.0 cm²	有明显污渍,污渍>2.0 cm²,水花>4.0 cm²	
	5	领子不平服,领面松紧不适宜;豁口重叠	领面起泡、渗胶、领尖反翘	0 部位起泡
色差色牢度	6	表面部位色差不符合本标准规定的 1 级以内;衬布影响色差低于 3 级	表面部位色差超过本标准规定 1 级以上	
辅料	7	缝纫线色泽色调与面料不相适应;钉扣线与扣色泽不适应		
疵点	8	2、3 部位超本标准规定	0、1 部位超本标准规定	
对条对格	9	对条、对格,纬斜超本标准规定指标 50% 以下的	对条、对格,纬斜超本标准规定指标 50% 以上的;顺向不一致,特殊图案顺向不对	
针距	10	低于本标准规定 2 针以内(含 2 针)	高于本标准规定 2 针以上	
规格	11	超本标准规定指标 50% 以内的	超本标准规定指标 50% 以上的	超本标准规定指标 100% 以上的
锁眼	12	锁眼间距互差≥0.5 cm;偏斜≥0.3 cm,纱线绽出	跳线、开线、毛漏	
钉扣	13	扣与眼位互差>0.4 cm,钉扣不牢	扣掉落	
缝制质量	14	缝制线路不顺直;窄宽不均匀;不平服,接线处明显双轨>1.0 cm,起落针处没有回针;毛脱落≤2.0 cm,30 cm 两处单跳线;上下线轻度松紧不适宜	毛脱落≥2.0 cm,上下线松紧严重不适宜,影响牢度,链式线路跳线、断线	
	15	领子止口不顺直、反吐;领尖长短不一致,互差 0.3~0.5 cm;绱领不平服,绱领偏斜 0.6~0.9 cm	领尖长短互差>0.5 cm;绱领偏斜≥1.0 cm;绱领严重不平服;0 部位有接线、跳线	领尖毛出
	16	压领线:宽窄不一致,下炕;反面线距>0.4 cm 或上炕		
	17	盘头:探出 0.3 cm;止口反吐、不整齐		
	18	门、里襟不顺直长短互差 0.4~0.6 cm;两袖长短互差 0.6~0.8 cm	门、里襟长短互差≥0.7 cm;两袖长短互差≥0.9 cm	
	19	针眼外露	钉眼外露	
	20	口袋歪斜;不平服;绲线明显宽窄;左右口袋高低差>0.4 cm;前后差>0.6 cm		
	21	绣花;针迹不整齐;轻度漏印迹	严重漏印迹;绣花不完整	
	22	袖头:左右不对称;止口反吐;宽窄差>0.3 cm,长短差>0.6 cm		
	23	褶:互差>0.8,不均匀、不对称		

（续　表）

项目	序号	轻缺陷	重缺陷	严重缺陷
缝制质量	24	袖开衩长短差＞0.5 cm		
	25	绱袖:不圆顺;吃势不均匀;袖窿不平服		
	26	拼接:超本标准规定	袖花拼接	领子拼接
	27	十字缝:互差＞0.5 cm		
	28	肩、袖窿、袖缝、合缝不均匀;倒向不一致;两肩大小互差＞0.4 cm	两肩大小互差＞0.8 cm	
	29	省道:不顺直;尖部起兜;长短、前后不一致;互差≥1.0 cm		
	30	底边:宽窄不一致;不顺直;轻度倒翘	严重倒翘	

注:
1. 以上各项缺陷按序号逐项累计计算。
2. 本规则未涉及到的缺陷可根据标准规定,参照相似缺陷酌情判定。
3. 凡属丢工、少序、错序,均为重缺陷,缺件为严重缺陷。
4. 理化性能测试中的缝口纰裂程度一项不合格为该抽验批重缺陷,其他项不合格为该抽验批不合格。

4. 成衣检验结果的判断

（1）抽样规定

抽样数量按产品批量:

500件(含500件)以下,抽验10件;500件以上至1 000件(含1 000件),抽验20件;1 000件以上,抽验30件。

（2）单件(样本)判定规定

优等品:严重缺陷数＝0;重缺陷数＝0;轻缺陷数≤3;一等品:严重缺陷数＝0;重缺陷数＝0;轻缺陷数≤6;合格品:严重缺陷数＝0;重缺陷数＝0;轻缺陷数≤8或严重缺陷数＝0;重缺陷数≤1;轻缺陷数≤4。

（3）批量判定规定

优等品批:样本中的优等品数≥90％,一等品、合格品数≤10％(不含不合格品);一等品批:样本中的一等品以上产品数≥90％,合格品数≤10％(不含不合格品);合格品批:样本中的合格品以上产品数≥90％,不合格品数≤10％(不含严重缺陷)。

抽验中各批量判定数符合标准规定,为判定合格的等级批出厂;如各批量判定数不符合标准规定时,应进行第二次抽验,抽验数量增加一倍。

（三）茄克衫的质量检验

茄克衫(jacket)是最早起源于爱斯基摩人的服装,用动物毛皮缝制,主要用于狩猎,可以防风、防雨、防寒。它是一种前开襟式长袖短外套,门襟普遍采用拉链,故亦称拉链衫。就外型轮廓而言,茄克衫宽松、随意、线条简单流畅,使人显得非常精悍。茄克衫在面料选用上一般采用棉、亚麻、羊毛织物等,这些织物自然、舒适、便于运动,使人体保持自然形态。近几年来,茄克衫已趋向时装热点,且逐年升温,由于它不受性别、年龄、职业、季节等条件的局限,而且款式多变,穿着随意,潇洒迷人,因而受到人们的普遍喜爱。

1. 检验标准

与茄克衫相关的标准有《FZ/T 81008—2004 茄克衫》《FZ/T 81007—2003 单、夹服装》《SN/T 0557—2005 出口便服检验规程》。

本书按照《FZ/T 81008—2004 茄克衫》标准进行茄克衫检验的介绍。这里的茄克衫指以棉、麻、丝、毛、化学纤维及其混纺织物为原料,成批生产的男、女、单、夹茄克衫。

2. 成衣部位划分

成衣部位划分见图 2-63。

3. 检验项目

茄克衫的成品检验同衬衫一样,分为出厂检验和成品检验两种类型。

(1) 成衣外观检验

① 成衣外型确认:同衬衫。

② 熨烫定型:成衣外观整洁,各部位整烫平服,无亮光、水渍、烫黄等。

③ 色差:领与前身、袖与前身、袋与前身、左右前身色差高于 4 级,其他表面部位不低于 4 级,里子色差不低于 3～4 级。

④ 外观疵点:衣身面料无明显疵点(参照表 2-17 规定,并参照图 2-63)。

表 2-17 茄克衫各部位允许出现疵点的程度　　　　　　单位:cm

疵点名称	各部位允许存在程度		
	1 部位	2 部位	3 部位
粗于一倍粗纱	1.0～2.0	2.1～4.0	4.1～6.0
粗于二倍粗纱	0	1.0～2.0	2.1～4.0
浅细纱	1.0～2.0	2.1～3.0	3.1～4.0
浅斑渍(cm²)	0	<0.2	<0.3

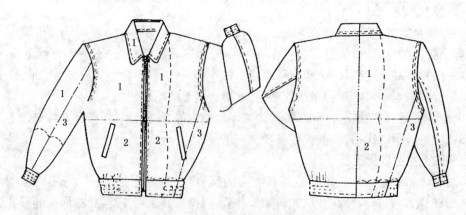

图 2-63　茄克衫部位划分图

(2) 缝制检验

① 各部位线路顺直,整齐、牢固、平服,针距密度符合要求(表 2-18)。

表 2-18   茄克衫针距密度要求

项目		针距密度
明暗线		3 cm 不少于 11 针
包缝线		3 cm 不少于 9 针
锁眼		1 cm 不少于 9 针
钉扣	手工	双线两上两下绕三绕
	机扣	每眼不低于 6 根线

② 领子平服,领面松紧适宜,不反翘。

③ 绱袖圆顺,两袖前后基本一致;袋与袋盖方正、圆顺,前后、高低一致。

④ 拉链缉线整齐,拉链带顺直。

⑤ 锁眼位置准确,大小适宜;扣与眼对位,整齐牢固,扣眼针距密度应达到表 2-18 的规定。

⑥ 钉扣牢固,扣脚高低适宜,线结不外露;四合扣上下松紧适宜,牢固、不脱落。

⑦ 各部位 30 cm 内不得有两处单跳针和连续跳针,链式线迹不允许跳针。

(3) 成衣规格检验

① 茄克衫规格尺寸的测量方法见表 2-19 并参照图 2-63。

表 2-19   茄克衫规格尺寸测量方法

序号	部位名称		测量方法
1	衣长		由肩最高点垂直量至底边
2	胸围		闭合拉练(或扣上钮扣)前后身摊平,沿袖隆底缝横量(周围计算)
3	总肩宽		由肩袖缝的交叉点摊平横量
4	领围		领子摊平横量,立领量上口,其他领量下口
5	袖长	圆袖	由肩缝最高点量至袖头边中间
		连肩袖	后领线迹缝中点量至袖头边中间

② 茄克衫规格的允许偏差见表 2-20。

表 2-20   茄克衫规格的允许偏差   单位:cm

序号	部位名称		允许偏差
1	衣长		±1.0
2	胸围		±2.0
3	总肩宽		±0.8
4	领围		±0.7
5	袖长	圆袖	±0.8
		连肩袖	±1.2

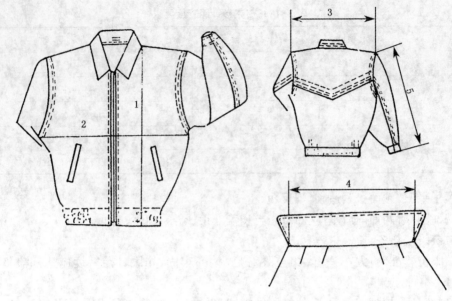

图 2-64　茄克衫各部位尺寸测量方法

（4）缺陷

在标准《FZ/T 81008—2004 茄克衫》中,对茄克衫的缺陷的规定如表 2-21 所示。

表 2-21　成品茄克衫缺陷规定

项目	序号	轻缺陷	重缺陷	严重缺陷
外观	1	表面有污渍、粉印、亮光、水花、死褶、表面死线头长于 1 cm 5 根以上	表面污渍 3 cm² 以上,黏合衬明显起泡,渗胶,烫黄,变色	残破,变质,黏合衬严重渗胶
规格	2	超允许偏差范围 50%～100%	超允许偏差范围 100% 以上	
辅料	3	线、衬等辅料与面料质地、色泽明显不相适应		金属附件品质不良、锈蚀
标志	4	商标位置不端正、号型标志不清晰,或无成分标志、洗涤说明	号型标志不正确	无号型标志及商标厂记
色差	5	除领与前身,袖与前身,袋与前身,左右前身以外的其他部位不低于 4 级,里子不低于 3～4 级	领与前身,袖与前身,袋与前身,左右前身高于 4 级	
针距密度	6	不符合表 2-18 规定,各部位 30 cm 内有两处单跳针和连续跳针	明线连续跳针 30 cm 在 2 针以上,锁眼缺 0.5 cm 以上	链式线迹有跳针及漏针
对条对格	7	超标准规定 50% 以内	超表 1 规定 50% 以上 100% 以内	
疵点	8	3 号部位不符合表 2-17 条规定	1、2 号部位不符合表 2-17 规定	
缝制质量	9	各部位缝制不平服,松紧不适宜,底边不圆顺,顺直,毛、脱、漏<1 cm	有明显拆痕,缝合毛、脱、漏>1 cm,表面部位布针眼外露	毛、脱、漏>2 cm
	10	缉明线宽窄不一致,明显不顺直		
	11	锁眼、钉扣、封结不牢固,眼位距离不均匀>0.4 cm,扣与眼位及四合扣上下相对互差>0.4 cm	眼位距离不均匀>0.8 cm,扣与眼位及四合扣上下相对互差>0.8 cm	

(续　表)

项目	序号	轻缺陷	重缺陷	严重缺陷
缝制质量	12	领子面里松紧不适宜,表面不平服,领尖长短、驳口宽窄互差>0.3 cm	领面、里松紧明显不适宜	
	13	领窝不平服,起皱,绱领以肩缝对比互差>0.6 cm	领窝明显不平服,起皱,绱领以肩缝对比互差>0.8 cm	
	14	绱袖不圆顺,前后不适宜,吃势不均匀,两袖前后不一致互差1 cm		
	15	袖缝不顺直,两袖长短互差>0.8 cm,袖头互差>0.4 cm		
	16	前身拉锁松紧不适宜,两搭门长短,门襟短于里襟或门襟长于里襟0.5 cm以上	门里襟互差>0.8 cm以上,装拉锁明显不平服	
	17	袋与袋盖不圆顺,开袋裂口,镶线宽窄互差>0.3 cm,袋位高低、前后差>0.5 cm	袋口封结不牢固,毛茬,做袋无垫袋布	

4. 成衣检验结果的判断

(1) 抽样规定

抽样数量按产品批量:

200件及以下抽验10件;500件及以下抽验20件;500件以上抽验30件。

(2) 单件(样本)判定规定

一等品:严重缺陷数＝0;重缺陷数＝1;轻缺陷数≤3 或

严重缺陷数＝0;重缺陷数＝0;轻缺陷数≤7。

合格品:严重缺陷数＝0;重缺陷数＝1;轻缺陷数≤6 或

严重缺陷数＝0;重缺陷数＝2;轻缺陷数≤2 或

严重缺陷数＝0;重缺陷数＝0;轻缺陷数≤10。

(3) 批量判定规定

一等品批:样本中的一等品数不少于90%,合格品数不超过10%。

合格品批:样本中的一等品、合格品不少于90%,等外品数不超过10%(不含严重缺陷)。

符合上述批量判定规定的为一等品或合格品批出厂;抽验中各批量判定数未达到原规定等级判定时应进行第二次抽验,抽验数量增加一倍。

(四) 西服、大衣的质量检验

西服(suit)是从国外传入的一种服装品种,起源于17世纪的欧洲,它拥有深厚的文化内涵,在国外是男子的正式服装。西服穿着合体,造型美观潇洒,已成为当前在国际活动交往中普遍穿着的服装。而大衣造型美观,线条流畅,穿着美观,庄重大方,是人们普遍与西服配套穿着的一种高档外衣。其结构设计与西服相似,因此在国家标准中和西服放在一起。西服、大衣属于法定检验商品。西服的式样变化丰富,常见的有平驳领、圆角下摆的单排钮式、枪驳领、平下摆双排钮式。西装还有套装和单件上装的区分,套装就是上衣和裤子用同色同料裁制,可作礼服用,若加上一件马甲就成为三件套套装。穿着正规的套装,要求系领带。单件上装可以和各种裤子配穿,可不必系领带,里面也可穿毛衣或套衫。

1. 检验标准

与西服相关的标准有《GB/T 2664—2001 男西服、大衣》《GB/T 2665—2001 女西服、大衣》《SN/T 0555—2005 出口西服、大衣检验规程》《GSB 16—1906—2005 男女西服大衣外观缺陷样照》等,另外可按合同要求及实物样品对西服进行检验。

本书按照《GB/T 2664—2001 男西服、大衣》标准为依据,进行西服、大衣检验的介绍。这里的西服指以毛、毛混纺、毛型化学纤维等织物为原料,成批生产的男西服、大衣等毛呢类服装。

2. 成衣部位划分

成衣部位划分参见图 2-65。

3. 检验项目

西服、大衣的成品检验与衬衫略有不同,分为出厂检验、一般型式检验和型式检验三种类型。出厂检验包含成衣外观检验、缝制检验和成衣规格检验,不包括理化性能的检验;而一般型式检验则必须做理化性能的测试,但不包含剥离强力和缝制强度的测试(因为这两项都属于破坏性检验项目);型式检验包含所有的理化性能指标,一般在质量仲裁等情况下进行。

(1) 成衣外观检验

① 成衣外型确认:与衬衫相同。

② 外观总体质量要求:

a. 造型优美,平服、挺刮、饱满。除个别设计部位外,应以前中心线为基准,左右对称。

b. 整套服装不得存在影响外观的污渍、水迹、画粉印、烫黄、极光及线头等。

c. 使用黏合衬工艺的部位不得有脱胶、渗胶及起皱现象。

d. 锁眼、钉扣位置准确,大小适宜。钉扣牢固,锁眼整齐、光洁,用线符合要求。

e. 倒顺毛面料及图案、花型有方向性的面料,应顺向一致。

③ 外观疵点:

色差:袖缝、摆缝色差不低于 4 级,其他表面部位高于 4 级,套装中上装与裤子的色差不低于 4 级。

疵点:面料无明显疵点(参照图 2-65,未列入的疵点按其形态,参照表 2-22 相似疵点执行)。

表 2-22 西服各部位允许出现疵点的程度

疵点名称	各部位允许存在程度		
	1 部位	2 部位	3 部位
粗于一倍粗纱(cm)	0.3~1.0	1.0~2.0	2.0~4.0
大肚纱(三根)	不允许	不允许	1.0~4.0
毛粒(个)	2	4	6
条痕(折痕)(cm)	不允许	1.0~2.0 不明显	2.0~4.0 不明显
斑疵(油、锈、色斑)(cm²)	不允许	不大于 0.3,不明显	不大于 0.5,不明显

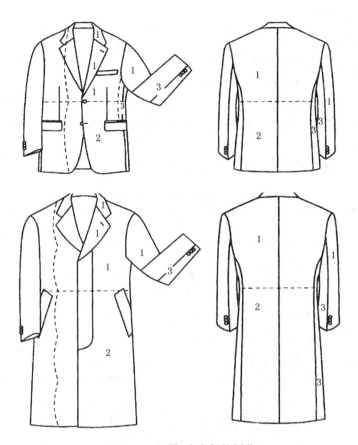

图 2-65　西服、大衣部位划分

(2) 缝制检验

① 各部位线路顺直，整齐、牢固、平服，针距密度符合要求（表 2-23）。

表 2-23　西服、大衣针距密度要求

项目		针距密度	备注
明暗线		3 cm 12～14 针	特殊需要除外
包缝线		3 cm 不少于 9 针	—
手工		3 cm 不少于 7 针	肩缝、袖窿、领子不低于 9 针
手拱止口/机拱止口		3 cm 不少于 5 针	—
三角针		3 cm 不少于 5 针	以单面计算
锁眼	细线	1 cm 12～14 针	机锁眼
	粗线	1 cm 不少于 9 针	手工锁眼
钉扣	细线	每孔不少于 8 根线	缠脚线高度与止口厚度相适宜
	粗线	每孔不少于 4 根线	

② 上下线松紧适宜，无跳线、断线，起落针处应有回针。

③ 领子平服，领面松紧适宜。

④ 绱袖圆顺，两袖前后基本一致。

⑤ 滚条、压条要平服,宽窄一致。

⑥ 袋布的垫料要折光边或包缝。

⑦ 袋口两端应打结,可采用套结机或平缝机回针。

⑧ 袖窿、袖缝、底边、袖口、挂面里口、大衣摆缝等部位叠针牢固。

⑨ 锁眼定位准确,大小适宜,扣与眼对位,整齐牢固。钮脚高低适宜,线结不外露。

⑩ 各部位缝纫线迹 30 cm 内不得有两处单跳针和连续跳针,链式线迹不允许跳针。

(3) 成衣规格检验

① 规格尺寸的测量方法:见表 2-24 并参见图 2-66。

表 2-24　西服、大衣规格尺寸的测量方法

部位名称		测量方法	备注
衣长		由前身左襟肩缝最高点垂直量至底边,或由后领中垂直量至底边	有特殊需要的按企业规定
胸围		扣上钮扣(或合上拉链)前后身摊平,沿袖窿底缝横量(周围计算)	
领围		领子摊平横量,立领量上口,其他领量下口(叠门除外)	
总肩宽		领子摊平横量,立领量上口,其他领量下口(叠门除外)	
袖长	绱袖	由肩袖缝交叉点量至袖口边中间	
	连肩袖	后领线中沿肩袖缝交叉点量至袖口边中间	

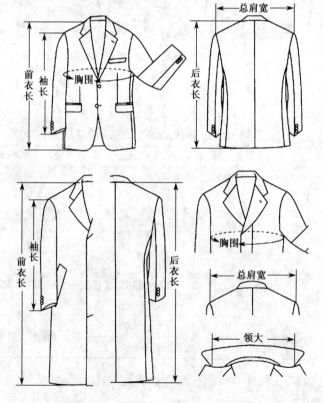

图 2-66　西服、大衣各部位测量方法

② 西服、大衣规格的允许偏差见表2-25。

表 2-25 西服、大衣规格的允许偏差　　　　　　　　　　　单位:cm

部位名称		西服	大衣
衣长		±1.0	±1.5
胸围		±2.0	±2.0
领大		±0.6	
总肩宽		±0.6	
袖长	装袖	±0.7	
	连肩袖	±1.2	

（4）缺陷

在标准《GB/T 2664—2001 男西服、大衣》中,对西服、大衣的缺陷的规定如表2-26 所示。

表 2-26　成品西服、大衣缺陷规定

项目	序号	轻缺陷	重缺陷	严重缺陷
外观及缝制质量	1	商标不端正,明显歪斜;钉商标线与商标底色不适宜	使用说明内容不准确	使用说明内容缺项
	2			使用黏合衬部位渗胶、脱胶、起皱
	3	领子、驳头面、衬、里松紧不适宜,表面不平挺	领子、驳头面、里、衬松紧明显不适宜,不平挺	
	4	领口、驳口、串口不顺直,领子驳头止口反吐		
	5	领尖、领嘴、驳头左右不一致,尖圆对比互差大于 0.3 cm,领豁口左右明显不一致		
	6	绱领不牢固	绱领严重不牢固	
	7	领窝不平服、起皱;绱领(领肩缝对比)偏斜大于 0.5 cm	领窝严重不平伏、起皱;绱领(领肩缝对比)偏斜大于 0.7 cm	
	8	领翘不适宜;领外口松紧不适宜;底领外露	领翘严重不适宜;底领外露大于0.2 cm	
	9	肩缝不顺直,不平服	肩缝严重不顺直,不平服	
	10	两肩宽窄不一致,互差大于 0.5 cm	两肩宽窄严重不一致,互差大于0.8 cm	
	11	胸部不挺括,左右不一致,腰部不平服	胸部严重不挺括,腰部严重不平服	
	12	袋位高低互差大于 0.3 cm;前后互差大于 0.5 cm	袋位高低互差大于 0.8 cm;前后互差大于 1.0 cm	
	13	袋盖长短、宽窄互差大于 0.3 cm;口袋不平服、不顺直;嵌线不顺直、宽窄不一致;袋角不整齐	袋盖小于袋口(贴袋)0.5 cm(一侧)或小于嵌线;袋布垫料毛边无包缝	
	14	门、里襟不顺直、不平服;止口反吐	止口明显反吐	

（续　表）

项目	序号	轻缺陷	重缺陷	严重缺陷
外观及缝制质量	15	门襟长于里襟，西服大于 0.5 cm，大衣大于 0.8 cm；里襟长于门襟；门里襟明显搅豁		
	16	眼位距离偏差大于 0.4 cm；眼与扣位互差大于 0.4 cm；扣眼歪斜、眼大小互差大于 0.2 cm		
	17	底边明显宽窄不一致；不圆顺；里子底边明显宽窄不一致	里子短，面明显不平服里子短，明显外露	
	18	绱袖不圆顺；吃势不适宜；两袖前后不一致大于 1.5 cm；袖子起吊、不顺	绱袖明显不圆顺；两袖前后明显不一致大于 2.5 cm；袖子明显起吊、不顺	
	19	袖长左右对比互差大于 0.7 cm；两袖口对比互差大于 0.5 cm	袖长左右对比互差大于 1.0 cm；两袖口对比互差大于 0.8 cm	
	20	后背不平、起吊；开衩不平服、不顺直；开衩止口明显搅豁；开衩长短互差大于 0.3 cm。	后背不平服、起吊	
	21	衣片缝合明显松紧不平、不顺直；连续跳针（30 cm 内出现两个单跳针按连续跳针计算）	表面有毛、脱、漏（影响使用和牢固）；链式逢迹跳针有一处	
	22	有叠线部位漏叠两处（包括 两处）以下；衣里有毛、脱、漏	有叠线部位漏叠超过两处	
	23	明线宽窄、弯曲	明线双轨	
	24	滚条不平服、宽窄不一致；腰节以下活里没包缝		
	25	轻度污渍；熨烫不平服；有明显水花、亮光；表面有大于 1.5 cm 死线头 3 根以上	有明显污渍，污渍大于 2 cm²；水花大于 4 cm²	有严重污渍，污渍大于大于 50 cm²；烫黄、破损等严重影响使用和美观
	26		拼接不符合 3.6 规定	
色差	27	表面部位色差不符合本标准规定的半级以内；衬布影响色差低于 4 级	表面部位色差超过本标准规定的半级以上；衬布影响色差低于 3～4 级	
辅料	28	里料、缝纫线的色泽、色调与面料不相适应；钉扣线与扣的色泽、色调不适应	里料、缝纫线的性能与面料不相适应	
疵点	29	2、3 部位超本标准规定。	1 部位超本标准规定	
对条对格	30	对条、对格，纬斜超本标准规定 50% 及以内	对条、对格，纬斜度超本标准规定 50% 以上	面料倒顺毛，全身顺向不一致；特殊图案顺向不一致
针距	31	低于本标准规定 2 以内（含 2 针）	超过本标准规定 2 针以上	
规格允许偏差	32	规格超本标准规定 50% 以内	规格超本标准规定 50% 以上	规格超本标准规定 100% 以上
锁眼	33	锁眼间距互差大于 0.4 cm；偏斜大于 0.2 cm，纱线绽出	跳线；开线；毛漏；漏开眼	
钉扣及附件	34	扣与眼位互差大于 0.2 cm（包括附件等）；钉扣不牢	扣与眼位互差大于 0.5 cm（包括附件等）	钮扣、金属扣脱落（包括附件等）；金属件锈蚀

注
1. 以上各缺陷按序号逐项累计计算。
2. 本规则未涉及到的缺陷可根据标准规定，参照规则相似缺陷酌情判定。
3. 凡属丢工、少序、错序，均为重缺陷。
4. 理化性能一项不合格即为该抽验批不合格。

4. 成衣检验结果的判断

(1) 抽样规定

抽样数量按产品批量:

500 件(含 500 件)以下,抽验 10 件;500 件以上至 1 000 件(含 1 000 件),抽验 20 件;1 000 件以上,抽验 30 件。

理化性能抽样 4 件。

(2) 单件(样本)判定规定

优等品:严重缺陷数＝0;重缺陷数＝0;轻缺陷数≤4。

一等品:严重缺陷数＝0;重缺陷数＝0;轻缺陷数≤7 或
　　　　严重缺陷数＝0;重缺陷数≤1;轻缺陷数≤3。

合格品:严重缺陷数＝0;重缺陷数＝0;轻缺陷数≤8 或
　　　　严重缺陷数＝0;重缺陷数≤1;轻缺陷数≤6 或
　　　　严重缺陷数＝0;重缺陷数≤2;轻缺陷数≤2。

(3) 批量判定规定

优等品批:样本中的优等品数≥90％,一等品、合格品数≤10％,理化性能测试达到优等品指标要求。

一等品批:样本中的一等品以上产品数≥90％,合格品数≤10％(不含不合格品);理化性能测试达到一等品指标要求。

合格品批:样本中的合格品以上产品数≥90％,不合格品数≤10％(不含严重缺陷不合格品)。理化性能测试达到合格品指标要求。

当外观质量判定与理化性能判定不一致时,执行低等级判定。

(五) 牛仔服的质量检验

牛仔服原为美国人在开发西部的淘金热时期所穿着的一种用帆布制作的上衣,后通过影视宣传及名人效应,逐渐风靡全世界。牛仔服以其坚固耐用、休闲粗犷等特点深受各国人民喜爱,虽然它的整体风格相对模式化,但其细部造型及装饰则伴随着流行时装的周期与节奏,不断演绎和变化。在服装面料上,除了全棉外还加有氨纶、麻、涤、真丝、人造棉等;在制作工艺上,除了斜纹外,还有平纹、磨绒、竹节纱、提花等;在颜色上,除了靛蓝色外,还有黑色、印花、杂色等。牛仔服装的款式多变,有合体式,又有宽松式,与其他服装配套穿着极为美观舒适,是国际市场最为流行的一种服装。目前牛仔服装已形成系列的服装,其款式已发展到牛仔茄克、牛仔裤、牛仔衬衫、牛仔背心、牛仔马甲裙、牛仔童装等。

1. 检验标准

与牛仔服相关的标准有《SN/T 0558—2005 出口牛仔服装检验规程》《FZ/T 81006—2005 牛仔服装》。

本书以《SN/T 0558—2005 出口牛仔服装检验规程》为参照进行质量检验。

2. 部位划分

牛仔上装部位划分可参考茄克衫,牛仔裤部位划分参见图 2-67。

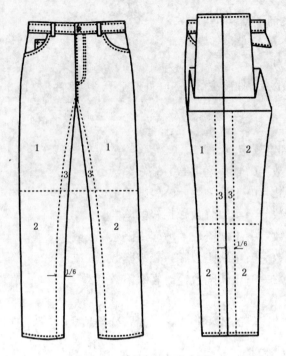

图 2-67　牛仔裤部位划分

3. 检验项目

(1) 成衣外观检验

① 外型检验：各部位整烫平服，无烫黄、极光、污渍、水渍等。同件或同套的服装色差不低于 4 级，件与件不低于 3～4 级，箱与箱之间不低于 3 级。

② 对称部位检验见表 2-27。

表 2-27　牛仔服装对称部位质量要求

类别	序号	对称部位	极限互差(cm)
上装	1	领尖大小，领缺嘴大小	0.5
	2	两袖长短、前后两袖袖口大小	长袖 0.8，短袖 0.5
	3	口袋大小、高低、前后	0.5
	4	门襟长短(里襟不能长门襟)	0.5
	5	前后过肩大小	0.5
裤(裙)	6	裤腿长短	1
	7	口袋大小、高低、前后	0.5
	8	串带对称	0.5
	9	裤口对称	0.5

(2) 成衣缝制检验

① 各部位线路顺直、整齐牢固、松紧适宜。不准有开线、断线、连续跳针(20 cm 内允许跳 1 针)。

② 锁眼、钉扣位置准确，大小适宜，整齐牢固。

③ 主商标、尺寸商标、洗水说明等位置整齐牢固。

④ 绣花针法流畅整齐、间隔均匀、花位端正,不错绣、漏绣,绣花衬处理干净。

⑤ 包缝牢固、平整、宽窄适宜,各部位套结定位准确牢固,松紧适宜。

(3) 针迹密度检验

对牛仔服装针迹密度要求符合表 2-28 的规定。

表 2-28　针迹密度检验要求

序号	项目	针迹密度
1	明、暗线	不少于 8 针/3 cm
2	三线包缝	不少于 9 针/3 cm
3	五线包缝	不少于 11 针/3 cm
4	锁眼	不少于 8 针/1 cm
5	钉扣	每眼不少于 6 根线

(4) 成衣规格检验

出口牛仔服装各部位尺寸测量及允差极限严格按照合同要求执行,如合同无具体规定按表 2-29 进行测量。

表 2-29　规格检验

序号	部位名称	测量方法	极限偏差(cm)
1	衣长	由肩缝最高点量至底边	±2.0
2	后衣长	由后领窝居中处量至底边	±2.0
3	领大	领子摊平,衬衣是由扣眼中心至钮扣中心横量;其他上衣是由领子下口横量	±1.0
4	肩宽	有过肩的由袖缝边过肩 1/2 平放横量;无过肩的由两肩袖缝最高点平放横量	±1.0
5	胸围	扣好钮扣,前后身放平,在袖底缝处横量(计算围度)	±3.0
6	下摆	扣好钮扣,前后身放平,在下摆边处横量(计算围度)	±3.0
7	袖长	由袖子最高点量至袖口边,统袖由后领中沿着袖中线量至袖口边	长袖±1.5 短袖±1.0 统袖±2.0
8	袖口	扣好袖扣,沿袖口横量(计算围度)	±1.0
9	裤长	由腰上口沿侧缝量至脚口边	长裤±2.0 短裤±1.5
10	内长	由裤裆十字缝沿下裆缝量至脚口边	长裤±1.5 短裤±1.0
11	腰围	扣好钮扣(裤钩)沿腰宽中间横量(计算围度)	±2.0
12	臀围	由腰下裆 2/3 处横量(计算围度)	±3.0
13	横裆	从下裆最高处横量(计算围度)	±1.5
14	裤脚口	裤脚口处横量(计算围度)	±1.0
15	裙长	由腰上口沿侧缝量至底边	90 以上±2.0 60~89±1.5 59±1.0
16	裙摆	裙下摆边处横量(计算围度)	150 以下±3.0 150 以上±5.0

（5）包装检验

按《SN/T 0554—1996 出口服装包装检验规程》进行检验。

4. 检验结果判定

（1）A、B 类缺陷分类

根据缺陷影响服装整体外观穿着性能的轻重程度判定 A 类和 B 类缺陷。

① A 类缺陷见表 2-30。

表 2-30　牛仔服装 A 类缺陷

序号	缺陷
1	规格偏差超过极限偏差
2	1 部位面料、水洗缺陷超过允许范围
3	一件（套）内出现低于 4 级色差
4	缺件、漏序、开线、断线、毛漏、破损
5	缺扣、掉扣、残扣、扣眼未开、扣与眼不对位
6	拉链品质不良、金属附件锈蚀
7	整烫不平、烫黄、严重污渍、异物残留
8	袖筒、裤筒扭曲
9	缝纫吃势严重、缝制严重吃纵
10	辅料与主料不符
11	1 部位明线跳线、链式线路跳线，针迹密度低于规定 3 针以上（含 3 针）
12	缉线线路明显不顺直、不等宽

② B 类缺陷见表 2-31。

表 2-31　牛仔服装 B 类缺陷

序号	缺陷
1	线路不顺直、不等宽，缝纫、绣面起皱
2	缝纫吃势不匀，缝制吃纵
3	熨烫不平服，折叠不良
4	2、3 部位面料、水洗缺陷超过允许范围
5	钉扣不牢
6	线头修剪不净
7	轻微污渍
8	里料与面料松紧不适宜
9	针迹密度低于规定 3 针以下
10	2、3 部位 20 cm 内跳针两处

③ 未列入缺陷参照类似缺陷判定。

(2) 结果判定

牛仔服装检验结果按《SN/T 0558—1996 出口牛仔服装检验规程》和《SN/T 0553—1996 出口服装检验抽样方法》进行判定。

四、布置任务

1. 准备工作

① 作业文件:从网上查找一份外贸订单后,编写相应的检验规程;并设计记录用表格。

② 检验对象:寻找一件与此订单相仿的服装来实施检验。

③ 检验工具:钢卷尺(这是检验服装尺寸的标准工具,学生进行任务时可以用软尺替代)。

④ 场地要求:检验台(尺寸最好为 2 000 mm×1 200 mm×800 mm)。

2. 操作步骤 (或者实施步骤)

① 按学生自己所编写的检验规程项目进行逐一检验,并记录在设计的表格上。

② 把记录与编写的检验规程要求相比较,判定产品的符合性,给出判定结论。

3. 评分标准表 (表2-32)

表 2-32 服装尾期检验及判断标准评分标准

序号	考核项目	考核内容及要求	配分	评分标准	检测结果	得分
1	文件编写	所编写的检验规程是否与订单中产品相符合	40			
2	记录表格设计	所设计的记录表格内容全面、能详细记录所要检验的内容	20			
3	实际操作	能够按照所编写的检验规程对服装进行全面的检验,尺寸测量部位正确,记录完整准确	40			
4						
5						

注:时间定额×min;超过×min,扣×分;超过×min,不合格。

 任务实施

有一批出口美国的订单已经完成生产包装,需等待检验后出口。款号0799,订单数量7320 件。

包装要求(参见表 2-33):

1. 将吊牌用2.5英寸长的枪针打在穿着左侧缝距腋下 2 cm 处,注意吊牌上的尺码需同衣服一致。

2. 挂装;单件挂在衣架上,注意面对衣服正面衣钩向左,衣架需贴上尺码贴,衣服的尺码需和衣架上的尺码贴一致,单件入塑料袋,注意塑料袋上印有警告语的一面为背面,衣服的正面需靠较塑料袋的正面。

3. 6件衣服一个方向交叉放置纸箱里,注意纸箱上需贴上纸箱贴纸,贴纸上面的尺码要与衣服尺码一致。纸箱里面需加天地板。

4. 封箱,需用 6 cm 宽黄色封箱胶,封"工"字形,注意封箱胶不能遮住箱唛。

表 2-33　包装要求

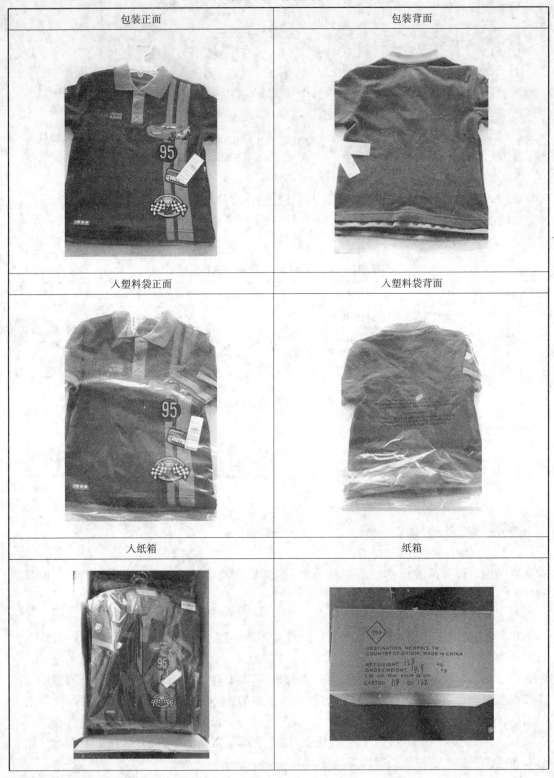

包装正面	包装背面
入塑料袋正面	入塑料袋背面
入纸箱	纸箱

（续　表）

吊牌	衣架及尺码贴
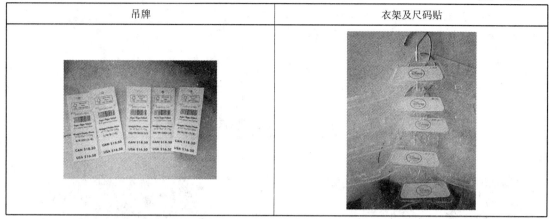	

一、分析服装工艺的质量要求

1. 印绣花工艺质量要求

此款服装印绣花较多，所以对于印绣花是否正确要认真核对。

① 核对印花质量：颜色是否正确、印花是否漏底色、是否有串色、尺寸是否正确。

② 核对绣花质量：线色是否正确、是否有漏底、线头是否清理干净、底衬是否清理干净、尺寸是否正确等。

③ 所有印绣花位置是否正确。

2. 缝制工艺的检验

① 线头是否清理干净。

② 衣服面料是否正确，包括颜色、正反面等。

③ 红色和灰色拼条是否顺直，是否起皱；宽窄是否符合尺寸要求。

④ 门襟开口是否垂直，工艺是否合理。

⑤ 钮扣是否结实，不能接受掉扣。

⑥ 钮眼方向是否正确，大小是否合适，有无线头，位置是否正确。

⑦ 衣领是否对称，是否起皱，是否歪斜。

⑧ 袖口是否起皱，是否对称。

⑨ 织标是否车缝牢固。

⑩ 下摆是否顺直，是否起皱。

⑪ 侧缝是否顺直。

⑫ 主唛颜色是否正确，位置是否正确。

⑬ 核对洗水唛等是否正确。

⑭ 衣服是否有污渍，破洞。

⑮ 所有要求黏衬的位置是否都已经按要求黏衬，黏衬是否牢固。

⑯ 测量所有尺寸表里给出的尺寸是否在公差范围内等。

二、包装的检查事项

① 检查核对吊牌、衣架贴纸、纸箱贴纸上的尺码是否和衣服尺码一致。

② 包装方法是否正确。

③ 核对箱唛是否填写正确。

④ 注意检查吊牌的地方面料是否有针洞。

⑤ 检查数量是否正确。

三、检查结果(表 2-34)

表 2-34 检查结果图示

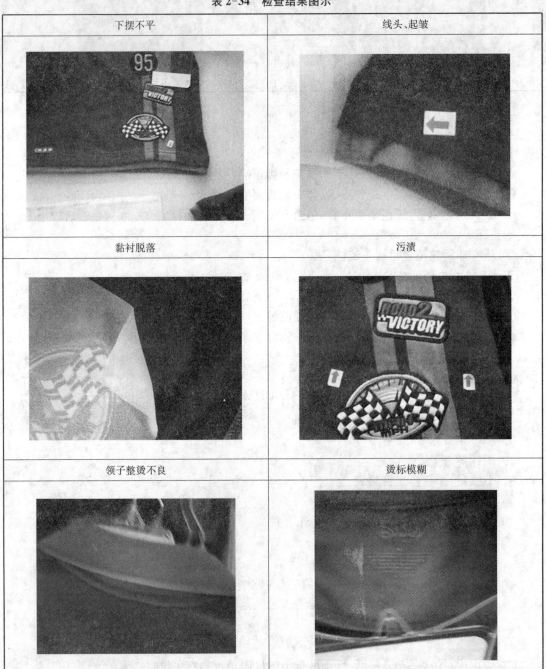

下摆不平	线头、起皱
黏衬脱落	污渍
领子整烫不良	烫标模糊

四、根据检验结果撰写检验报告(图 2-68)

客户:Disney			GIFTEX INSPECTION REPORT			Date:	2011/12/14	
☐ In Line Inspection	☑ Final Inspection		Division部门:			Lot总数量(件／套):	7320	
Contractor承包人:	GIFTEX		Style款号:	799		Samples 抽验数(件／套):	200	
Factory工厂:	经纬		Label商标:	Disney		Def allowed 接受疵点数:	MAJ 10	MIN 14
Shipment Date 出货日期	2011/12/14		Description 描述:			Def found 发现疵点数:	15	3
Country of Origin 产地	CHINA		Inspected By 检查员	赵贵彪		OQL	8%	2%
Color颜色:	蓝色					Result结果: Fail不接受 ▼		
						Hanger appeal衣架要求: ☑ Yes有衣架　☐ No没有衣架		

PO# & No Of Carton audited: 79759

51-90	13	1	3201-10,000	200	10
91-150	20	1	10,001-35,000	315	14
151-280	32	2	35,001-150,000	500	21
281-500	50	3	150,001 and up	800	21
501-1200	80	5			

Quality Audit 品质检查　　　　　　AQL 2.5

	Label DEF 商标疵点	MAJ 主要	MIN 次要	Appearance DEF 外观疵点	MAJ 主要	MIN 次要	Sewing DEF 车缝疵点	MAJ 主要	MIN 次要	Construction DEF 做工疵点	MAJ 主要	MIN 次要
1				脏污	3		衣下摆不平服	2		粘合衬粘合不牢	6	3
2				面料疵点	1							
3				领整烫不良	2							
4				线头	1							
5												
6												
7												
8												
9												
10												
11												

Compliance Audit 一致性检查　　　　AQL 0.0

Lot总箱数		Defects allowed 可接受疵点	0
No.Cartons defective 疵点箱号	0	Percent defective 疵点%	#DIV/0!
Ctr.Carton No.箱号	Ticketing	Pack-out	Packaging
1			
2			
3			
4			
5			

Remark备注: 此款抽查5箱300件，粘合衬不牢和脏污必须返箱重新检验，衣领整烫要盖住领条线。

Note: Our inspection serves only as additional help in quality control and the issuing of this report in no way absolves the manufacturer from any faults or omissions discovered after the arrival of the merchandises at buyers destination. The resolving of all problems arising from any faults or omissions remains the responsibility of the manufacturer.

我们的检查只帮助品质控制和影响制作作用。那品一旦影响要人员到地，如发现任何问题都验收项，工厂都不能身涉及此问题解释造成的返工或其它费用的承担。

将立即着手改进以上所发现的问题

MAKER SIGNATURE 厂方:	AUDITOR SIGNATURE 验货员:

图 2-68　检验报告

教学实施组织

一、导入相关知识介绍

根据生产进度后期跟单要求,讲解跟单员的后期工作流程安排,掌握不同服装品种的质检要求,跟进企业质检部门进行尾期查货。

二、安排工作任务

教师通过布置实例引导学生熟悉服装尾期查货的的流程和方法。

三、同步指导

同步指导服装尾期检验,分组合作完成工作任务。

四、总结本单元的教学内容

针对教学过程中的重点内容向学生提问,以便加深学生的印象,同时也请学生质疑,由教师答疑。

练习题同步训练

1. 简述质量检验、质量控制、跟单这三个概念的关系。

2. 在验货过程中发现有一件 S 码的衣服实际尺寸是 M 码,经过调查之后找出原因是因为有一包(30 件)M 码的衣服不小心放入了 S 码的尺码。请问你将采用什么办法将这 30 件衣服从几千件的 S 码的衣服中挑选出来?

3. 请将衣领的检验方法填入表 2-35。

表 2-35　衣领的检验记录表

检查方法	外形要求	内控标准

4. 根据提供的抽样成品填写以下验货报告(表 2-36)。

表 2-36　验货报告

订单号		工厂		日期	
款式		数量		交货期	
颜色		面料		搭配	

生产状况:□初期　□中期　□末期	
检验提示	详细说明
1. 面料 A. 色/质量　B. 布疵　C. 克重　D. 结构	
2. 色差 A. 单件　B. 搭配	
3. 尺寸 A. 错误　未按规格　B. 尺码唛/吊牌挂错	
4. 水洗/砂洗 A. 无效果　B. 过重　C. 洗痕　D. 破损	
5. 印花 A. 颜色　B. 位置/大小　C. 质量　D. 水洗后效果	
6. 绣花 A. 颜色　B. 位置/大小　C. 质量　D. 背面	
7. 清洁度 A. 污损　B. 线头　C. 浮线　D. 划粉	
8. 缝纫 A. 色/质量　B. 针距/针眼　C. 起皱　D. 漏针/跳针	
9. 辅料(拉链、拷扣、吊钟、棉绳等) A. 色/质量　B. 位置/尺码 C. 次品/牢度　D. 生锈/含镍	
10. 袖口/下摆 A. 松紧　B. 里衬　C. 颜色	
11. 填充料 A. 色/质量　B. 重量　C. 次品　D. 尺寸	
12. 商标/吊牌 A. 色/质量　B. 重量　C. 条形码　D. 手写	
13. 整烫 A. 起皱　B. 极光　C. 烫痕　D. 湿度	
14. 包装 A. 折叠　B. 搭配　C. 塑料袋 D. 外箱　E. 箱唛　F. 装箱单	
次品率:	船期:
水洗测试	缩水率
色牢度	日照测试
检验结果	重新测试日期

签字	工厂		检验员	

任务4　包装审核与包装辅料的跟进

知识目标：1. 服装包装材料的认识。
　　　　　2. 装箱单的制作。
　　　　　3. 服装包装的方法。
　　　　　4. 包装塑料袋、纸箱的订购。
技能目标：1. 能够独立完成装箱单的制作和包装的审核。
　　　　　2. 能够独立订购包装塑料袋和纸箱。

 任务描述

大货已经开始下线，即将进入包装阶段，根据工作流程，应该马上进行包装的审核和包装辅料的订购。

 任务分析

1. 包装的审核

跟单员根据订单中跟客户约定的包装条款，将装箱单书面下达到包装车间，在下达时要注意产品的包装及包装上的各种标贴等应严格按客户要求执行。所以对包装的审核格外重要。

2. 包装辅料的订购

在对服装进行内外包装时，要根据客户的要求和成品服装的大小、厚度、每箱的数量等来订购包装袋和包装箱。

相关知识

包装就是为了在流通中保护产品、方便储运、促进销售，采用一定的技术方法使用容器、材料和辅助物对产品所进行的处理。

一、产品包装的作用

1. 保护被包装的商品

减小风险和损坏，如渗漏、浪费、偷盗、损耗、散落、掺杂、收缩和变色等，这是包装最重要的作用。产品从生产出来到使用之前这段时间，保护措施是很重要的，包装如不能保护好里面的物品，这种包装则是失败的。

2. 提供方便，便于搬运

制造者、营销者及顾客要把产品从一个地方搬到另一个地方,包装可以为搬运提供方便。

3. 便于商品的辨别

包装上必须注明产品型号、数量、品牌以及制造厂家或零售商的名称。包装能帮助库房管理人员准确地找到产品,也可帮助消费者迅速找到他们想要的东西。

4. 促进产品销售

特别是在卖场里更是如此,产品在销售过程中,包装能够吸引顾客的注意力,并能把他们的注意力转化为兴趣。有人认为,"每个包装箱都是一幅广告牌",良好的包装能够提高新产品的吸引力,包装本身的价值也能引起消费者购买某项产品的动机。包装也是增加产品附加值的重要手段,新颖独特、精美合理的包装可以确保商品价值的增值。

二、服装包装材料

服装包装材料主要有塑料袋、防潮纸、纸箱、木箱等重要材料,对于特别产品的包装有衬衫的衬板、胶领、蝴蝶片、尼龙插角片、塑夹、彩盒等。

1. 塑料袋

塑料袋透明度要好,印有字迹图案的要求清晰、不得脱落,并与所装服装上下方向一致。塑料袋大小须与实物相适应,实物装入塑料袋要平整,封口松紧适宜,不得有开胶、破损现象。塑料袋分类有:

① 按类型分:PE骨袋(又名由任袋、夹链袋)、PE平口袋、拉链袋、PE四方袋、气球袋、串绳袋等。

② 按材料分:PE袋、PP袋、OPP袋、PVC袋等。

③ 按外观分:光身袋、印刷袋等。

④ 按颜色及透明度分:全透明、有色透明、非透明等。

⑤ 按服装包装用途分:平装袋、挂装袋、立体袋等。

厚度单位:丝是目前工厂的计量单位。一般的PE袋1~7丝之间属于正常,8丝以上属于比较厚,而OPP袋子(超市里面最经常见到的包装袋)最常见的厚度为3丝,1丝=0.01 mm。

2. 纸箱

(1) 纸箱材质的构成(图 2-69)

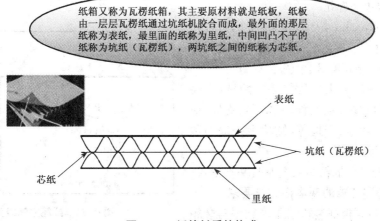

纸箱又称为瓦楞纸箱,其主要原材料就是纸板,纸板由一层层瓦楞纸通过坑纸机胶合而成,最外面的那层纸称为表纸,最里面的纸称为里纸,中间凹凸不平的纸称为坑纸(瓦楞纸),两坑纸之间的纸称为芯纸。

表纸

坑纸(瓦楞纸)

芯纸

里纸

图 2-69　纸箱材质的构成

(2) 瓦楞纸分类(图 2-70)

类型	波型	特点
V 型楞	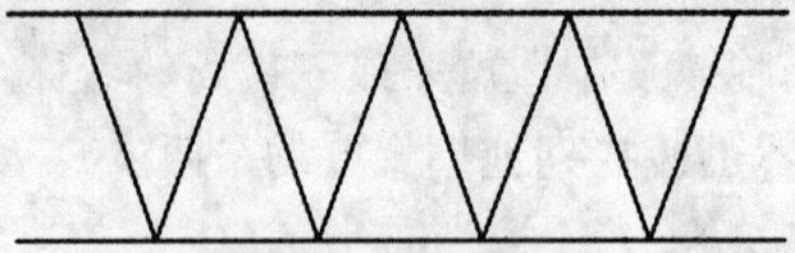	挺度好,坚硬可靠,用纸少,黏合强度低,恢复能力差,弹性差
U 型楞	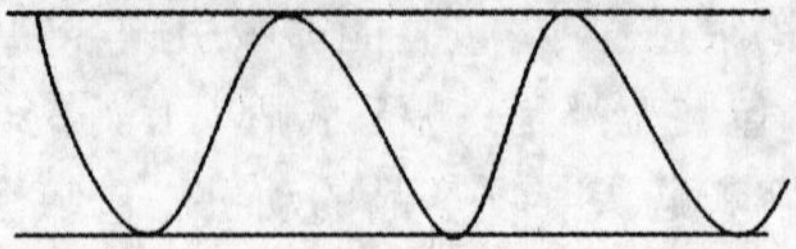	黏合强度高,恢复能力较好,良好缓冲性能,平面抗压能力差
UV 型楞	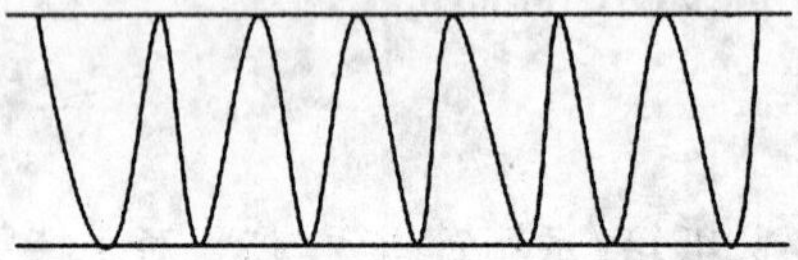	黏合强度高,恢复能力较高,黏合强度高,弹性较好

图 2-70 瓦楞纸分类

纸箱应保持内外清洁、牢固,干燥,适应长途运输。纸箱应衬垫防潮材料,以保护商品。箱底、箱盖封口严密、牢固,封箱纸贴正,两侧下垂 10 cm。内外包装大小适宜。加固带要正,松紧适宜,不准脱落,卡扣牢固。

3. 木箱

① 木板要清洁,虫蛀、发霉、潮湿、腐朽的木箱不能使用。质量要适合长途运输。

② 木箱内不得露钉尖。

③ 木箱内应衬垫防潮材料,具有保护商品的作用。

④ 加固带要正,松紧适宜,不准脱落,卡扣牢固。

 任务实施

一、包装的审核

(一) 了解唛头标记

运输标志(Marks),又称唛头,是出口货物包装上的装运标记和号码。箱(袋)外唛头标记要清晰、端正,不得有任何污染。

纸箱唛头一般分为主唛与侧唛两种,主唛上一般标有客户代号或名称、目的港、货号、颜色、规格、箱号、数量、产地等,侧唛上一般为颜色规格与数量等。

图 2-71 为出口纸箱唛头主侧唛基本形式。

(二) 了解装箱单的基本格式与要求

服装装箱后要根据装箱结果详细填写装箱

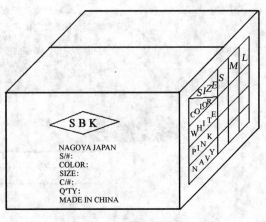

图 2-71 纸箱主侧唛头

单(Packing List),装箱单必须将每箱所装产品的颜色、规格、数量以及总计数量详细列出,如表 2-37 所示。

表 2-37　装箱单的格式与填写

客户	YESLENG						款号		L32456	
总箱数	50						总件数		1 500	
箱号	颜色	箱数	规格分配比例					件数	合计	
			S	M	L	XL				
1~18	BLACK	18	5	10	10	5		30	540	
19~30	PINK	12	5	10	10	5		30	360	
31	PINK	1	5	9	12	5		30	30	
32~40	NAVY	9	5	10	10	5		30	270	
41	NAVY	1	4	11	10	5		30	30	
42~50	BLACK	9	1	2	2	1		30	270	
	PINK		2	4	4	2				
	NAVY		2	4	4	2				
总计		50							1 500	
备注										

制表:　　　　　　　　　　　　审核:　　　　　　　　　　　　签收:

必要的时候表中还需要毛重与净重的相关资料(表 2-38、表 2-39)。

表 2-38　装箱单范例 1

2219 款土耳其装箱单(共 15 箱,203 件)										
箱号	颜色	尺码配比				每箱总件数	箱数	合计件数	纸箱规格	N. WT/纸箱净重(kg)	G. WT/纸箱毛重(kg)
		68	74	80	86						
1~14	2560浅红色	2	4	4	4	14	14	196	60 cm×40 cm×30 cm	5	6
15		1	2	2	2	7	1	7	40 cm×32 cm×30 cm	2.5	3.3
数量合计							15	203			

表 2-39　装箱单范例 2

2250 款德国装箱单										
6100 客户——(20 箱,415 件)										
NO. OF. CTN 箱号	Color/颜色	尺码						每箱总数	纸箱规格		
		56	62	68	74	80	86		纸箱规格	N. WT/纸箱净重(kg)	G. WT/纸箱毛重(kg)
1	2360 浅粉色	20						20	60 cm×40 cm×40 cm	7	7.8
2	2360 浅粉色		25					25	60 cm×40 cm×40 cm	8.3	9.5
3	2360 浅粉色		25					25	60 cm×40 cm×40 cm	8.3	9.5
4	2360 浅粉色		25					25	60 cm×40 cm×40 cm	8.3	9.5

（续 表）

2250 款德国装箱单											
6100 客户——(20 箱,415 件)											
NO. OF. CTN 箱号	Color/颜色	尺码						每箱总数	纸箱规格		
		56	62	68	74	80	86		纸箱规格	N. WT/纸箱净重(kg)	G. WT/纸箱毛重(kg)
5	2360 浅粉色			22				22	60 cm×40 cm×40 cm	8.3	9.5
6	2360 浅粉色			22				22	60 cm×40 cm×40 cm	8.3	9.5
7	2360 浅粉色			23				23	60 cm×40 cm×40 cm	8.3	9.5
8	2360 浅粉色			23				23	60 cm×40 cm×40 cm	8.3	9.5
9	2360 浅粉色				21			21	60 cm×40 cm×40 cm	8.3	9.5
10	2360 浅粉色				21			21	60 cm×40 cm×40 cm	8.3	9.5
11	2360 浅粉色				21			21	60 cm×40 cm×40 cm	8.3	9.5
12	2360 浅粉色				22			22	60 cm×40 cm×40 cm	8.3	9.5
13	2360 浅粉色					19		19	60 cm×40 cm×40 cm	8.3	9.5
14	2360 浅粉色					19		19	60 cm×40 cm×40 cm	8.3	9.5
15	2360 浅粉色					19		19	60 cm×40 cm×40 cm	8.3	9.5
16	2360 浅粉色					18		18	60 cm×40 cm×40 cm	8.3	9.5
17	2360 浅粉色					18		18	60 cm×40 cm×40 cm	8.3	9.5
18	2360 浅粉色					18		18	60 cm×40 cm×40 cm	8.3	9.5
19	2360 浅粉色						17	17	60 cm×40 cm×40 cm	8.3	9.5
20	2360 浅粉色						17	17	60 cm×40 cm×40 cm	8.3	9.5
总数								415		165	188.3

（三）学习包装方法和操作

1. 了解真空包装

真空包装是 1970 年问世的包装新技术。这种方法就是把成品服装放入袋状包装物中,用抽气机将袋内抽成真空后,再将袋口严密封闭。据称这时的服装袋体积只有抽气前的五分之一左右。使用这种方法,原来堆放 1 万套服装的仓库,现在可放 5 万套,原来能装 200 套服装的车辆,现在可装 1 000 套。真空包装主要包括以下四个过程。

① 降低服装的含湿量。

② 将服装插入塑料袋中。

③ 当服装在塑料袋中被压缩时,将袋中和服装内的空气抽掉。

④ 真空和压缩周期结束时,将袋子黏合。

纺织品要发生永久变形或半永久性折痕的先决条件是必须含有一定的湿度,当将湿度降低到一定程度时,该纺织品便不会产生折痕。

真空包装的主要功能有以下五个方面:

① 减少成衣的装运体积。

② 减少被运输成衣的装运重量。

③ 降低成衣运输成本。

④ 在装运前和装运期间,防止服装污染或产生异味。

⑤ 占用服装工厂和商店的最小储存空间。

2. 了解挂装与立体包装

随着服装制造业的国际化,高档服装客户的比例正在不断增加。目前在外贸服装物流中,挂装运输已经成为一种趋势,比较多的应用于高档服装出口的集装箱运输。这就是通常说的立体包装。立体包装是避免服装经包装与运输后产生皱褶,保持良好外观,提高商品价值的包装方法。立体包装是将衣服挂在衣架上,外罩塑料袋,再吊挂在包装箱内。每箱可以挂装西装约 20 件套。由于在整个运输过程中不会发生折叠和压迫,因而可充分保证商品的外观质量,如图 2-72 所示。

3. 了解纸箱封装

纸箱封装的方法主要有手工封箱与自动(半自动)封箱两种方式。手工封箱使用手动打包机、打包带与金属打包扣(铁扣),如图 2-73～图 2-75 所示。

图 2-72 服装立体包装

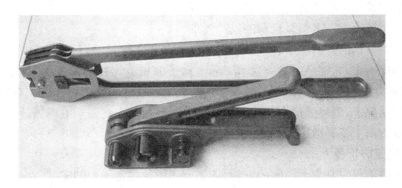

图 2-73 手工打包机

图 2-74 打包扣

图 2-75 打包带

自动打包机是当今使用较多的打包包装机械,如图 2-76 所示。它主要具有以下特点:

① 接头短,不用铁扣,符合国际环保要求。

② 打包速度快,效率高,每打一道 PP 带仅需 1.5 s。

③ 速热系统,1 V 低电压,安全性好,瞬间加热,开机 5 s 后进入最佳打包状态。

④ 设有快速调节旋钮,捆紧力大小可任意调节相当方便。

图 2-76 自动打包机

(四)了解服装包装设计

服装产品的包装设计主要是内盒、外箱、包装袋、衬托材料等。

对任何一种服装产品的包装设计,首先要对被包装物品的性质和物流环境进行充分的了解,才能选择适当的包装材料和方法,设计出保护可靠、经济实用的包装结构。在确定包装的保护程度时,一定要考虑产品的具体要求。包装的保护强度往往和包装费用呈正比例关系。过高的包装保护强度会增加包装费用;反之,则会使被包装物易于损坏,同样会造成经济上的损失。

这里我们主要介绍一下包装材料的尺寸要求。

内盒尺寸是依据内盒所装服装折叠后的高度总和为实际尺寸,衬衫的包装盒高度主要依据后领宽的高度确定,通常是后领宽加 0.5 cm,盒子的长宽均按成品折叠后的长宽加放 1~1.5 cm。在有内盒的包装形式下,外箱的尺寸按内盒堆积数在长宽高三个方向各加放 0.5 cm。在没有内箱的情况下,则可以根据装袋服装堆放数规格在长宽高三个方向做适当调整,但要注意的是在高度方向上要轻微用力,适当压紧所堆放的服装。

(五)掌握服装折叠方式

服装的折叠不仅仅是为了运输的方便,还要便于服装在卖场中的陈列、展示服装的重要部位。服装折叠要考虑长宽比例的协调,一般长宽的比例为 1:1.3 左右比较合适。领子和前胸通常是上衣设计的重点部位,折叠后领子和胸部的重要细节要能完整地展示出来。下装包括裤子和裙子。其设计点基本在腰部、臀部以及下摆。因此折叠时应尽量做到能展示这些部位的设计要点。

为了快速折叠,并确保折叠时规格统一,可利用自制的叠衣板辅助包装,使用这样的辅助包装方法也可以在装袋时快速简便,如图 2-77 所示。

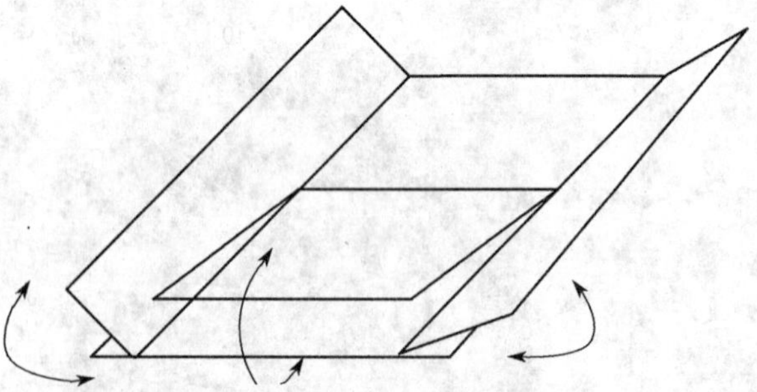

图 2-77 折叠辅助工具制作方法示意图

随着劳动力成本的不断增加,自动叠衣机也开始得到了应用,自动叠衣机每小时可以折叠高达 1 000 件衬衫。

二、包装辅料的跟进

(一) 塑料袋的订购

1. 价格计算方法

以下服装常用塑料袋单价仅代表个别地区某段时间个别厂报价。

PE(聚乙烯)光身塑料袋(15.24 cm 开口以上)14 元/千个;PE 光身塑料袋(15.24 cm 开口以上)14 元/千个;PE/PP(聚丙烯)印刷费(单面单色)7 元/千个;PE/PP 印刷费(双面单色)15 元/千个;PE/PP 自黏胶条 3 元/千个。

计算公式:(长×宽×厚×0.184×单价)/1 000 ＝塑料袋单价

例如:65 cm×40 cm,4 丝 PE 材质单面印刷平装塑料袋计算如下:

65×40×0.04×0.184×14/1 000＝0.268 元/个

单面印刷费:7/1 000＝0.007 元/个

此款塑料袋的实际单价为:0.268＋0.007＝0.28 元/个

2. 塑料袋尺寸的测量

根据客户的不同包装要求,塑料袋一般有平装、挂装、立体大塑料袋,塑料袋尺寸的测量方法主要是根据样衣和尺寸表进行。

例如:根据图 2-78 棉衣款式和表 2-40 尺码表,客户要求单件衣服平装塑料袋以后再装一个立体塑料袋,然后入箱,纸箱规格为 60 cm×40 cm×40 cm;客户要求挂装入塑料袋;计算出塑料袋的数量。

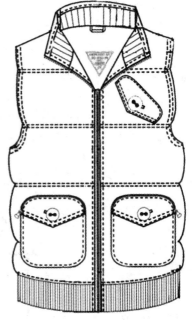

图 2-78 棉衣款式

表 2-40 尺码表

尺码	68	74	80	86	92	98	104	110	116	122	128	140	152
全长(cm)	32.5	35	37.5	40	42	43.5	45.5	47	49	50.5	52.5	56	59.5
1/2 胸围(cm)	30	31	32	33.5	35	36	37	38	39	40	41	43	45
1/2 下摆(cm)	32	33	34	35.5	35	36	37	38	39	40	41	43	45

(1) 平装和立体塑料袋的规格计算(表 2-41、图 2-79、图 2-80)

表 2-41 平装和立体塑料袋的规格

款号	品质	尺码段	规格　长×宽(cm)
6907	4 丝平口自封口塑料袋	68~86	(45+5)×40
		92~116	(50+5)×45
		122~152	(55+5)×50
	4 丝立体塑料袋		61×41×60

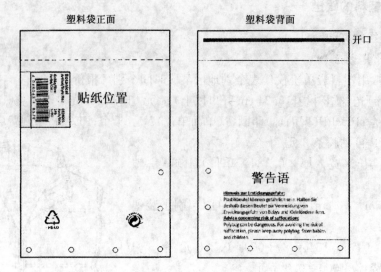

图 2-79　平口自封口塑料袋

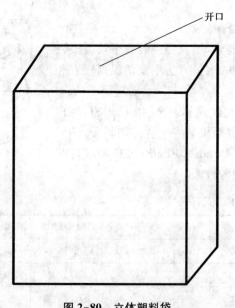

图 2-80　立体塑料袋

（2）挂装塑料袋的规格计算（表 2-42，图 2-81）

表 2-42　挂装塑料袋的规格

款号	品质	尺码段	规格　长×宽(cm)
6907	4 丝挂装自封口塑料袋	68～86	(48+5)×40
		92～116	(55+5)×45
		122～152	(70+5)×50

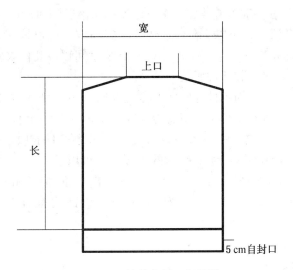

图 2-81　挂装自封口塑料袋

(二) 纸箱的订购

纸箱制作流程:原纸→开料→印刷→裁切→压线→扎合→纸箱。

1. 纸箱价格计算 (按面积计算)

(长+宽+5 cm)×(宽+高+3 cm)×2×1.55×单价/10 000=纸箱单价

(长+3 cm)×(宽+3 cm)×1.55×单价/10 000=平方单价

单价=每平方英寸纸箱的单价

(长+宽+0.09 cm)×(宽+高+0.05 cm)×2×单价或(长+宽+0.07 cm)×(宽+高+0.04 cm)×2×单价

五层≈3.4 元/m²;七层≈4.2 元/m²;纸箱垫片一般为 30×20 cm/个;0.1—0.12 元/个。

例如:计算规格为 60 cm×40 cm×30 cm 的五层纸箱的纸箱价格。

(60+40+5)×(40+30+3)×2×1.55×3.4/10 000=8.08 元

所以纸箱的单价为 8.08 元/个,纸箱垫板另加。

2. 纸箱规格的量取

每箱装的衣服太多,会爆箱,装的衣服不满,则在运输过程中纸箱会被压坏,而且增加成本,所以一般外贸的服装都要根据客人的具体要求和具体的衣服的数量和款式来订购纸箱。

例如:出口德国的订单要求是单码包装(一个纸箱只能装一个尺码,纸箱规格 60 cm×40 cm×40 cm,如有单出的衣服,则单独订购小纸箱)。根据图 2-78 款棉衣尺寸和表 2-43 尺码表算出纸箱数量。

表 2-43　尺码表

目的地	尺码						合计(件)
	56	62	68	74	80	86	
德国	118 件	187 件	250 件	240 件	196 件	181 件	1 172

首先将一件棉衣根据要求折叠放在一个空纸箱的角落里,上面盖一块硬板,因为棉衣是泡货,在装箱时需使劲将棉衣往下按,量出一件棉衣的高度。再根据客户规定的纸箱尺寸是 60 cm×40 cm×40 cm,量出在这个 60 cm×40 cm 的箱底可以放几件衣服(分尺码),最后用 40 除以单件高度,得出一箱可以装几件服装。

通过以上的操作得出:已知单件衣服的厚度是 6 cm。56～68 号放 3 件所以一个 6 cm 的高度可以放 3 件衣服,一件衣服的平均高度为 6/3＝2 cm,40/2＝20 件,所以 56～68 的衣服每箱可以装 20 件。74～86 号放 2 件,一个 6 cm 的高度可以放 2 件衣服,一件衣服的平均高度为 6/2＝3 cm,40/3＝13.3 件,所以 74～86 号的衣服每箱可以装 13～14 件。以此得出 56 号:118/20＝5.9 即可以装 6 箱;62 号:187/20＝9.35 多出半箱,但是由于棉衣可以压下去,所以每箱多装 1 件也可以 187/21＝5.9 箱,即 6 箱。以此类推计算,得出纸箱总数量是 70 箱。

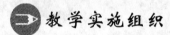 教学实施组织

一、导入相关知识介绍

引入相关服装包装材料的作用、类别等知识。

二、安排初期工作任务

根据相关知识,教师安排任务让学生分组完成不同品种服装的包装审核和包装辅料的跟进。

三、同步指导

同步指导服装的包装审核和包装辅料的跟进,分组合作完成工作任务。

四、总结

总结本单元的教学内容,针对教学过程中的重点内容向学生提问,以便加深学生的印象,同时也请学生提出问题,大家共同讨论。

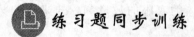 练习题同步训练

1. 以一款秋季女外套为样衣,(总数量 200 件,5 个尺码,3 种颜色,每箱不超过 20 件),制作装箱单和包装箱的制定。讨论有多少种装箱方案?
2. 估算规格为 60 cm×50 cm×40 cm 的四层纸箱的纸箱价格?

任务5　报关报检、运输安排、货款结算

知识目标：1. 商检资料的准备。
　　　　　2. 运输安排。
　　　　　3. 货款结算。
技能目标：1. 掌握商检资料的编写，商检物料的准备。
　　　　　2. 掌握商业发票的制作。
　　　　　3. 了解物流方式。
　　　　　4. 了解不同的付款方式。

 任务描述

大货进入包装阶段时，按照先预定的装箱单进行报关报检工作，待 QC 尾期查货通过、商检通过后安排货运出货，最后进行货款结算。

 任务分析

对于出口服装需要通过商检局的检验合格以后方可出口，但是一般的商检手续需要 10 天左右才能拿到结果，所以服装企业在大货出货前两周就要开始进行商检的准备，以保证大货完成时可以按时出货。服装备货后开始出货的一般流程：租船订舱→出口报检→申领核销单→出口报关→装船出运→制单结汇，收汇核销→出口退免税手续。

 相关知识

一、出口服装商检

1. 商检条款

(1) 商检条款的构成

① 品质数量条款，是关于进出口商品品质、包装规格和数量、重量等方面的具体条款。

② 检验索赔条款，是有关检验交货和复验索赔的条款，包括发货人的检验、检验机构、检验时间、检验地点、收货人的复验、复验机构、索赔期限、检验费用、检验证书的种类以及仲裁等内容。

(2) 检验的时间和地点

在国际销售合同中，关于检验时间和地点的规定基本有三种：

① 在出口国检验：a. 在产地检验。b. 装运前货装运时在装运港检验。

② 在进口国检验：a. 在目的港卸货后检验。b. 在买方所在地或最终用户所在地检验。

③ 在出口国检验，在进口国复验：货物装运地的检验证书作为收付货款的依据，货物运到目的地后买方有复验权，这种做法对双方来说都比较方便，而且公平合理，目前采用较多。

2. 商检流程

跟单员在备妥货物的同时还要报检，报检是指跟进约定条件或国家规定向商品检验机构申请对出口商品进行检验，经检验合格后，商检局签发检验合格证书，海关才予以放行。跟单员申请报检时应填制出口申请单，向商检局申请报检手续，经检验以后，在检验书规定的有效期内将货物装运出口。

商检具体流程如下：

(1) 准备工作

① 合同/发票/箱单：将货物基本信息填入合同/发票/箱单中。其中要注意 HS♯编码不能随便填写，需要根据产品具体成分、款式、码段翻书查询。（注：海关每年会出一本专供查询 HS♯的书，每年更新一次。）

② 厂检单/符合性声明/照片：商检局有详细格式的厂检单和符合性声明，根据合同发票箱单来填写。其中的抽检箱数为总箱数开根号乘以 0.6 取整，抽检件数则按规定范围选择。厂检单背面粘贴吊牌标签唛布片等，照片则提供实际图片。

③ 纸箱合格证：每票报检的产品都要有足够箱数的纸箱合格证，才能输机报检

(2) 报检单

根据第一大点提到的资料，输入计算机，产生"报检单"。

(3) 测试报告

① 有电子监管的企业，若输入计算机后被拦截，则需要将所报品名的衣服交商检局抽产品做规定项目的测试。一般情况下 5 个工作日出测试报告；若输入计算机后通过，没被拦截，商检局会直接出"单子"（凭条或者通关单）。

② 若企业无电子监管，则每票都要做测试，需要测试的品名和项目则由商检者决定。

(4) 交商检资料，商检局查货

① 有电子监管的企业，若输入计算机后通过了，没被拦截，直接交上述三大点的资料给商检局，不查货，直接出单子；若被拦截，商检局要查货。

② 若企业无电子监管，交上述三大点的资料给商检局，每票都要查货。

③ 需要提前和商检者约查货时间。

第一次商检，商检局一般会要求到工厂实地抽样商检（熟悉后可以有所变通，可以将货物拉到某个就近的地点进行商检）。如果商检局人士提出你的产品在某些方面不符合商检程序要求或规定，应当积极的配合，做好记录，以便整改。商检后一般两个工作日内出单，如果急于发货，应当提前三到五天去商检。

(5) "凭条"或者"通关单"

上述所有流程都通过了，商检局出凭条或者通关单（上述所有工作都是为了取到这张单子）从当地报关、起运到国外的直接出通关单；若从外省报关运至国外的，商检局出换证凭条供报关地交换通关单报关。

二、服装储运安排

服装运输包括产品下线入库、保管、装卸、运输等过程。服装储运属于服装物流环节。服装物流的主要功能有包装功能、装卸功能、运输功能、保管功能、流通加工功能、配送功能、物流情报功能等。对于出口服装,物流一般不承担包装功能。

1. 一般储存标志

(1) 防湿标志

以雨伞图形表示。

(2) 收发货标志

主要让收发货人识别货物的标志,又称唛头。通常由简单的几何图形、字母数字及简单的文字组成。内销产品的收发货标志包括品名、货号、规格、颜色、毛重、净重、体积、生产厂、收货单位、发货单位等。出口产品的收发货人主要使用简字或代号、符号、体积、重量以及生产国与出口国等。出口服装包装箱唛主要由客户确定,以上出口需要用到的标志一般都会包含进去,如果客户箱唛未包含出口必须的标志则需提醒客户加上去。

(3) 货签

附加在运输包装件上的一种标签,内容包括运输号码、发货人、收货人、始发地、目的地、货品名称与件数等。

2. 仓储管理

仓库是企业储存原料、半成品、产成品的场所。服装生产过程的仓库一般包括原料(主料)库、辅料库与成品库。服装企业仓储管理工作有以下几点:

① 保存物料的储存,及时供应生产所需的原料。对入库物料进行检验、收料、发料、存储、入账、盘点,以及废料的处理等。

② 仓库管理的收料,及时检查采购物料的数量和品质。仓库员检验和清点送来物料的种类和合格品数量,填写入库单,发生数量不足和品质不合格时,通知供销科补足或更换,每种物料存放在固定地方,便于清点和发料。

③ 仓库管理的发料,为生产提供原辅料和机物料。使用部门填写领料单后才能从仓库领取物料。仓管员根据领料单所填数量分发物料。

④ 仓管员要定期做好盘点,计算仓库内现有的物料种类与数量,掌握和明了库存的实际情况,作为采购或进货的参考。物料经盘点后,若发生实际库存数量与账面结存数量不符,除追查差异的原因外,还要编制盘点损溢单,经审批后调整账面数字,使之与实际数字相符。

⑤ 仓管员要做好物料出入库的日报和月结存表,以供相关部门使用。

仓库存放物资应做到布局合理,堆放整洁,保证过道畅通,防火标志醒目。服装企业仓库通常要求相对湿度在65%左右,干燥通风不漏水,产品尽可能整理上架,做到不沿窗、不着地、不靠墙,对存放时间较长的产品要经常进行翻箱整理。

在保管到配送过程中仓库起着很大协调作用。从现代物流的角度出发,仓库已不是简单的储存场所,而是物流中心的重要一环。物流中心的物流战略,其基本要点有以下四点:

① 建库的目的明确化:比如保障实现期待的交货期(包括对付紧急要货和日常配送)。

② 综合削减库存商品品种:包括商品政策的明确化、库存的集约化(实施品类管理)。

③ 综合提高作业效率：包括提高单位时间及每个人的生产率、有效利用空间、减少环节。

④ 改善环境：包括解决劳力的语言障碍、改善作业人员的工作环境、有效利用劳动力（如减少搬运次数）。

由于服装的流行性和季节性特点，企业必须要做到"库存管理优化、信息反馈高效、市场反应灵敏"，才能在日趋激烈的市场竞争中立稳脚跟。因此，建立"小批量、多批次、多品种、快出货"的服装业现代化经营管理模式，进一步缩短企业对于市场变化的响应时间，建立企业的快速反应体系已成为服装企业发展的必然趋势。

3. 运输要求

(1) 运输方式

海陆空的运输方式在服装运输中都有广泛的使用。

海运是服装出口集成运输的主要渠道，通常主要是使用集装箱运输，服装海运用集装箱主要有两种规格，如表2-44所示。

表2-44 服装海运用集装箱规格表

集装箱规格	服装常用集装箱规格						
	长（m）	宽（m）	高（m）	箱门开度尺寸（m）		容积（m³）	最大有效承载（kg）
				宽	高		
20′（英尺）	5.898	2.346	2.354	2.338	2.244	32.	21 500
40′（英尺）	12.022	2.346	2.381	2.337	2.244	66	26 400

在远洋运输过程中，要保证服装的湿度不能过高，在服装包装过程中有必要使用防潮纸与防潮剂（颗粒装），这样可确保服装在运输中不会受潮霉变。

集装箱运输中挂装运输是服装物流十分常见的运输方式。它是将货物挂装直接从工厂输送到卖场，减少了很多中间环节，缩短了运送时间，也可以减少货损。但由于挂装运输在空间利用方面不如普通包装，并且，通常要采用特殊的设备或车辆，所以这种运输方式的成本相对较高。挂装运输对于设备方面的要求比较高，且国际和国内有一些区别，通常的运输方式是采用专门的挂衣箱，根据不同的衣服特点采用绳挂、杆挂，按照挂装层数也可以分成单层、双层、四层，这些都是为了适应不同服装的特殊要求。对于特别的服装，还需要根据实际情况进行调整，也就是要特别改制的挂衣箱。所以对于不同工厂的不同服装，挂衣箱的结构也是不一样的。除此之外，也有对集装箱进行改造的，将服装直接挂放在集装箱。

空运也是服装集成的重要运输方式，服装的季节性较强，过季产品的价格会大打折扣，因此为了销售时机，航空运输是不可或缺的，航空运输的效率很高，但成本较高。

陆路运输方式主要指铁路运输和公路运输。特别在货物启运地或者目的地非港口时，除非采用航空运输，一般都采用国内铁路运输或者国内公路运输与海洋运输相结合的方式。

我国对外贸易铁路运输主要包括国际铁路货物联运和对香港特别行政区铁路货物运输（以下简称对港铁路运输）两部分。

公路运输，又称汽车运输，是一种现代化的运输方式。公路运输不仅是服装集成运输的重要手段,也是服装分销配送的重要运输方式。

出货前三四天准备出口货物的装箱单,并联系物流公司,告诉物流公司具体出货时间,同时传真出口货物装箱单,和拖柜装货的具体地址,电话,联系人。工厂装箱单应明确列出此次出货的产品名称、规格、数量、净重、毛重、包装尺寸、体积、箱号、唛头。其中毛净重应计算准确,因为它涉及报关出口能否顺利。包装尺寸一般来说是指出口的外箱尺寸,尺寸的准确性涉及技术整批货的体积。箱号一般是由工厂决定有时也由客户提供,此时按照客户要求编号。出口货物的唛头由客户提供。

(2) 运费计算方法

运费的计算跟采用运输方式有直接联系。

① 汽车运输,一般采用体积计算。

② 空运,体积和重量并记,即按体积算和按重量算同时进行,最终哪个更贵就采用哪个计算结果。

③ 海运,一般按体积计算。

三、货款结算跟单

1. 与客户货款的结算

① 在国际贸易货款结算时,采用的支付方式主要有汇付、托收、信用证、银行保函和保付代理业务等。

② 汇付,又称汇款,是指付款人主动将货款交给银行,由银行根据汇款指示并使用各种结算工具将货款汇交收款人的一种结算方式,属于商业信用,采用顺汇法。

③ 托收,是出口商在货物装运后开具以进口方为付款人的汇款人汇票。委托出口地银行通过进口地代收银行向进口商收取货款的一种结算方式,属于商业信用,采用的是逆汇法。

④ 信用证,信用证(Letter of Credit,L/C),是指开证银行应申请人的要求并按其指示向第三方开立的载有一定金额的,在一定的期限内凭符合规定的单据,付款的书面保证文件。信用证是国际贸易中最主要、最常用的支付方式。

⑤ 银行保证函:银行保证函(banker's letter of guarantee),简写为L/G),又称银行保证书、银行保函、或简称保函,它是指银行应委托人的申请向受益人开立的一种书面凭证,保证申请人按规定履行合同,否则由银行负责偿付债款。

⑥ 国际保付代理业务:《国际保付代理公约》中的保理定义,保理系指卖方或供应商或出口商与保理商之间存在的一种契约关系。

货物在装船运出后,跟单员及时按照信用证,合同和其他单据的内容正确的编制各种单据,并在信用证规定的有效期内交银行结汇。出口单价有很多,催单工作最重要的是催提货单,货物装运出口就应该催货运公司开除提货单,并核对无误的提货单方可作为客户的收货依据。

外贸业务将每次报关后的核销单,报关单,发票,提单及结汇水单或电汇证明叫外汇管理局办理出口收汇核销手续。核销完毕后将外汇管理局退还的出口收汇核销单用于退证和税务核销。

目前大部分服装出口退税率提高到16%,具体退税率由进出口商品的HS编码确定。

2. 与加工厂、面辅料厂货款的结算

根据双方签订的合同结算货款，申请付款，注意需按照加工厂或者面辅料厂发票上开具的账号进行对公转账，不得转入私人账户。

对账单参考格式见表2-45。

表 2-45 对账单

对账单							
工厂：	×××××有限公司				制表日期：		2012-5-15
增值税票：	是				制单人：		
工厂账号：	见发票				审核：		
					核可：		
付款单位：	上海××××国际贸易				工厂确认：		
系列名	款号	品名	出货数	单位	单价	金额	备注
合计							

任务实施

现有一批大货需要出口德国，数量为325件。业务人员需准备基本出口货物的商检资料给到专门的商检人员。商检所需的基本资料表格和部分实样单如表 2-46～表 2-51 和图 2-82～图2-88所示。

表 2-46 出口货物基本信息

款式图	码段	成分	款式描述	英文品名	中文品名	HS#	是否商检	商检数	箱数	毛重/箱(kg)	净重/箱(kg)	毛重(kg)	净重(kg)	纸箱规格(cm)	体积/箱(m³)	体积(m³)	目的国	港口	运输方式	生产批号
	68～86	100% NYLON	婴儿带帽可拆卸棉外套	BABIES' 100% NYLON WOVEN COAT	化纤制梭织婴儿外套	6209 3000 20	Y	325	21	7.95	6.96	167	146.2	60× 40× 30	0.08	1.68	德国	上海	船运	K12

纸箱正唛

Josef Kanz GMBH & Co. KG

SUPPLIER：

CUSTOMER：

STYLE#：

STYLE DESCRIPTION：

COLOUR NR：

SIZE：

QUANTITY：

GR WEIGHT：

NET WEIGH：

表 2-47　出口货物售货确认书

售货确认书
SALES CONFIRMATION

No：	2012YC15
DATE：	16-May-12

SELLERS:四川省进出口有限责任公司　　　　　　ADD:成都市江汉路

BUYERS：JOSEF KANZ GMBH & CO. KG　　　　　ADD：LOGISTIKZENTRUM, JOH. -FRIEDRICH

DIEHM-STR. 2，36341 LAUTERBACH, GERMANY

TEL. 0049 6641 /181-0

兹经买卖双方同意按下列条款成交

THE UNDERSINGED SELLERS AND BUYERS HAVE AGREED TO CLOSE THE FOLLOWING

TRANSACTIONS TO THE TERMS AND CONDITIONS STIPULATSD BELOW：

品种及规格	数量	单位	单价(美元)	金额(美元)
BABIES' 100% NYLON WOVEN COAT 化纤制梭织婴儿外套 68~86	325	件	US $ 11.64	US $ 3 783.00
合计				US $ 3 783.00

1. 数量及总值均有 3%的增减,由卖方决定。

WITH 3% MORE OR LESS BOTH IN AMOUNT AND QUANTITY ALLOWED AT THE SELLER'S OPTION

2. 成品总值:美元叁仟柒佰捌拾叁元整

3. 包装(PACKING):纸箱

4. 装运期(TIME OF SHIPMENT):2012 年 6 月 30 日前

5. 装运口岸和目的地(LOADING PORT & DESTINATION):上海-德国

6. 付款条件:收到文件后 T/T 30 天内。

TERMS OF PAYMENT：T/T within 30 days after goods shipped.

7. 装船标记(SHIPPING MARK)：

8. 备注(REMARKS)：

卖方:四川省进出口有限责任公司　　　买方:JOSEF KANZ GMBH & CO. KG

表 2-48　出口货物发票

四川省进出口有限责任公司

SICHUAN IMP. & EXP. CO., LTD.

JIANGHAN ROAD, CHENGDU, SICHUAN, CHINA

发票

INVOICE

TO：JOSEF KANZ GMBH & CO. KG

LOGISTIKZENTRUM, JOH.-FRIEDRICH DIEHM-STR. 2, 36341 LAUTERBACH, GERMANY

TEL. 0049 6641 /181-0

口岸 **FROM**：SHANGHAI/CHINA　　　　　　　发票号/**INVOICE NO.**：2012YCKANZ15

目的地 **TO**：HAMBURG/GERMANY　　　　　　合约号/**CONT. NO.**：2012YC15

运输方式 **BY**：SEA　　　　　　　　　　　　日期/**DATE**：2012-5-16

唛头 MARKS	货物名称及数量 QUANTITIES & DESCRIPTIONS			单价 UNIT PRICE	总值 AMOUNT
Josef Kanz GMBH & Co. KG SUPPLIER： CUSTOMER： STYLE#： STYLE DESCRIPTION： COLOUR NR： SIZE： QUANTITY： GR WEIGHT： NET WEIGH	BABIES' 100% NYLON WOVEN COAT 化纤制梭织婴儿外套 68-86	325	PCS	US＄11.64	US＄3 783.00
	TOTAL：	325	PCS		US＄3 783.00
		21	CTNS		

表 2-49　出口货物装箱单

四川省进出口有限责任公司

SICHUAN IMP. & EXP. CO., LTD.

JIANGHAN ROAD, CHENGDU, SICHUAN, CHINA

装箱单

PACKING LIST

TO：JOSEF KANZ GMBH & CO. KG

LOGISTIKZENTRUM, JOH. -FRIEDRICH DIEHM-STR. 2, 36341 LAUTERBACH, GERMANY

TEL. 0049 6641 /181-0

口岸 **FROM**：SHANGHAI/CHINA

发票号/**INVOICE NO.**：2012YCKANZ15

目的地 **TO**：HAMBURG/GERMANY

合约号/**CONT. NO.**：2012YC15

运输方式 **BY**：SEA

日期/**DATE**：2012-5-16

唛头 MARKS	货物名称 DESCRIPTIONS	数量 QTY	箱数 CARTONS	体积 MEAS (CBMS)	毛重 GROSS WEIGHT (kg)	净重 NET WEIGHT (kg)
Josef Kanz GMBH & Co. KG SUPPLIER： CUSTOMER： STYLE＃： STYLE DESCRIPTION： COLOUR NR： SIZE： QUANTITY： GR WEIGHT： NET WEIGH	BABIES' 100% NYLON WOVEN COAT 化纤制梭织婴儿 外套 68-86	325	21	1.68	167	146.2
	TOTAL：	325	21	1.68	167	146.2
	21 CTNS					
	325 PCS					
	1.68 CBMS					

表 2-50 厂检单

出口纺织服装厂检结果单

生产企业：   报检单号：

品名		合同/信用证号		生产批号	
包装		输往国别/地区		规格	
报检数量				生产日期	

抽样:依据 SN/T 1932.2—2008,采用一般检查水平Ⅰ,随机抽取＿＿＿箱＿＿＿件(套)实施外观检验。 检验依据:□ 进口国相关要求 　　　　　□ SN/T 1932.2—2008 室内服装 　　　　　□ SN/T 1932.4—2008 牛仔服装 　　　　　□ SN/T 1932.5—2008 西服、大衣 　　　　　□ SN/T 1932.6—2008 羽绒服装 　　　　　□ SN/T 1932.7—2008 衬衫 　　　　　□ SN/T 1932.8—2008 儿童服装 　　　　　□ SN/T 1932.9—2008 便服 　　　　　□ 合同		标记唛头:	

检验结果	□ 童装外观质量及包装	有	无	缺陷名称	A类(严重)	B类(轻微)
	针断刺毛			污迹、线头		
	可触及性锐利边缘			洗水花色		
	可触及性锐利尖端			规格不符		
	外观上与食品相似			整烫不良		
	来自动物的不卫生颗粒			缝制不良		
	内外包装材料不清洁			面料缺陷		
				合计:A类(　　)件　　　　B类(　　)件		
	绳带	□ 无绳带　　　　　□ 有绳带符合 ASTM F1816—97(2004)标准 □ 有绳带符合 EN 14682—2007 标准　　　□ 无特殊要求				
	评定:□ 合格　　　　□ 不合格					

工厂检验结果:

□ 该批货物经随机抽样检验,其结果符合进口国相关要求及合同要求。

□ 该批货物经按 SN/T 1932.2—2008 标准随机抽样,符合＿＿＿＿＿＿＿标准要求及合同要求。

(说明:出口到欧洲、美国的服装,选择"进口国相关要求及合同要求",其余国家和地区选择"SN/T 1932.2—2008 标准及合同")

备案(企业)检验员签字　　　　　　　　　　　　　　　　质量负责人签字(盖章)

此栏由检验检疫局填写

　　　　　　　　　　　　　　　　　　　　　　　　　　分类管理企业(盖章)

检验员:　　　　　　　　　审核:

　　　　　　　　　　　　　　　　　　　　验讫日期:　　年　　月　　日

图 2-82 为表 2-50 个检单对应的实样,可供跟单员参考。

出口纺织服装厂检结果单

生产企业:成都瑞祥制衣有限公司　　　　　　报检单号:

品　名	化纤制梭织,婴儿外套	合同/信用证号	2012 YC15	生产批号	K12-34
包　装	纸箱	输往国别/地区	德国	规　格	68-86
报检数量	3255件, 21箱		生产日期		2012.4

抽样:依据 SN/T 1932.2-2008,采用一般检查水平 I,随机
抽取 __3__ 箱 __20__ 件 (套) 实施外观检验。

检验依据:□ 进口国相关要求
　　　　　□ SN/T 1932.3-2008 室内服装
　　　　　□ SN/T 1932.4-2008 牛仔服装
　　　　　□ SN/T 1932.5-2008 西服、大衣
　　　　　□ SN/T 1932.6-2008 羽绒服装
　　　　　□ SN/T 1932.7-2008 衬　衫
　　　　　☑ SN/T 1932.8-2008 儿童服装
　　　　　□ SN/T 1932.9-2008 便　服
　　　　　□ 合　同

标记唛头:
Josef kanz GMBH &CO.KG
SUPPLIER:
CUSTOMER:
STYLE#:
STYLE DESCRIPTION:
COLOUR NR:
SIZE:
QUANTITY:
GR WEIGHT:
NET WEIGHT:

检验结果

□童装外观质量及包装	有	无	缺陷名称	A类(严重)	B类(轻微)
针 断 刺 毛		∨	污迹、线头	/	l
可触及性锐利边缘		∨	洗水花色	/	/
可触及性锐利尖端		∨	规格不符	/	/
外观上与食品相似		∨	整烫不良	/	/
来自动物的不卫生颗粒		∨	缝制不良	/	/
内外包装材料不清洁		∨	面料缺陷	/	/

合　计:A类(/)件　　B类(l)件

绳带	☑无绳带　·□有绳带符合 ASTM F1816-97（2004）标准
	□有绳带符合 EN 14682-2007 标准　　□无特殊要求
评　定:	☑合格　□不合格

工厂检验结果:
　☑ 该批货物经随机抽样检验,其结果符合进口国相关要求及合同要求。
　□ 该批货物经按 SN/T1932.2-2008 标准随机抽样,符合 _____ 标准要求及合同要求。

　(说明:出口到欧盟、美国的服装,选择"进口国相关要求及合同",其余国家和地区选择"SN/T1932 相关标准及合同"

备案(企业)检验员签字 刘文聪　　　　　　质量负责人签字(盖章)朱煜

此栏由检验检疫局填写

　　　　　　　　　　　　　　　　　　　分类管理企业(盖章)

检验员:　　　　　　　　　　审核:

　　　　　　　验讫日期: 2012 年 5 月 17 日

图 2-82　厂检单实样 1

图 2-83 为标签/吊牌/布样的厂检单实样。

注意：小样需要贴在厂检单的背面，标签包括主唛、尺码唛、洗水唛。

图 2-83　厂检单实样 2

图 2-84 为符合性声明的实样,图 2-85 为符合性声明需附带的款式照片。

符 合 性 声 明

《目录》内商品

现声明,本企业所申报进/出口的产品(详见清单)在生产过程中经过严格的质量控制,并在出厂时经过严格的检验,名称、品质、数量、规格、包装真实,符合进/出口国相关产品安全、卫生和环境保护标准要求、我国强制性标准和合同(信用证)要求。本企业对提供的产品检测报告与货物的一致性和真实性负责;对该产品在运输、生产、使用过程中的安全、健康、环境保护问题负责;若出现上述质量问题及弄虚作假行为,本企业愿承担相应法律责任。本声明涉及的进/出口商品清单如下:

发货人	四川省新立新建弘口有限公司 责任	企业登记号	
收货人	Josef Kanz GMBH & Co. KG	输往(出)国/地区	德国
品名(规格)		HS 编码	报检数量	金额
化纤制橙巴婴儿外套 68-86		6209300020	325件	$3783.00

(1)附件:产品检测报告(加盖生产企业公章有效)

生产企业名称(加盖企业公章)

质量主管: 朱煜

日期:2012 年 5 月 17 日

图 2-84 符合性声明实样

图 2-85　出口货物照片

纸箱合格证实样如图 2-86 所示。

　中华人民共和国出入境检验检疫

出入境货物包装性能检验结果单

编号 4419003110106466

申请人	东莞鸿亿印刷纸品有限公司				
包装容器名称及规格	双瓦楞纸箱 575*315*385MM		包装容器标记及批号	N/M	
包装容器数量	**50000**	生产日期	自 2011 年 5 月 16 日至 年 月 日		
拟装货物名称	手机		状态	固态	比重 ***
检验依据	SN/T0262-93		拟装货物类别（划"×"）	□危险货物　☑一般货物	
			联合国编号	***	
			运输方式	汽车运输	

检验结果

上述包装容器按《出口商品运输包装瓦楞纸箱检验规程》进行检验，结果适合集装箱运输出口。
· · · · · · · · · ·

签字：　　　　　　　　　　　日期：2011　年　5　月　　日

包装使用人	鸿佳达电子(深圳)有限公司							
本单有效期	截止于 2011 年 11 月 2 日							

分批使用核销栏	日期	使用数量	结余数量	核销人	日期	使用数量	结余数量	核销人

说明：1. 当合同或信用证要求包装检验证书时，可凭本结果单向出境所在地检验检疫机关申请检验证书。
　　　2. 包装容器使用人向检验检疫机关申请包装使用鉴定时，须将本结果单交检验检疫机关核实。

B 5429282

(3-2(2006.8.1)※1)

图 2-86　纸箱合格证实样

准备好以上材料以后,需要输入商检局系统,随后会将报检单反馈给跟单员,报价单及实样如表2-51和图2-87所示。

表 2-51　报检单

中华人民共和国出入境检验检疫
出境货物报检单

报检单位(加盖公章):　　　　　　　　　　　　　　　　　　　　＊编　　号_____

报检单位登记号:　　　　联系人:　　　电话:　　报检日期:　年　月　日

发货人	(中文)	
	(外文)	
收货人	(中文)	
	(外文)	

货物名称(中/外文)　H.S编码　产地　数/重量　货物总值　包装种类及数量

运输工具名称号码		贸易方式		货存放地点	
合同号		信用证号		用途	
发货日期		输往国家		许可证/审批号	
启运地		到达口岸		生产单位注册号	

集装箱规格、数量及号码

合同、信用证订立的检验检疫条款或者特殊要求	标记及号码	随附单据(划"√"或者补填)	
		□ 合同	□ 包装性能结果单
		□ 信用证	□ 许可/审批文件
		□ 发票	□
		□ 换证凭条	□
		□ 装箱单	□
		□ 厂检单	□

需要证单名称(划"√"或者补填)		＊检验检疫费	
□ 品质证书 ___正___副	□ 植物检疫证书 ___正___副	总金额 (人民币元)	
□ 重量证书 ___正___副	□ 熏蒸/消毒证书 ___正___副		
□ 数量证书 ___正___副	□ 出境货物换证凭单 ___正___副	计费人	
□ 兽医卫生证书 ___正___副	□ 卫生证书 ___正___副		
□ 健康证书 ___正___副	□ 动物卫生证书 ___正___副	收费人	

报检人郑重声明: 1. 本人被授权报检 2. 上列填写内容正确属实,货物无伪造或冒用他人的厂名、标志、认证标志,并承担货物质量责任。　　　签名:_____	领取证单	
	日期	
	签名	

注:有"＊"号栏由出入境检验检疫机关填写　　　　　　　◆国家出入境检验检疫局

[1-2 (2000.1.1)]

中华人民共和国出入境检验检
出境货物报检单

5100002120115113

报检单位(加盖公章): 四川省新立新进出口有限责任公司				*编 号 510000212011513
报检单位登记号: 510000 报检员: 杨殷超 电话: 13882005923				报检日期: 2012年 05 月21 日

发货人	(中文) 四川省新立新进出口有限责任公司
	(外文) SICHUAN NEW RISE IMEW EXP CO.,LTD. NO.182, JIANGHAN ROAD, CHENGDU, SICHUAN, CHINA 报检专用章
收货人	(中文) JOSEF KANZ GMBH & CO.KG
	(外文) JOSEF KANZ GMBH & CO.KG

货物名称(中/外文)	H.S.编码	产地	数/重量	货物总值	包装种类及数量
化纤制梭织婴儿外套 68-86	6209300020 (M/N)	四川省成都市	325 件 146.2 千克	3783 美元	21纸箱

运输工具名称号码	船舶		贸易方式	一般贸易	货物存放地点	工厂
合同号	2012YC15		信用证号	***	用途	***
发货日期	2012.06.30	输往国家(地区)	德国	许可证/审批号	***	
启运地	上海口岸	到达口岸	汉堡(德国)	生产单位注册号	5100602360 成都瑞祥制衣有限公司	
集装箱规格, 数量及号码	***					

合同、信用证订立的检验 检疫条款或特殊要求	标记及号码	随附单据(划"√"或补填)	
***	JOSEF KANZ GMBH & CO.KG SUPPLIER: CUSTOMER: STYLE#: STYLE DESCRIPTION: COLOUR NR: SIZE: QUANTITY: GR WEIGHT: NET WEIGHT:	☑合同 ☐信用证 ☑发票 ☐换证凭单 ☑装箱单 ☑厂检单	☑包装性能结果单 ☐许可/审批文件 ☐ ☐ ☐ 510000311002960 ☐

需要证单名称(划"√"或补填)				*检验检疫费	
☐品质证书	_正_副	☐植物检疫证书	_正_副	总金额 (人民币元)	
☐重量证书	_正_副	☐熏蒸/消毒证书	_正_副		
☐数量证书	_正_副	☑出境货物换证凭单	1正2副		
☐兽医卫生证书	_正_副	☐出境货物通关单	_正_副	计费人	
☐健康证书	_正_副	☐			
☐卫生证书	_正_副	☐		收费人	
☐动物卫生证书	_正_副	☐			

报检人郑重声明: 1.本人被授权报检。 2.上列填写内容正确属实, 货物无伪造或冒用他人的厂名、标志、认证标志, 并承担货物质量责任。 签名:	领 取 证 单	
	日期	
	签名	

注: 有"*"号栏由出入境检验检疫机关填写   ◆国家出入境 检验检疫 局制

[1-1(2000.1.1)]

图 2-87 报检单实样

134

审核通过后,跟单员可拿到换证凭条,换证凭条见图2-88,拿到此凭条就可进行报关出货,此时直接将凭条传真到货代,由货代报关出货。

出境货物换证凭条   此仓编号:CTU005105

转 单 号	510000212009704T 3446		报检号	510000212011513
报检单位	四川省新立新进出口有限责任公司			
品 名	化纤制梭织婴儿外套			
合 同 号	2012YC15		HS编码	6209300020
数(重)量	325件	包装件数 21纸箱	金 额	3783美元

评定意见:

　贵单位报检的该批货物,经我局检验检疫,已合格。请执此单到上海局本部办理出境验证业务。本单有效期截止于2012年07月28日。

四川局本部2012年05月29日

图 2-88　换证凭条

服装出口应注意以下几点:

① 正确计量单位,在合同以及提供发票时使用的计量单位与向海关申报出口时的计量单位一致,否则会造成数据差错影响退税。

② 及时申领出口许可证,目前纺织品服装类的商品中实行出口许可证管理有关棉花、蚕丝类、坯绸,对棉花和蚕丝类实行国营贸易管理。企业在出口香港产品时,需要申请出口许可证,并在指定口岸申报,以免影响货物出口。

③ 准确进行商品编码归类,纺织品服装出口在申报时,企业应仔细对出口商品进行归类,不要因为随意归类影响报关,常见归类错误有将化纤长丝与化纤短丝混淆和合成纤维与人造纤维混淆。

教学实施组织

一、导入相关知识介绍

认识了解服装后期报关报检、运输安排及货款结算的相关知识,并跟着教师熟悉整个工作流程。

二、布置工作任务

教师实例讲授操作方法。

三、同步指导

同步指导服装报关报检、运输安排及货款结算整个流程,分组合作完成工作任务。

四、总结本单元的教学内容

针对教学过程中的重点内容向学生提问，以便加深学生的印象，同时也请学生质疑，由教师答辩。

 练习题同步训练

1. 商检流程有哪些？商检的准备工作需要哪些资料？
2. 对账单的作用是什么？对账单上面的主要信息有哪些？

内销服装生产跟单(生产企业)

预备知识:服装生产计划安排

作为业务跟单人员,肩负着接单的任务,所以当有订单的时候必须要能准确评估生产车间的生产能力和制定相关生产计划,这样才能保证所接订单的顺利进行。

评估车间的生产能力,首先要掌握车间的设备情况、工人车缝技术情况,正在生产的订单情况以及近期所有订单的安排情况,以此来制定相关生产计划。

生产计划是生产技术管理中最重要的项目,也是编制其他各项计划的重要依据。生产计划管理是联系原辅料供应、技术设备、工艺设备、劳动组织、人员培训、经营管理等部门的纽带,是企业生产活动及相关职能部门行动的依据。生产计划的核心问题是依据企业的经营计划按品种、质量、数量,按期交货,以满足市场及客户的需求,更好地占领服装市场。因此,需根据客户订货和市场需求,依据合同规定的产品数量、质量、成本和交货期,制定合适的生产计划,与此同时,还需将计划期的任务落实到具体的生产部门、车间、班组和个人。

计划的综合平衡,既是计划管理的基本方法,也是计划管理所必须遵循的基本原则。

一、综合平衡

1. 综合平衡的主要内容

(1) 产销平衡

销售型:市场需求与生产量的平衡。不能够出现大量库存积货,但是另一方面生产要跟上市场需求。

加工型:生产能力与接单量的平衡。业务人员不可只顾接单,而忽略自身的生产能力。

(2) 供应平衡

这里的"供应"是指服装生产所需求的面料、里料、衬料、辅料以及包装材料等,也就是生产任务与原、辅料之前的供求平衡。

(3) 生产任务与生产能力之间的平衡

影响生产能力的因素:

① 调换产品——装备调换、人员调整的熟练与辅导。

② 设备——合理配置和先进程度。

③ 材料——性能、质地、缺陷。

④ 质量缺陷——轻、重、严重。

⑤ 劳动组织——人员安排、难易工序的安排。

⑥ 季节——淡旺季,影响能力计算。

⑦ 企业水平——劳动组织、生产准备、技术准备、质量控制、部门工序之间的协调能力。

在安排生产任务时务必考虑到所有对其有影响的因素,并在条件允许的情况下,尽量减少负面影响。

(4) 各项指标之间的平衡

① 产量与要货量、合格品数量与要货量的平衡。

② 产品质量与原、辅料消耗之间的平衡。

③ 服装销售与货款回收之间的平衡。

④ 劳动组织与定员之间的平衡。

⑤ 生产指标与劳动工资的平衡。

2. 计划综合平衡的基本要求

(1) 预见性

① 流行变化、款式变化。

② 新技术、新工艺、新面料的应用。

③ 人员变动,因为工人流动性大。

④ 技术不熟练、经验不足。

(2) 积极性

积极性是指做平衡工作时要采取积极的态度,既不能按薄弱环节搞平衡,也不能仅仅按照需要去安排,而应当是加强薄弱环节,不留缺口。

平衡的方法:

① 与客户商量推迟交货期。

② 与客户商量减少交货数量。

③ 降低质量指标、放松检验、减少返修。

④ 加班加点。

⑤ 调度增加车台与作业人员。

⑥ 应用高效设备。

⑦ 改进工艺设计,提高工作效率。

二、生产能力分析及核算

企业的生产能力是编制生产计划的重要依据,正确核算企业的生产能力,将有助于生产计划的正确制定与执行。

1. 服装生产能力概念

服装生产能力:指服装企业内部人力、物力、财力的综合实力,表现为在一定的组织和运作过程中,在一定的时期内生产一定种类服装产品的数量。其表示方法:

① 年服装生产能力。

② 月服装生产能力。

③ 日服装生产能力。

2. 生产能力分析

(1) 人力负荷分析

① 计算生产所需的人员。

② 比较现有人力。

③ 申请增补。

(2) 设备负荷分析

① 生产用的机器设备分类。

② 计算各种机器设备的生产负荷。

③ 计划所需设备数量汇总。

④ 比较现有机器设备的负荷。

⑤ 机器设备的增补。

三、生产计划的制定

1. 销售计划

无论是存货生产,还是订货生产,销售部门每年均应做市场调查,并进行预估,编制以月为单位的年度销售计划。

2. 生产计划体系

(1) 长期生产计划

这种计划的时间长度为一年以上至五年或十年。这是根据企业经营战略中有关产品开发、市场开发、技术改造、设备投资和成本财务等方面的要求,对企业生产能力的增长、生产线的设置和调整、厂区布局的调整、生产职工结构的调整以及换季保护等方面做出的安排。

(2) 中期生产计划

这种计划的时间长度为一年或一季,故称为年(季)度生产计划。这种计划的编制应以长期的供产销的实际条件为出发点,确定企业生产规模的总产量指标。

(3) 短时生产计划

这种计划的时间长度是月度以内,是年度生产计划的具体执行计划,也称生产作业计划。其主要用以指导各个生产环节日常的生产活动,同时也作为供产销等所有与生产有关环节衔接平衡的基本依据。

(4) 工时数计划

工时数计划是指根据生产计划表按各种款式品质的交货期和产量决定具体的作业量,并与现有生产能力对照进行调整。

(5) 生产计划流程控制程序文件

为保证生产计划科学制定、下达,顺利执行,确保与之相关的各个环节衔接流畅;同时明确各个环节的责任范围和职责,很多企业会制订生产计划流程控制程序,文件如表3-1所示。

表 3-1 生产计划流程控制

生产阶段	生产计划控制内容	相关责任说明
前期	公司初步筛选的款式,在看样、征询客户意见后由设计师、技术部进行修改,再次通过客户确认;据此形成首批投产款式生产计划通知单的款式、数量、颜色	销售部负责客户接待、理单员负责翻译;设计师、板师、样衣师负责记录整理客户意见,对样衣进行修改;投产款数量、颜色由上级部门共同确定
	由该款的设计师、板师、样衣师共同编写《生产工艺指导书》,包括缝制要求、裁剪要求、充绒表、规格表。然后由设计总监审核无误后签字确认;再交由工艺师输入电脑,编辑完后由生产部经理检查无误后排版、打印、装订	设计师、板师、样衣师;设计总监、工艺师
中期	采购部根据生产通知单计算并安排生产所需要的面料、里料、胆料、辅料、棉、绒等,给各个相关供应商下达订单,工艺、交货日期有特殊要求的必须在订单传真上标注清楚	采购部
	生产部经理按照生产通知单和投产的款式合理分配、统筹安排、分解生产任务和外协加工厂;根据工艺简单和复杂程度合理分配	生产部
	生产部经理主管派驻各个外协加工厂的跟单员,严格按照各个款式工艺说明书要求全面负责半成品、成品质量监督检验、跟踪;对可能影响生产所需要的各种生产材料与各个外协加工厂跟单员及时、充分、有效沟通、催促辅料仓库提前供应到位	生产部经理、各个外协加工厂跟单员
	派驻各个外协加工厂的跟单员对配送到厂的各种生产材料必须按出库清单、辅料卡逐一核对,核对无误后签字确认。由于核对不到位造成的材料亏损其经济责任由个人承担。对清单与实物不吻合、不一致的立即进行信息反馈	派驻外协加工厂跟单员
	派驻各个外协加工厂的跟单员严格按照各个款式工艺说明书要求全面负责半成品、成品质量监督检验、跟踪;对可能影响生产所需要的各种生产材料及时、充分、有效沟通、催促辅料仓库提前供应到位	派驻外协加工厂跟单员
	派驻各个外协加工厂的跟单员严格按照各个款式工艺说明书对生产线各个环节进行不间断检查跟踪,发现问题及时要求改进、返修;对普遍存在的质量问题与厂家的班组长、车间主任及时沟通,必要时要召开专题会议进行说明。质量问题严重的及时和工厂主管生产的厂长经理协商解决,解决不成的及时反馈给生产部经理或公司主要领导。特别严重且多次反复、没有改进的质量事故可以采取必要的过激措施和手段暂停生产直到彻底解决问题	生产部经理、各个外协加工厂跟单员
后期	按照要求监督检查后整理和包装,不得有漏装、少装、多装、混装现象;不得有质量不合格产品包装入箱现象发生	生产部经理、各个外协加工厂跟单员
	熟悉各个款式投产的数量、颜色等;对已经下线并交货的款式、数量、颜色做到心中有数并做好记录	生产部经理、各个外协加工厂跟单员
	生产部经理、设计师、设计总监和销售部进行及时、有效沟通,掌握客户订货信息和各个款式销售的动态信息,及时作出有效反应和针对性调整;同时根据各个款式销售的动态信息提前预测追单的款式、颜色、数量;确定后及时拟订生产通知单并交付采购部采购所需要的面料、里料、胆料、辅料、棉、绒等各种生产材料。不得以任何理由和借口、贻误商机、影响正常销售工作展开和销售业绩	设计总监、生产部经理、采购部;连带责任人:成品仓库、财务部
	生产期内采购部、辅料库、生产部后续辅料、面料及其他相关生产要素的及时督促、跟进、分发必须做到及时、有效;坚决杜绝敷衍了事、拖沓。由此引起的生产窝工、延误、交货延迟、影响销售等由各个责任区间责任人承担责任	采购部、原材料仓库、生产部;各个外协加工厂派驻的跟单员

四、生产计划优化实施

服装企业生产流程复杂,信息化程度不高,有的企业虽然拥有先进的生产管理系统,但由于各种原因,系统并不能完全发挥作用,在实际生产计划管理中主要依靠经验丰富的管理人员和调度人员。中小型服装企业由于订单多,批量小,一般都是人工编制生产计划,存在效率低、准确度不高、易延误交货期等缺陷。

某制衣公司引进了上海某公司的 ERP 系统生产计划子系统,但是在执行过程遇到很多问题,导致系统并不能在生产计划方面发挥作用,针对这一问题,有必要寻找生产计划及调度管理优化的对策措施,指导服装企业生产及生产流水线的平衡控制。

(一) 问题分析

1. 某 ERP 系统生产计划子系统存在问题

① 公司拥有 ERP 系统,却没有相对应的技术人员,同时也没有专门人员对系统进行维护和升级,导致系统在生产计划调度方面不能发挥作用。

② 生产计划子系统在实际运用过程中,使用者需明确地记住各组生产的各个订单的款号、色号等,但这往往会造成混淆,导致生产计划的查询或者录入出错。

③ 通过生产计划子系统不能够实时地监测车间生产的进度,缺少比较性和直观性。

④ 生产计划子系统应用比较繁琐,生产计划的制定、调整都不方便,所有的数据都需要手工抄写后再录入系统。

⑤ 计划最终要给车间各组组长查看,要求计划直观、方便、易懂。但生产计划子系统所安排的计划目录,要利用 Excel 表格再修改,才可以打印给车间,否则车间根本无法看懂。

2. 现场调度存在的弊端

由于此制衣有限公司只生产衬衫,客户比较稳定,因而其生产计划的变动相对较小。在生产调度方面,基本是生产调度员直接现场安排、现场调度,缺少必要的生产计划安排指示表,故存在以下弊端。

① 调度员必须对公司生产能力有深入了解,对生产计划的安排和调度有多年的工作经验,生产计划调度方案才能够在车间顺利实施。

② 在淡季订单少、品种少的情况下,上述方法可以用,但是在旺季订单多、任务紧的情况下,这种方法不可取。

③ 缺少必要的生产计划内容,计划安排无据可依,最终导致产品不能按期交货。

(二) 生产计划及调度管理优化的措施

1. 生产计划及调度相关管理规定

(1) 生产计划编排原则

① 生产总调度依据订单交货期的先后顺序、工艺指示,根据计划科的月度总计划,结合各缝制组的生产能力及订单的质量安排生产,并且每天跟踪缝制车间计划的完成情况。

② 根据技术科提供的《服装生产流程表》中的单件工时,结合各组的人数、订单大小和难易程度确定日产指标。缝制组的生产周期是指订单数量与日指标的比值。

③ 由生产总调度提前通知仓库管理员,预查各订单的缝制辅料配套情况,并根据开裁通知单,提前准备辅料进入待生产状况,发现辅料与品种不配套时,应提前作计划调整,并书面反馈给采购部及计划科。

(2) 生产调度原则

① 计划科总调度,根据实到面料数结合服装生产通知单开出正确的开裁通知单(具体到尺码),核算计划投产数是否在规定范围内,因面料短缺而导致计划开裁数超出范围时,由总调度以书面形式反馈给采购部及业务部跟单员。

② 裁剪车间计划生产主管安排订单开裁前,必须结合面料数量和质量核算实际开裁数是否在规定范围内,如实际单耗超出范围,应及时反馈给技术科和计划科。技术科需查明超耗原因,因布面质量问题而导致超耗的,应及时将超耗数量反馈给质检科、采购部、业务部,由业务跟单员确定是否补足。

③ 一个订单开裁结束后,由裁剪车间计划生产主管负责确保实际开裁数与计划投产数相吻合,根据实际开裁数填写好流转卡,交缝制车间各组组长。

④ 缝制车间各组组长检查流转过来的裁剪数量与流转卡数量是否相符。如发现不吻合的情况,需及时通知裁剪车间补足裁片。

⑤ 缝制下机数由下架员分色按实填写流转卡,交计划总调度审核。品种关箱后,根据最终装箱数对流转卡进行分析,保证实际下机数=出货数+船样+剩余正品+查货样+报废数。

2. Excel 表格在生产计划调度管理过程中的运用

(1) 周生产计划表

周计划的安排往往以月计划为大计划背景,周计划表图中主要明确每款每色大货产品的交货期,并在此之前确保产品顺利关箱,表中主要包括:生产组别、厂编号、款号、面料合同数、合同数量、大货产品交期、日生产指标、成衣下机时间、后道关箱时间。通过 Excel 表格对周计划的安排使人很容易明白,同时很直观地反应出一周的车间工作任务,且这种方法简单、方便。

周生产计划表中的组别往往根据实际生产中工人的熟练程度、衣服款式的难易程度来确定。根据每天的生产进度及生产数据的统计分析,来确定出每天大概的生产量,从而确定日生产指标。但值得注意的是,在通过以上方法确定生产指标时,需要根据合同数量/日指标来确定生产周期是否在产品交货之前,否则就需要及时调度,加班或增加工位,最终确定下机时间和后道关箱时间。

(2) 日生产计划表

日生产计划表可以当作每天的生产计划安排,同时也可以很直观地看出生产的进度和平衡性。日生产计划表中主要包含:本厂款号、服装款号及色号、实裁数、主件、裁片进组数、累计完成数、未完成数、日指标、裁片进组时间、零料下机时间、吊挂线下机时间等。通过 Excel 对上面的各条目进行有效地组合和功能设计,促进了生产计划进度的追踪和问题的及时发现。

日生产计划表清楚地显示了每款、每色的先后顺序以及每天需要完成的量,在分析进度方面,日生产计划表有着很大的作用。裁片进组数、已完成数及未完成数一目了然,可知道零料组、组合组的进度,以及各组目前完成情况。后面的下机时间则是起提醒作用,时刻以产品的交期来控制生产进度,在保证生产顺利进行、产品顺利交货方面起到了很好的作用。

(3) 车间运转检查表

在生产平衡方面,日生产计划表有一定的调控作用,不过对于整个生产车间的总量缺少一定的统计和了解,同时为保证各组生产的零料能够配套,保证组合有足够的配套余量,就需要车间运转检查表来进行这方面的统计和分析,并作出相应的调整措施,保证车间的正常运转。

由于裁片进组量相同,裁片的数据直接反应了生产线的平衡,在不平衡的状态下进行合理的调度,通过一系列手段促使生产线平衡,保证组合配套量能够赶上吊挂组合。车间运转检查表可以很好地帮助生产计划员对车间产品、生产流水线平衡进行控制。

(4) 日生产统计表

一般的产品统计表只能反映数据而看不到其他的内容,而在服装企业生产中,数据只是一个方面,因此要求一张详细的生产统计表。这张统计表既可以反馈每天的生产数据,又可以很直观地了解整个生产车间的生产能力及状态。统计表不仅统计每天各组的生产数据,同时显示当日各组的实际生产能力,每天的计划指标数等,从而很好地反馈生产的整个状态。

(5) 周生产统计表

每周对生产计划的执行情况进行一次统计,分析计划的准期率,同时对一周的生产数据进行统计。周产量统计表建立在车间每日统计表之上,因而相对比较简单,主要就是反映计划的准期率,同样这也是 ERP 生产计划子系统中所没有的,对生产计划的制定具有考核和监督作用。

(三) 结语

针对在使用某 ERP 生产计划子系统中存在的问题及现场调度存在的弊端,依据生产计划编排原则及生产调度原则,采用 Excel 软件制定日生产计划表、周生产计划表、车间运转检查表、日统计表、周统计表,以指导服装企业生产计划与调度,实践证明,上述措施能够取得较好的效果。

任务1 技术标准的接洽

> 知识目标:1. 样衣的技术标准要求与企业对接。
>
> 　　　　　2. 样衣跟单步骤。
>
> 　　　　　3. 样衣制作与审核要求。
>
> 技能目标:1. 学习基本的缝制工艺及关键工艺的要求。
>
> 　　　　　2. 样板工艺单的编写及材料的准备。
>
> 　　　　　3. 学习样板审批要求。

🔒 任务描述

内销服装的理单跟单也是服装企业不可或缺的部分。同外贸一样,首先要进行样衣及前期的准备工作,包括安排样衣的试制、制定样衣标准、对服装产品关键工序进行指导。

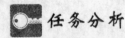

任务分析

回顾外贸企业跟单流程,讲解跟单任务内容,并运用多媒体做比较,讲述内销跟单前期的基本任务。对设计师或者客户的图稿分析整理做比较,分解订单,安排面、辅料的购买,并开始制作样衣工艺单及样衣基本标准。

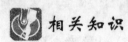

相关知识

一、基本工艺及资料接洽

1. 缝制工艺

缝制工艺是跟单过程中的关键步骤,控制好了缝制工艺也就控制好了产品的质量,这样才能避免在最后的成衣出货时出现大的质量问题而导致货物不能交付的情况。

在接到设计部或者客户的样衣通知单时,首先要对款式图进行分析整理。这一过程一般是由板师直接和设计师沟通各个部位的缝制工艺,但是作为专业的跟单人员,也必须了解所有的缝制工艺,以便核查最终技术部做出的实样是否符合标准。在样衣制作的过程中要跟紧板师和设计师,及时了解是否有更改。如果更改工艺或者款式图,需立即更新手中资料,以保证大货顺利生产。

2. 测量方法

根据不同客户,甚至同一客户不同款式、不同面料的服装,其尺寸的量法都各不相同。如:衣长,有的是指从侧颈点到下摆底的长度,有的指前中量,有的是指后中量,即后领中到下摆底的长度。袖长:有的是测量从肩点到袖口的距离,有的是指从后领中到肩点再到袖口的距离。由于各种量法不同,做出的衣服就会有很大的偏差,所以正确的尺寸度量方法是服装品质的重要保证。当拿到尺寸表的时候,必须先理清量法以后方可交给技术部做纸样,这样既节省来回改动的时间,也节约人力,板师也不需要来回地修改纸样。

补充知识了解:

一般常用的测量方法:

■ 上装测量方法

(1)零部件测量方法(领、帽)

① 领子测量

领围,领全围:钮扣中心到钮孔前端。

下领长:上领与领座接缝处的距离。

领长和领围:按领接缝处,两边之间的距离。

领边领长:从领尖的一端到另一端。

后中领高:量后中领边到缝份处。

后中领座高:后中量,领与领座,领座与成衣之间的距离。

领尖长:从领尖点到缝份的距离。

前领深(边):从假想肩点的一条直线到前领的距离。

前领深(缝份):从假想线到前领的缝份处。

后领深:从假想线到后领的距离。

前领宽(边):领开口,从肩两点直线量。

领宽(接缝处):包括罗纹领,量缝份处,无领宽量折好后两边。

大翻领(CARD领):从两肩点的假想线到第一个钮扣中心线。

高领和尚领、文化衫领:领开口处的两边之间距离。

立领高:领开口处到领缝份之间的距离。

② 帽子测量

帽宽中心边:把帽对折,量后折处到开口的中间点为帽的高。

帽高,开口边:对折平放,量从顶端到连接处。

帽高(深)肩顶处:肩顶(帽领连接处)(直量)。

帽长:后中弧长,帽对折平放,从帽顶到领帽的连接处。

帽绳长:帽绳拉紧时内无打结,两头拉齐的长度两倍。

(2)衬衫测量方法

领展:衣服钮扣扣好,两领尖之间的距离,量时衣服要适当的压平。

领隙:衣服钮扣扣好后,量两边领与领座连接处两者之间的距离。

前门襟宽:成品后门襟的边对边,或边对缝线。

钮距:钮扣之间的距离。

袋位:从肩处分割点往下直量到袋口的距离。

袋位:从肩对折处往下量到袋口的距离。

袋位:袋前中线到钮扣之间的距离。

前胸宽:两袖弧线之间的最短距离。

胸围:袖窿下 1 cm,两边缝份之间的距离。

下摆:衣服钮扣放平,量底边之间的直线距离。

下摆弧度:衣服钮扣放平,量完成的左侧边到右侧边的自然曲线。

肩宽:袖窿到领连接处,袖窿与肩的连接处沿着肩的缝份测量。

后背宽:两袖弧线之间的最短距离。

袖长:量肩点到袖口之间的长度。

后中育克高:从领后中到缝份的直线距离。

后背褶宽:褶左边到右边的距离。

袖肥:袖窿下 1 cm 处沿袖口平行线量。

后中衣长:从领或领围与大身连结处到最下面的距离。

下摆前开衩高:量有效开衩高或长度。

下摆后开衩高:如果前开衩高度相同以前面的尺寸为准。

袖门襟总长:从门襟连接处到门襟底端包括所有门襟针迹方框等。

袖门襟有效开口:从门襟/克夫连接处或袖门襟边到有效开口处。

袖门宽:门襟针迹处。

袖口克夫高:袖口边到袖口与袖子连接处的距离。

袖口宽:袖口左边与右边之间的距离。

（3）插肩袖套衫

前肩领长(缝份):肩的最高点,肩与领的连接点到缝边的距离。

下摆放松:在自然状态下,下摆边与边之间的距离。

肩袖长:由肩点缝份处到袖口最底边的距离。

袖肥:袖窿下 1 cm 处沿袖口平行线量。

袖口宽:袖口左边与右边之间的距离。

袖口克夫高:袖口边到袖口与袖子连接处的距离。

下摆克夫高:底摆到与之连接处的距离。

下摆拉伸:在没有拉断线的情况下,拉到最大尺寸时边与边的距离。

■ 下装测量方法

（1）西裤测量方法

腰围:腰围缝份处直接距离。

臀围:由腰口往下一定距离所量的横向距离。

外长:由腰口往下到裤子最底边的距离。

内长:由裆往下到裤子最的底边的距离。

横裆:由裆往下 1 cm 处沿脚口平行线量。

脚口:从完成边到边的距离。

腰宽:腰口到腰与裤的缝份距离。

前浪长:由前腰口缝份到前裆缝份之间的距离。

后浪长:由后腰口缝份到后裆缝份之间的距离。

后袋位:由腰口缝份处到袋口的距离。

后袋位:由侧边缝份到口袋的最近距离。

侧袋位:由侧边缝份到口袋的距离。

（2）零部件测量方法(门襟、后翘、袋)

门襟长:由腰口缝份处到最底边的缝线距离。

门襟宽:门襟边对应缝迹的距离。

后翘(后中高):沿后中线由后腰口缝份到后翘缝份的距离。

后翘(沿侧缝):沿侧缝由腰口缝份到后翘分割的距离。

贴袋位:后翘分割到袋口的水平距离。

贴袋位:由侧缝到袋边的距离。

贴袋大小:袋口边与边之间的距离。

贴袋长:袋口到口袋最底边的距离。

袋盖长:袋盖上口到最底边的距离。

挖袋大小:袋缝分之间的距离。

（3）裙子测量方法

腰围：腰围缝份处直接测量。

臀围：由腰口一定距离所量的横向距离。

下摆：裙子最下端边与边的距离。

裙长：由腰口往下到裙子最下端的距离。

省长：由腰口往下到缝合的下端距离。

（4）连衣裙测量方法

衣长（前衣长）：由前侧颈点竖直往下量至裙子最底边的距离。

胸围：袖窿下 1 cm，两边缝份之间的距离。

腰围：腰节最细部位两边之间的距离。

臀围：腰节往下一定距离所量的横向之间的距离。

下摆：裙子最底边两边之间的距离。

领宽：前衣片两肩点之间的距离。

前领深：由肩点假想线到领最底边的距离。

袖窿深（至量）：由肩点到袖底之间的直线距离。

袖长：肩点到袖子最底边的距离。

袖口：袖子两边缝份之间的距离。

肩宽：两肩点之间的直线距离。

小肩宽：由侧颈点到肩点之间的距离。

后中拉链长：隐形拉链的开口长度。

前省长：前片腰节部位缝合的长度。

后省长：后片腰节部位缝合的长度。

二、材料的准备

根据订单的要求准备好所有的材料并交给技术部进行样衣的制作。

三、样衣试制

服装样板是服装企业用于反映服装设计效果和服装加工质量的实物样本，也是服装生产部门重要的工艺技术文件之一。服装工业生产中的样板，以结构图为基础制作出来，是服装设计效果图的直观反映，又是排料、缝纫工艺的直接生产依据和检验生产规格质量的直接衡量标准。样衣的试制是服装生产必不可少的环节，其作用体现在以下三个方面：

1. 检验设计款式图的可行性

任何设计作品都是要通过实物样本的检验才是合格的设计。对于闭门造车所完成的设计作品则是弊病多多，例如，样衣效果是否符合设计师或者客户要求，尺寸是否合理，面、辅料的搭配是否协调，服装的开口位置和开口长度是否恰当，分割线是否合理，生产工艺是否简洁，包括每个工序的生产时间和工价的合理等等，只有把实物样板做出来以后这些问题才能一一解答。

2. 设置最佳的生产流水线

在大批量生产之前，通常都要经过多次的样板试制和修改复核工作，在多次试制过程中，会使用与批量生产相同的条件制造样板,找出生产工程中的所有问题,并及时进行设计上的修整或生产工艺的改良。这一过程包括设备和辅助工具的类型与数量的确认、车位的分工、生产线的编排等生产要素的合理运用,设法找到生产要素的最佳组合方案,并使之处于受控制的状态。在制作样衣时,技术部还需对每道工序时间测定记录,作为流水线生产工序排列和工价计算的重要依据。

3. 服装批量生产的重要依据和质量标准

客户的要求,最终是通过服装实物样板来体现的,所以服装实物样板是服装批量生产的重要依据之一。只有前一次的实物样板的问题已经彻底查清并完全修改以后,才能进入下一阶段的样板生产或大批量生产,所以前一阶段的样板既是后一阶段样板的生产依据,又是后一阶段样板质量检验的审核标准。

综上可知样板制作的重要性,因此在制作样板的过程中,当样板生产师发现问题,需立即和板师商讨,检查板师的纸样是否准确,同时作为业务跟单人员,也需随时和技术部保持紧密联系,跟踪样板制作,以便后面检验样板的正确性。

 任务实施

一、对款式图进行剖析(图 3-1)

款号:	06H012
材料说明:	面料:260 g/m² 全棉卫衣布
	帽里:185 g/m² 全棉条纹精梳汗布

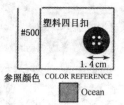

#500 塑料四目扣

1.4 cm

参照颜色 COLOR REFERENCE

Ocean

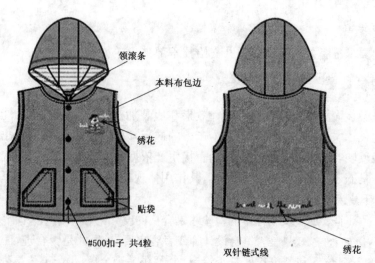

领滚条

本料布包边

绣花

贴袋

#500扣子 共4粒

双针链式线

绣花

车缝线配大身颜色
套结和锁眼用藏蓝色线

图 3-1　款式图

1. 分析款式图

① 此款为基本带帽背心卫衣款。

② 帽子是三片帽,帽里有里布。

③ 前片2个贴袋,双线车缝。

④ 腋下拼接。

⑤ 袖窿包边处理。

⑥ 门襟左盖右,锁扣眼。

⑦ 左前胸和后下摆有绣花。

⑧ 帽口和下摆有装饰线迹。

2. 分析面、辅料

① 大身主要面料为260 g/m² 全棉卫衣面料。

② 帽里是185 g/m² 全棉印花条纹精梳汗布。

③ 1.4 cm 四目塑料扣子,并有刻字。

3. 裁剪工艺要求

① 核实样板数量是否与通知单数量一致。

② 裁剪时不允许走刀,不可偏斜,上下层不可错位。

③ 各部位纱向按纸样所示裁剪。

④ 各部位需按纸样所示定位打剪口,且位置准确。

4. 基本缝制工艺要求

① 所有拼缝双针锁边,线迹宽0.7 cm,车缝整齐、牢固、平服。

② 所有针距:2.5 mm/针;明线不允许接线。

③ 腋下拼接片上倒缝0.6 cm 明线,缝份倒向侧缝,左右对称。

④ 领口0.8 cm 明线。

⑤ 帽口和下摆2 cm 宽冚车车缝,不允许起纽、起链形。

⑥ 贴袋斜边开口,0.2 cm 和0.6 cm 双线车缝;袋口打套结,套结长1 cm,方向沿袋口边;两袋对称。

⑦ 后领滚条上下0.1 cm 线迹。

⑧ 袖窿包边0.1 cm 线迹,包条不允许起纽;袖窿大小一样,形状左右对称。

⑨ 各成品尺寸误差在0.5 cm 内,各具体部位误差参考尺寸表3-3。

5. 整烫要求

① 各部位整烫平服、整洁、无烫黄、无水渍。

② 绣花部位需垫布整烫,不能烫出极光。

③ 门襟整烫顺直,不可往外翻里。

④ 帽口、下摆、袖窿整烫注意尺寸,不可拉大整烫。

6. 绣花要求

① 绣花线迹平整。

② 绣花底纸衬需清理干净。

③ 绣花底需黏比绣花大小大1 cm 的四面弹有纺衬,且不可脱落。

7. 样衣工艺单编制（表3-2）

表3-2　样衣生产工艺单

样衣生产工艺单					
系 列 名	Heart Party			下单日期	2013-3-20
款　　号	06H012			交样日期	2013-4-1
款　　式	带帽卫衣			制版人	
样衣种类	头样	尺寸样	照相样	销样	订单状态
外发项目	绣花-创艺				
洗水要求					
打样码数	6M	18M			
打样数量	2	1			
打样颜色					

领滚条
本料布包边
绣花
贴袋
#500扣子 共4粒
双针链式线
绣花

注意:打样结束后,
随样将下列资料递交业务。
1. 样品用料单
2. 样品检验记录
3. 样品制作记录
4. 样品生产单

工艺说明和更改:

面料类:	规　格	颜　色	用　量	使用部位	有效门幅(m)	备注
全棉毛圈布	260 g/m²	海洋蓝		大身	1.8	
全棉精梳印花条纹汗布	185 g/m²	白＋海洋蓝		帽里	1.8	
辅料类:	规　格	颜　色	用　量	使用部位	备注	
四面弹有纺衬		白色	0.05	绣花底		
四目扣	1.4 cm	藏蓝色	4	门襟		
主唛		黄色	1	后领中		
洗水唛		白色	1	左侧缝距下摆 5 cm		
尺码唛		黄色	1	主唛下方中间		
吊牌		黄色	1	尺码唛上		
线	402	海蓝色/藏蓝色				

样衣工艺单的编制一定要注意以下几点:

① 注明款号。

② 说明样衣种类。

③ 明确样衣尺码和数量。

④ 列出所有需要用到的面辅料及使用部位和注意事项。

8. 尺寸表（表 3-3）

尺寸表的制定需注明单位长度。

表 3-3　尺寸表

尺寸(cm)	3M	6M	9M	12M	18M	24M
A　衣长-肩点量	28.75	30	32	34	36	38
B　领宽	14	14	14	15	15	15
C　1/2 胸围(腋下1 cm)	26	27	28	29.75	31	32.25
D　1/2 下摆	25	26	27	28.75	30	31.25
E　小肩宽	3.75	4	4.25	4.5	4.5	4.5
H　夹圈-直量	12	12.5	13	13.5	14	14.75
J　前领深	3.5	3.5	3.5	4	4	4
K　后领深	1.5	1.5	1.5	1.5	1.5	1.5
M　帽高	22.5	23.5	24.5	25.5	26.5	27.5
N　帽宽	18.5	19	19.5	20	20.5	21
O　侧缝拼块宽	2.5	2.5	3	3	3.5	3.5
P　前口袋高/宽	7.5/6.5	7.5/6.5	8/7	8/7	8.5/7.5	8.5/7.5
袖窿包边宽	1	1	1	1	1	1

9. 量法图（图 3-2）

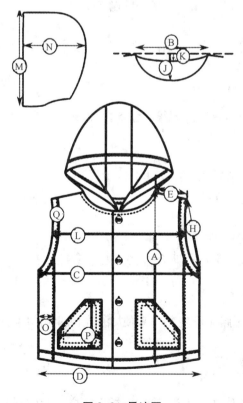

图 3-2　量法图

二、材料的准备

根据订单的要求准备好所有的材料交给技术部进行样衣的制作,见表 3-4。

表 3-4 材料准备单

主面料——全棉毛圈布	里料——印花条纹汗布	四面弹有纺衬	吊牌
四目扣	主唛	洗水唛、尺码唛	线

三、样衣试制

备齐所有面、辅料,技术部开始进行样衣的制作试样。

教学实施组织

一、导入相关知识介绍

回顾外贸企业跟单流程,讲解内容跟单任务,并做比较。

二、布置新课工作任务

① 运用多媒体讲述内销跟单前期的基本任务。
② 样板工艺单和工艺标准的制定。

三、同步指导

服装技术标准接洽流程,分组团队合作完成工作任务。

四、总结本单元的教学内容

针对教学过程中的重点内容向学生提问,以便加深学生的印象,同时也请学生质疑,由教师答辩。

练习题同步训练

各组同学整理订单,制作样衣生产技术文件,安排样衣的试制。

任务 2　面、辅料采购跟进

知识目标：1. 了解面、辅料知识。
　　　　　2. 熟悉面、辅料采购流程。
技能目标：1. 掌握不同面、辅料规格与企业入库要求。
　　　　　2. 制定采购合同。
　　　　　3. 掌握面、辅料检验方法。

🔒 任务描述

根据工作流程,样衣试制的同时就要进行面、辅料的订购工作,以便大货的及时生产。作为跟单员需要了解面、辅料的采购及质量检验标准。

🔑 任务分析

面、辅料采购可以分为两个阶段:一是设计开发阶段,就是寻找面料、做样、确认样的阶段;二是实施阶段,采购大货生产面、辅料等。实施阶段又可以分为三个阶段,采购面、辅料做准备工作,发料加工,后期付款提货。通常采购流程如图 3-3 所示。整个过程需要跟单员了解各种面、辅料知识和面、辅料的检验知识。

```
参加各种展会,收集面辅料、合作厂等信息,初选面料与厂家
                    ↓
        根据订单要求选定面料打样
          联系厂家,选样
          联系加工厂家,询价
                    ↓
          样品反复修改确认
                    ↓
            订购面料
            签订合同
                    ↓
  准备工作[生产通知单(数量、技术要求、尺码分配等)、商标等]
  准备物料(要发到加工厂的面料准备及商标等物料准备)
                    ↓
  进入货品的跟进阶段(质量跟进、进度跟进及付款提货等)
```

图 3-3　采购流程

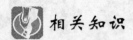

相关知识

第一部分　面料知识

一、面料的基本概念

1. 经向、经纱、经纱密度
面料长度方向；该向纱线称作经纱；其一定长度内纱线的排列根数为经密（经纱密度）。

2. 纬向、纬纱、纬纱密度
面料宽度方向；该向纱线称作纬纱，其一定长度内纱线的排列根数为纬密（纬纱密度）。

3. 经纬密度
用于表示机织物单位长度内纱线的根数，一般为 10 cm 或 2.54 cm 内纱线的根数，我国国家标准规定使用 10 cm 内纱线的根数表示密度，但纺织企业仍习惯沿用 1 英寸（2.54 cm）内纱线的根数来表示密度。如通常见到的"45×45/108×58"表示经纱纬纱分别 45 支，经纬密度为 108、58。

4. 幅宽
面料的有效宽度，一般习惯用 in 或 cm 表示，常见的有 36 in（91.44 cm）、44 in（111.76 cm）、56～60 in（142.24～152.4 cm）等，分别称作窄幅、中幅与宽幅，高于 60 in 的面料为特宽幅，一般常叫做宽幅布，当今我国特宽面料的幅宽可以达到 360 cm，且幅宽一般标记在经纬密度后面。

5. 面密度（克重）
面料的面密度（克重）一般为平方米面料的克数。牛仔面料的面密度（克重）一般用"盎司（OZ）"来表达，即每平方码面料的盎司数。

二、面料的种类

（一）机织面料
机织面料是织机以投梭的形式，将纱线通过经、纬向的交错而组成，其组织一般有平纹、斜纹和缎纹三大类以及它们的变化组织（由于近代无机织机的应用，此类面料的织造不用投梭形式，但面料仍归机织类）。从组成成份来分类，包括棉织物、丝织物、毛织物、麻织物、化纤织物及它们的混纺和交织织物等。机织面料在服装中的应用无论在品种上还是在生产数量上都处于领先地位。机织服装因其款式、工艺、风格等因素的差异在加工流程及工艺手段上有很大的区别。常见机织面料有平纹布、斜纹布、麻布、牛仔面料、帆布、绒布、牛津布、复合面料、化纤面料、混纺面料。
下面介绍几种常用面料的性能及规格。

1. 平纹布

（1）概念
用平纹组织织成的织物叫平纹织物。就是经纱和纬纱每隔一根纱就交织一次（即纱是 1 上 1 下的）。这种布的特点是交织点多，质地坚牢、表面平整，较为轻薄，耐磨性好，透气性好。

高档绣花面料一般都是平纹面料。

（2）常规全棉平纹布规格

TA1000　全棉府绸　63 英寸 J50×J50 140×88 1/1

TA1001　全棉府绸　63 英寸 J50×J50 130×78 1/1

2. 斜纹布

斜纹布是各种规格斜纹组织棉布的统称，其中包括斜纹及斜纹变化组织、规格不同风格各异的各种棉斜纹布。如：纱斜纹、纱哔叽、半线哔叽、纱华达呢、半线华达呢、纱卡其、半线卡其、全线卡其、拉绒斜纹布等共 44 种。

3. 缎纹布

缎纹布是各种规格缎纹组织棉布的统称。其中包括缎纹及缎纹变化组织、规格不同风格各异的各种棉缎纹织物。如：纱直贡、半线直贡、横贡等共 9 种。

4. 麻料

麻料是以亚麻、苎麻、黄麻、剑麻、蕉麻等各种麻类植物纤维制成的一种布料。一般被用来制作休闲装、工作装。它的优点是强度极高、吸湿、导热、透气性甚佳。它的缺点则是穿着不甚舒适，外观较为粗糙，生硬。麻布制成的产品具有透气清爽、柔软舒适、耐洗、耐晒、防腐、抑菌的特点。亚麻布的规格见表 3-5。

表 3-5　亚麻布规格表

品名	品号	纱支	密度	半漂布幅宽	布幅宽	半漂布幅宽	布幅宽
亚麻布	101	14S×14S	54×50	45～50 英寸	54 英寸	55～60 英寸	63 英寸
亚麻布	1102	14S×14S	54×51	45～50 英寸	54 英寸	55～60 英寸	63 英寸
亚麻布	2103	6S×6S	54×52	45～50 英寸	54 英寸	55～60 英寸	63 英寸
亚麻布	3104	14S×15S	43×42	45～50 英寸	54 英寸	55～60 英寸	63 英寸
亚麻布	4105	6S×7S	43×43	45～50 英寸	54 英寸	55～60 英寸	63 英寸
亚麻布	5106	14S×16S	43×44	45～50 英寸	54 英寸	55～60 英寸	63 英寸
亚麻布	6107	6S×8S	43×45	45～50 英寸	54 英寸	55～60 英寸	63 英寸
亚麻布	7108	14S×17S	43×46	45～50 英寸	54 英寸	55～60 英寸	63 英寸
亚麻布	8109	6S×9S	43×47	45～50 英寸	54 英寸	55～60 英寸	63 英寸
亚麻布	9110	14S×18S	43×48	45～50 英寸	54 英寸	55～60 英寸	63 英寸
亚麻布	10111	6S×10S	54×60		54 英寸		
亚麻棉布	11112	14S×19S	54×61	45～50 英寸	54 英寸	55～60 英寸	63 英寸
亚麻棉布	12113	6S×11S	54×62	45～50 英寸	54 英寸	55～60 英寸	63 英寸
亚麻棉布	13114	14S×20S	54×63	45～50 英寸	54 英寸	55～60 英寸	63 英寸
亚麻棉布	14115	6S×12S	54×64		54 英寸		
天丝亚麻	15116	14S×21S	54×65		54 英寸	55～60 英寸	63 英寸
亚麻棉布	16117	6S×13S	54×66	45～50 英寸	54 英寸	55～60 英寸	63 英寸

5. 牛仔

（1）概念

牛仔布（Denim）也叫作丹宁布，是一种较粗厚的色织经面斜纹棉布，又称靛蓝劳动布。经纱颜色深,一般为靛蓝色;纬纱颜色浅,一般为浅灰或煮练后的本白纱。

(2) 种类

目前国内外较流行的牛仔布面料品种主要有环锭纱牛仔布、经纬向竹节牛仔布、超靛蓝染色牛仔布、套色牛仔布、什色牛仔布以及纬向弹力牛仔布等。

① 牛仔面料之环锭纱牛仔布:随着环锭纺纱高速、大卷装、细络联、无结纱等新工艺设备的发展应用,粗支纱纺纱长度短、生产效率低、结头多等缺点已得到解决。牛仔布的用纱被气流纱代替的局面正在迅速改变,环锭纱大有卷土重来之势。由于环锭纱牛仔布优于气流纱的一些性能,例如手感、悬垂性、撕裂强度等,同时也由于人们心理上的回归自然,追求原始开发的牛仔风格的影响,更重要的原因是环锭纱牛仔服装经过磨洗加工后,表面会呈现出朦胧的竹节状风格,正符合当今牛仔装个性化的需求。此外目前市场十分流行竹节纱牛仔装,而环锭竹节可以纺制出较短较密的竹节,也推动了环锭牛仔布的发展势头,见图3-4。

② 牛仔面料之竹节牛仔布:设计时采用不同纱号、不同竹节粗度(与基纱比)、不同节竹长度和不同节距的竹节纱,应用单经向或单纬向以及经纬双向都配有竹节纱,与同号或不同号的正常纱进行适当配比和排列时,即可生产出多种多样的竹节牛仔布。经服装水洗加工后可形成各种不同的朦胧或较清晰的条格状风格牛仔装,受到个性化需求消费群体的欢迎。早期的竹节牛仔布几乎都是用环锭竹节纱,因其可纺制长度较短、节距较小、密度相对较大的竹节纱,易于形成布面较密集的点缀效果,并以经向竹节为主。随着市场消费需求的发展,目前较流行经纬双向竹节牛仔布,特别是有纬向弹力的双向竹节牛仔布产品,国内外市场都十分畅销。而一些品种只要组织结构设计得好,经向可采用单一品种的环锭纱,纬向用适当比例的竹节纱,同样可达到经纬双向竹节牛仔的效果,见图3-5。

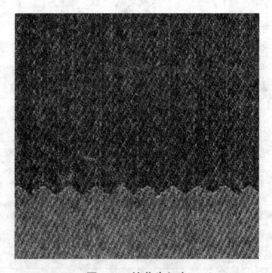

图3-4　环锭纱牛仔布　　　　　　　　图3-5　竹节牛仔布

③ 牛仔面料之纬向弹力牛仔布:氨纶弹力丝的采用,使牛仔品种发展到了一个新领域,可使牛仔装既贴身又舒适,再配以竹节或不同的色泽,使牛仔产品更适应时装化、个性化的消费需求,因而有很大的发展潜力。目前弹力牛仔布大多为纬向弹力,弹性伸度一般在20%~40%,弹性伸度的大小取决于织物的组织设计,在布机上的经纬向组织紧度愈小,则

弹性愈大;反之,在经纱组织紧度固定的条件下,纬向弹力纱的紧度愈大,则弹性愈小,纬向紧度达到一定程度,甚至会出现丧失弹性的情况。此外目前弹力牛仔成品布的突出问题是纬向缩水率过大,一般为10%以上,个别甚至高达20%以上。布幅不稳定给服装生产带来很大困难,目前常用解决的方法:一是在产品设计时不要使弹性伸度过大,一般取20%～30%,即保持一定的经纬向组织紧度,并在预缩整理时采取适当加大张力的方法,使布幅有较大的收缩,从而获得成品布纬向较低的剩余缩水率;二是弹力牛仔经预缩整理后进行热定型处理,这样可获得较均匀一致的布幅和较稳定的、较低的纬向缩水率,从而满足服装加工生产的要求,见图3-6。

图 3-6　弹力牛仔布

图 3-7　特种色牛仔布

④ 牛仔面料之特种色牛仔布:由于超级靛蓝染色或特深靛蓝染色牛仔布制成的服装经磨洗加工后,能获得色泽浓艳明亮的特殊效果,而受到消费者的广泛欢迎。"超靛蓝"染色牛仔布有两大特征:即染色深度特别深和磨洗色牢度特别好。前者是指单位重量纱线上上染的靛蓝染料的量(一般为染料占纱干重的%表示,简称染色深度%)特别多,例如常规牛仔布经纱靛蓝染色深度都在1%～3%,而"超靛蓝"染色深度则需要达到4%以上,才可以称为超级靛蓝色或特深靛蓝色。后者则是指"超靛蓝"染色牛仔服需要经受重复磨洗3小时以上,其色泽仍能达到或超过常规染色牛仔布未经磨洗时的色泽深度,而其色光要比常规染色牛仔布浓艳明亮得多。对于靛蓝染色牛仔布的磨洗色牢度,其实质是取决于染料对纱线的透芯程度,而非染料本身的磨洗牢度(靛蓝湿磨牢度仅为1级),即透芯程度愈好,磨洗色牢度愈好,见图3-7。

⑤ 以靛蓝为基础色的牛仔裤面料之套色牛仔布:为增加靛蓝牛仔品种的色泽、色光变化,各种套色牛仔品种目前极为流行。例如靛蓝套染硫化黑,靛蓝套染硫化草绿、硫化黑绿、硫化蓝等,以适应市场个性化的需求。同时牛仔布生产厂各自拥有专利特色的牛仔新品种,来提高市场的竞争力。这方面需要注意的是,尽可能控制好母液的浓度,防止染液过多的溢流而造成染料的浪费和扩大对环境的污染,见图3-8。

图 3-8　套色牛仔布

⑥ 牛仔裤面料之彩色牛仔布:主要包括溴靛蓝

(市场俗称翠蓝)牛仔布、硫化黑牛仔布以及采用硫化染料拼色的咖啡、翠绿、灰色、卡其、硫化蓝牛仔布，还有少量的以纳夫妥染料或活性染料染色的大红、桃红、绯色牛仔布等。虽然生产批量不大，但市场需求比较迫切，往往满足不了需要。但目前面临的主要问题是色泽、色光不够稳定，染色重视性也较差，服装生产厂不满意，这固然与生产批量不大、色种过多有关，但由染浆联合机生产什色品种难度较大、消耗大、成本高且污水难以处理等，也有一定影响。解决的方法：一是设计时尽量减少拼色数，尽可能采用二拼色，最多不超过三拼色，或采用其他较稳定的染料品种来替代，以适应染浆联机台的生产特性，获得较稳定的染色效果；二是较彻底解决的方法还是采用色织工厂纱线大容量染色，分条整经的生产工艺路线来生产什色牛仔布较为理想。

(3) 规格

每平方米布重称面密度，单位为(g/m^2)，纱支粗细的单位为(tex或英支，即 S)。

重型布的面密度在 450 g/m^2 以上，编织为 7S×6S。

中型布的面密度在 340～450 g/m^2(10～13 盎司/平方码)之间，编织为 10 S×10 S。

轻型布的面密度在 200～340 g/m^2(6～10 盎司/平)。

牛仔布的幅宽大多在 114～152 cm 之间。

(二) 针织类面料

1. 针织面料的纱支

纯棉纱线是由棉花纺制的具有一定细度、长度无限的单纱或股线，适用于机织、针织、制线、制绳等。其规格常用英制支数表示，棉纱英制支数(Ne)的定义为：公定重量为一磅重的棉纱所具有的长度码数。棉纱的英制支数计算：公定重量一磅重的棉纱，有几个 840 码，称为几英支。如：含 32 个 840 码，就称为 32 支，以此类推。

2. 纱支分类

粗支纱：18S 及以下的纯棉纱线，主要用于织造粗厚织物或起绒起圈棉织物。

中支纱：19～29S 的纯棉纱线，主要用于一般要求的针织服装。

细支纱：30～60S 的纯棉纱线，主要用于高档针棉织品。

较细支纱：60S 以上的纯棉纱线，用于高档针棉织品。

3. 普梳纱与精梳纱

普梳纱指用普梳纺纱工艺纺出的纱线，也称未精梳纱。

精梳纱指用品质优良的棉纤维作原料，纺制时比普梳纱增加精梳工序而生产的纱线。

4. 针织面料的面密度及幅宽

面密度一般为平方米面料重量的克数，是针织面料的一个重要的技术指标。针织产品中，一般来讲，面密度越重，面料质地越厚实。

针织布的幅宽是根据面料品种及机器的大小而定的，常用的单面针织布和 1×1 的螺纹幅宽有 1.6 m、1.8 m、1.9 m、2 m，2×2 的螺纹幅宽一般在 0.9 m，可以根据需求去订购最省料的幅宽。常见的针织面料有卫衣布、罗纹、网眼布、绒布、蕾丝、T 恤类、毛巾布、莫代尔或其他针织面料。

5. 针织面料的计算方法

针织布一般为称重量的计量方法，公斤数＝米长×幅宽×面密度。

如有 500 件 T 恤的针织面料需要订购，T 恤的单件用量是 0.5 m，则 500 件需要 500×0.5＝250 m，所订购的面料幅宽为 1.8 m，面料面密度是 190 g/m^2 即 0.19 kg，由公式可以算出

$250 \times 1.8 \times 0.19 = 8.55$ kg。订购时需加上损耗,针织布的损耗一般为8%,根据订单的数量的多少而定,数量越大损耗越小。所以计算出总共需要订购$8.55 \times (1+8\%) = 9.23$ kg 的面料。

(三)皮革类

1. 概念

皮革是经脱毛和鞣制等物理、化学加工所得到的已经变性,不易腐烂的动物皮。革是由天然蛋白质纤维在三维空间紧密编织构成的,其表面有一种特殊的粒面层,具有自然的粒纹和光泽,手感舒适。

2. 分类

(1) 真皮

"真皮"在皮革制品市场上是常见的字眼,是人们为区别合成革而对天然皮革的一种习惯叫法。在消费者的观念中,"真皮"也具有非假的含义。动物革是一种自然皮革,即我们常说的真皮,是由动物(生皮)经皮革厂鞣制加工后,制成各种特性、强度、手感、色彩、花纹的皮具材料,是现代真皮制品的必需材料。

真皮动物革的加工过程非常复杂,制成成品皮革需要经过几十道工序:生皮—浸水—去肉—脱脂—脱毛—浸碱—膨胀—脱灰—软化—浸酸—鞣制—剖层—削匀—复鞣—中和—染色—加油—填充—干燥—整理—涂饰—成品皮革。其种类也非常多,按材料分一般常见的有羊皮革、牛皮革、马皮革、蛇皮革、猪皮革、鳄鱼皮革等;按性能又可分为二层皮革、全粒皮革、绒面革、修饰面革、贴膜革、复合革、涂饰性剖层革等。其中,牛皮、羊皮和猪皮是制革所用原料的三大皮种。

(2) 再生皮

将各种动物的废皮及真皮下脚料粉碎后,调配化工原料加工制作而成。其表面加工工艺同真皮的修面皮、压花皮一样,其特点是皮张边缘较整齐、利用率高、价格便宜。但皮身一般较厚,强度较差,只适宜制作平价公文箱、拉杆袋、球杆套等定型工艺产品和平价皮带,其纵切面纤维组织均匀一致,可辨认出流质物混合纤维的凝固效果。

(3) 人造革

人造革也叫仿皮或胶料,是PVC和PU等人造材料的总称。人造革是在纺织布基或无纺布皮革的基础上,由各种不同配方的PVC和PU等发泡或覆膜加工制作而成。一般可以根据不同强度、耐磨度、耐寒度和色彩、光泽、花纹图案等要求加工制成,具有花色品种繁多、防水性能好、边幅整齐、利用率高和价格相对真皮便宜的特点。

人造革是早期一直到现在都极为流行的一类材料,被普遍用来制作各种皮革制品,或替代部分的真皮材料。它日益先进的制作工艺,正被二层皮的加工制作广泛采用。如今,极似真皮特性的人造革已经生产面市,它的表面工艺及基料的纤维组织,几乎达到真皮的效果,其价格与国产头层皮的价格不相上下。

(4) 合成革

合成革是模拟天然革的组成和结构并可作为其代用材料的塑料制品。表面主要是聚氨脂,基料是涤纶、棉、丙纶等合成纤维制成的无纺布。其正、反面都与皮革十分相似,并具有一定的透气性。特点是光泽漂亮,不易发霉和虫蛀,并且比普通人造革更接近天然革。

合成革品种繁多,各种合成革除具有合成纤维无纺布底基和聚氨酯微孔面层等共同特点外,其无纺布纤维品种和加工工艺各不相同。合成革表面光滑、通张厚薄,色泽和强度等均一,在防水、耐酸碱、微生物方面优于天然皮革。

（四）配料

注意无纺布里布发给工厂的时候需注明熨烫温度、熨烫时间和熨烫压力。

第二部分　辅料知识

一、辅料的基本知识

辅料一般指在一件完整的成衣上除了面料以外的其他所有东西，一般分为车缝辅料、包装辅料。

车缝辅料就是在车缝过程中需要用到的辅料。如洗水唛、商标、拉链、松紧等。

包装辅料就是在后工序需要用到的辅料。如钮扣、烫钻、吊牌、胶袋纸箱等。

二、常见辅料

（一）商标

商标也称主唛。一般是织标形式，也有印花绣花的商标。

（二）洗水标

一般由面料的成分、洗水方法组成。

（三）拉链

拉链一般由链牙（拉齿）、拉头、布带、锁紧件及上下止组成。其中链牙是关键部分，它直接决定拉链的侧拉强度。一般拉链有两片布带，每片链带上各自有一列链牙，两列链牙相互交错排列。拉头夹持两侧链牙，借助拉襻滑行，即可使两侧的链牙相互啮合或脱开。拉链分类如下：

1. 按材质分类

尼龙拉链、树脂拉链、金属拉链。

① 尼龙拉链：隐形拉链、双骨拉链、编织拉链、反穿拉链、防水拉链等。

② 树脂拉链：金（银）牙拉链、透明拉链、半透明拉链、畜能发光拉链、蕾射拉链、钻石拉链。

③ 金属拉链：铝牙拉链、铜牙拉链（黄铜、白铜、古铜、红铜等）、黑叻拉链。

2. 按品种分类

① 闭尾拉链。

② 开尾拉链（左右插）。

③ 双闭尾拉链（X 或 O）。

④ 双开尾拉链（左右插）。

⑤ 单边开尾（环形拉链）（左右插，限尼龙与树脂，常见为联帽款）。

3. 按规格分类

$0^\#$、$2^\#$、$3^\#$、$4^\#$、$5^\#$、$7^\#$、$8^\#$、$9^\#$、$20^\#$……$30^\#$，型号的大小和拉链牙齿的大小成正比。拉链长度根据款式需要而定，可做任何需要的长度。

（四）松紧

有按长度计算也有按重量计算，松紧度可根据自己的需要而定。

(五) 钮扣

1. 钮扣的分类

(1) 按钮扣大小(即直径大小分)

即现在常说的 14♯、16♯、18♯、20♯、60♯ 等。它的换标公式为:直径＝型号×0.625(mm)。如果我们手里有一粒钮扣,但不知它的型号大小,就可以用卡尺量出它的直径(mm)再除以 0.625 mm 即可。钮扣的大小还有另外一种表示方式即 L。

换算关系如下:

钮扣尺寸大小:1 L＝0.625 mm,1 mm＝1/25 英寸,表示方法单位:L 号(LIGNES)

12 L＝7.5 mm ＝5/16″ 13L＝8.0 mm ＝5/16″ 14L＝9.0 mm ＝11/32″

15 L＝9.5 mm ＝3/8″ 16L＝10.0 mm ＝13/32″ 17L＝10.5 mm ＝7/16″

18 L＝11.5 mm ＝15/32″ 20L＝12.5 mm ＝1/2″ 22L＝14.0 mm ＝9/16

24 L＝15.0 mm ＝5/8″ 26L＝16.0 mm ＝21/32″ 28L＝18.0 mm ＝23/32″

30 L＝19.0 mm ＝3/4″ 32L＝20.0 mm ＝13/16″ 34L＝21.0 mm ＝27/32″

36 L＝23.0 mm ＝7/8″ 40L＝25.0 mm ＝1″ 44L＝28.0 mm ＝1－3/32″

45 L＝30.0 mm ＝1－3/16″ 54L＝34.0 mm ＝1－5/16 60L＝38.0 mm ＝1－1/2″

64 L＝40.0 mm ＝1－9/16″

(2) 按材料分

天然类:真贝扣、椰子扣、木头扣 ,骨头扣(常见的有牛角扣),竹子扣,果实扣,果壳扣等。

化工类:有机扣、树脂扣、塑料扣、组合扣、尿素扣、喷漆扣、电镀扣、子母扣、布条扣、钦扣等。

其他:中国结、四合扣、金属扣、牛角扣、仿皮扣、工字扣、牛仔扣、磁铁扣、激光字母扣、振字扣等。

(3) 在树脂扣当中,从坯料上可分

棒料扣:珠光扣、花纹扣、普通棒等。

板料扣:珠光波纹板(包括假波纹、真波纹)、珠光板、条纹板、单色板。

(4) 从孔眼分

暗眼扣:一般在钮扣的背面,经钮扣径向穿孔。

明眼扣:直接通过钮扣正反面,一般有四眼扣和两眼扣。

高脚扣:在钮扣的背面,但是在钮扣的背面有一个柄,柄上有一个孔。

(5) 从按扣方法分

手缝扣:直接用线缝制到衣服上。

四合扣:采用模具打扣在衣服上。

(6) 从光度分

有光扣、半光扣、无光扣、哑光扣。

(7) 免缝钮扣和功能钮扣

所谓免缝钮扣是指不用线缝,而直接由钮扣上所带的某些附加装置连接在服装上的钮扣。例如四件扣,是由金属材料外表镀锌或铬的上下四件的结构组成。这种钮扣是通过上下铆合连接在服装上的,使用时只需按合或拉开,合启方便,坚牢耐用,可作羽绒服、茄克衫等服装的钮扣。还有一种免缝钮扣,是一种类似图钉的钮扣,其底座上垫上一个小托盘,使用时将其拧转到托盘上即可,十分方便。功能钮扣是一类比较新潮的钮扣,它除具备服装的连接功能外,还结合一些特殊的与钮扣的实用功能毫无联系的功能,如香味钮扣、药剂钮扣、发光钮扣等。这类钮扣都有专利,目前的使用并不普遍,它的特殊功能也不明显、持久。

2. 钮扣数量及单位

粒　PIECE(PC.)　1 PC=1 PC

打　DOZEN(D.)　1 D=12 PCS

罗　GROSS(G.)　1 G=144 PCS

大罗　GREAT GROSS(GG.)　1 GG=12 G=1 728 PCS

了解面、辅料的基本知识,对在生产工厂中所遇到的面、辅料问题的提前预防有着重要作用,在交接面、辅料的同时,特殊的面、辅料必须要清楚地写明注意事项,以免造成不必要的损失。如无纺布:写明温度、时间、压力,以免工厂烫坏面料或熨烫不牢造成返工。

第三部分　面、辅料的采购跟进

一、纯加工采购

纯加工采购指所有的面、辅材料均由服装贸易公司提供,加工厂只提供生产用线,加工款式也由服装贸易公司提供。

供应商和加工商的档案资料要填写齐全。业务人员要定期对供应商和加工商进行质量、价格、货期、服务等方面的考核。面料采购员根据技术科提供的大货计划用料单计算采购数量,面料采购数量要加上印染损耗、面料次品损耗、服装次品损耗的数量。每一种损耗的百分比分开列出。计划投料单根据相同面料的款式汇总得到。每张计划投料单形成一条采购清单明细,采购清单经总经理审批后执行采购。由采购清单按供应商的不同编制进货通知单,进货通知单一式三份,分别交给供应商、面料仓库和留底一份。

跟单员在订购原材料时,要填写面料订购单。面料订购单如表3-6所示,其部分填写内容解释如下:

① 产品名称:指所生产订货服装品种的名称。

② 数量:指订单订货的数量。

③ 规格:指该产品的服装成品规格名称。

④ 颜色:指订单任务中服装产品面料的颜色。

⑤ 名称:指面料产品的名称。

⑥ 生产厂家:指生产该面料的企业名称。

⑦ 门幅:指选用面料的幅宽。

⑧ 平均单耗:指单件产品生产所消耗面料的平均用量。

⑨ 合计数:指所需采用该种面料的总量。

表 3-6　面料订购单

订货单位		规格 数量 颜色						
合同号								
订货单号								
产品名称								
数量								
交货日期								
包装要求								
面　　料								
名称	厂家	型号	色号	门幅	平均单耗	合计数	备注	

　　辅料采购员根据技术科提供的辅料购置清单(需货单)编制采购清单,采购清单经部门经理审批后执行采购。由采购清单按供应商的不同编制进货通知单,进货通知单一式三份,分别交给供应商、辅料仓库和留底一份。

　　很多加工企业在外地,要按照生产单把所有的面料、辅料准备齐全,一次性发过去。避免加工过程中发现面、辅料短缺,因为临时邮寄费用很高,加大成本投入。根据对方报的耗料,本公司的技术部门要审核是不是有超出,如果审核通过了就按报的耗料数量把面料总数发过去,有时会略微多发,以防万一,但应注明应该剩余的面料量。同时需要在生产单(表 3-7)中注明面、辅料收到后的检验情况,有问题必须报告,不能擅自开裁,以免出现问题造成面料不够。

二、去料加工采购

　　服装贸易公司只提供面料,其他辅料由加工厂代为购买,包含在加工费里,有一些重要的辅料由服装贸易公司指定品牌。加工款式由服装贸易公司提供。

　　在去料加工中有一些东西会要求对方把小样寄过来确认,如里料、钮扣、垫肩、拉链等,确保质量与色彩配套。这些东西确认以后,去料加工与纯加工的后期工作是差不多的。

　　面料进厂后要进行数量清点以及外观和内在质量的检验,符合生产要求的才能投产使用。在把面料发到加工厂去做时,要求厂家先检查面料,确定面料没有问题才能开裁,并且要严格按照给的单耗来裁剪。有时单耗可以是厂家报过来由公司技术人员审核,比如一件西服用料1.78 m。加工厂加工时所用的商标、洗水标、尺码标等都要进行严格的控制。主商标有时是由服装贸易公司发过去,以保证标志、标志色的正确,尺码唛按照国家标准要求的号型(即企业可以自定 S、M、L 号,但一定还要标注国家标准规定的号型,如 160/84A)。

在批量生产前首先要进行技术准备,包括工艺单、样板的制定和样衣制作,样衣经客户确认后方能进入下一道生产流程。面料经过裁剪、缝制制成半成品,有些机织物制成半成品后,根据特殊工艺要求,须进行后整理加工,例如成衣水洗、成衣砂洗、扭皱效果加工等,最后通过锁眼钉扣辅助工序以及整烫工序,再经检验合格后包装入库。

三、采购合同的编制

(一) 编制合同注意事项

如果款式较多,需写明服装款号,不易漏定。

① 写明面、辅料名称、规格、颜色。尽量附上面、辅料确认的小样。

② 数量(注明单位,面料的长度单位有的是米数,有的是码数,针织面料默认是千克数)。

③ 单价(注明是否含税)。

④ 写明发货地址及其他需要备注的东西。

⑤ 其他必须注明的要求:环保要求、色牢度要求、打包要求、交货要求、赔偿要求、付款要求。

(二) 合同样板

＊＊＊＊＊公司面料订购合同
甲方(需方):＊＊＊＊＊公司面料订购合同　　　　　合同编号:
电话号码:021-61400886
乙方(供方):＊＊＊＊＊＊织造制衣有限公司　　　　签约地点:
电话号码:021-61400880

1. 订单细节(表 3-7)

表 3-7　生产单

订单编号	布种描述	数量	单位	织损	加工方式	单价(元/kg)	含17%增值税总金额(元)
QYK12146	80S/2 精梳棉＋100D 有光丝＋20D 拉架单丝光移圈提花罗纹布	92	kg	5%	织造(包 38% 的 100D 有光丝和 20D 拉架)	38.0	￥3 496.00
QYK12145	80S/2 精梳棉＋100D 有光丝＋20D 拉架单丝光移圈提花罗纹布	128	kg	5%	织造(包 38% 的 100D 有光丝和 20D 拉架)	38.0	￥4 864.00
QYK12144	80S/2 精梳棉＋100D 有光丝＋20D 拉架单丝光移圈提花罗纹布	115	kg	5%	织造(包 32% 的 100D 有光丝和 20D 拉架)	35.0	￥4 025.00
QYK12127	70S/2 烧毛丝光棉纱＋70S/1 精梳棉纱双丝光净色网眼提花单面	142	kg	7%	织造	25.0	￥3 550.00
QYK12127	60S/2 全棉双丝光净色平纹	98	kg	5%	织造	5.0	￥490.00
合计		575.00 kg					￥16 425.00

2. 交货日期

收齐纱线并提供完整资料后于 2012 年 10 月 15 日前交货。供方在开机前需得到开机办供需方的书面批复后方可安排开机生产。如供方未能按上述日期交货,从第三日起需支付未交货品货款 1% 的延期违约金。

3. 付款方式

45 天月结结算,对账无误后凭全额的 17% 增值税发票汇款。

4. 包装方式

按订单要求的数量卷装落坯,外套塑料薄膜袋。

5. 品质标准

① 花型织法与样板、彩图或工艺单保持一致。

② 注意坯布不能起横、漏针、错花。

③ 严格按照订单要求的机种织造。

④ 不同缸号的纱线请分缸织造。

⑤ 更详细的要求请参照各订单要求。

⑥ 以上布种接受:面密度 ± 5 g/m^2、幅宽 ± 1 cm 的误差。

6. 交货地址及费用

需方指定交货地点,双方货物和文件来往有发件方负责。

7. 其他事宜

合同经双方签订后,如在执行中出现争议,双方应友好协商解决。例如对订单数量、交货期等有需要更改者,双方应通过传真、邮件等方式签订补充条款,经双方签名确认为准;合同以双方签名、盖章确认之原件或传真件为有效,本合同一式两份,双方各执一份。

四、跟单员的面、辅料跟进工作

采购的面料一般会直接送到加工厂,必须请加工厂代为检验。其他的产品加工企业会根据需要,在加工初期、加工中期或完成加工任务后进行质量的跟进,以确保货品质量。

把好面料质量关是控制成品质量重要的一环。通过对进厂面料的检验和测定可有效地提高服装的正品率。面料检验包括外观质量和内在质量两大方面。外观上主要检验面料是否存在破损、污迹、织造疵点、色差等问题。经砂洗的面料还应注意是否存在砂道、死褶印、披裂等砂洗疵点。影响外观的疵点在检验中均需用标记注出,在剪裁时避开使用。面料的内在质量主要包括缩水率、色牢度和面密度(姆米、盎司)三项内容。在进行检验取样时,应剪取不同生产厂家生产的不同品种、不同颜色具有代表性的样品进行测试,以确保数据的准确度。

同时对进厂的辅料也要进行检验,例如松紧带缩水率、粘合衬粘合牢度、拉链顺滑程度等,对不能符合要求的辅料不予投产使用。一般批量大的品牌服装的外协加工会派专门的 QC(Quality Control 即质检人员)去跟单,跟单员的具体工作程序如下:

① 面、辅料到厂后,督促工厂最短时间内根据发货单详细盘点,并由工厂签收。若出现短码现象要亲自参与清点并确认。

② 如工厂前期未打过样品,须安排其速打出投产前样确认,并将检验结果书面通知工厂负责人和工厂技术科。特殊情况下须交至公司或客户确认,整改无误后方可投产。

③ 校对工厂裁剪样板后方可对其进行板长确认,详细记录后的单耗确认书由工厂负责人签名确认,并通知其开裁。

④ 根据双方确认后的单耗要与工厂共同核对面、辅料的使用情况,并将具体数据以书面形式通知公司。如有欠料,须及时落实补料事宜并告知加工厂。如有溢余则要告知工厂大货结束后退还公司,并督促其节约使用,杜绝浪费现象。

⑤ 投产初期必须每个车间、每道工序高标准地进行半成品检验,如有问题要及时反映工厂负责人和相应管理人员,并监督、协助工厂落实整改。

⑥ 每个车间下机首件成品后,要对其尺寸、做工、款式、工艺进行全面细致地检验。出具检验报告书(大货生产初期/中期/末期)及整改意见,经加工厂负责人签字确认后留工厂一份,自留一份并传真公司。

⑦ 每天要记录、总结工作,制定明日工作方案。根据大货交期事先列出生产计划表,每日详实记录工厂裁剪进度、投产进度、产成品情况、投产机台数量,并按生产计划表落实进度并督促工厂。生产进度要随时汇报公司。

⑧ 客户跟单员要巡检工厂所提出的制作质量要求,要监督、协助加工厂落实到位,并及时汇报公司落实情况。

⑨ 成品进入后整理车间,需随时检查实际操作工人的整烫、包装等质量,并不定期抽验包装好的成品,要做到有问题早发现、早处理,尽最大努力保证大货质量和交期。

⑩ 大货包装完毕后,要将裁剪明细与装箱单进行核对,检查每色、每号是否相符。如有问题必须查明原因并及时解决。

⑪ 加工结束后,详细清理并收回所有剩余面料、辅料。

⑫ 对生产过程中各环节(包括本公司相应部门和各业务单位)的协同配合力度、出现的问题、对问题的反应处理能力以及整个订单操作情况进行总结,以书面形式报告公司主管领导。

补充知识了解:面、辅料质量的检验方式

布料检查一般以随机抽样形式进行,从整批来布中,任意挑选一定数量的样本,通过视觉审察以决定整批的品质。

(一) 布料检查包括下列几项基本要点

1. 布匹长度

将准备检查的布卷,逐一放在验布机上,利用米表或码表量度每匹的长度,然后将所得长度与布卷标签上长度核对,并将结果记录在验布报告表上。

2. 布匹幅宽

在查验过程中,随意在每匹布料上量取三个宽度,然后将结果记录在验布报告表上。

3. 纱支

由于纱支与重量成正比例,所以可以利用天秤或电子磅来检定纱线的细度。检查人员首先从批核样办中抽出一个长度的经纱,放在天秤称的一边,然后从来布中抽出同一长度的经纱,放在天秤称的另一边。如果天秤称保持平衡,这表示来布和批核样办的经纱支数是相同的;但如果天平称出现不平衡,这便表示两者支数存在差异。检查员可以重复以上办法来检定纬纱的细度。

4. 经纬密度

检查人员可以利用放大镜或布镜将布料的密度放大,利用肉眼点算在一平方时内经纱和纬纱的数目,然后将所得数目与规格或批核样办相比,便可知道来布的密度是否符合标准。

5. 组织结构

跟检查经纬密度一样,检查人员可以利用放大镜或布镜,观察布料的平纹、斜纹、缎纹等的组织结构是否正确。

6. 重量

检查人员可以利用电子磅来检定布料的重量,利用圆形切样器,在每匹布料不同部位,切出 $100 \mathrm{~cm}^2$ 的标准面积,然后放在测量布重电子磅上,屏幕便立即准确地显示该块布料的重量。

7. 颜色

检查人员可以利用对色灯箱来检定布料颜色。使用灯箱有一点必须留意,这就是不论色办或货料,每次所用光源必须一致,否则所有颜色比较都是没意义的。

8. 疵点

将卷装布料松开,以一定速度,将布料拉过装有照明系统的验布台,以便检查人员能够清楚审察布料上的瑕疵,然后在另一端将滑过验布台的布料重新卷上。

(二) 布料检定评分法

直至现在为止,国际间还没有任何认可布料检定标准,但西欧和美国等地均有其常用制度以控制处理布料疵点,十分制评法和四分制评法是最常用的两个制度。

(1) 十分制评法

此检定标准适用于任何纤维成分、封度和组织的梭织坯布及整理布上。由于一般买家所关心的是布料因疵点所剪掉的数量及引致的投诉,并非是疵点的娜u或成因,所以此评分法只是根据疵点的大小来评核等级。评核方法是检查人员根据疵点评分标准查验每匹布料的疵点,记录在报告表上,并给处罚分数,作为布料之等级评估。

① 疵点评分(参见表 3-8)

表 3-8 疵点评分表

经向疵点扣分法	1″以下	1″～5″	5″～10″	10″～36″
	扣 1 分	扣 3 分	扣 5 分	扣 10 分
纬向疵点扣分法	1″以下	1″～5″	5″～半门幅	半门幅以上
	扣 1 分	扣 3 分	扣 5 分	扣 10 分

疵点的评分原则:

a. 同一码中所有经纬向的疵点扣分不超过 10 分。

b. 破洞不论大小扣 10 分。

c. 布边半英寸内不扣分。

d. 连续性疵点须开裁或降等外品。

e. 任何大于针孔的洞均扣 10 分。

f. 无论经向或纬向，无论何病疵，都以看得见为原则，并按疵点评分，给予正确扣分。

g. 除了特殊规定(比如涂层上胶布)，通常只需检验布的正面。

除特别声明外，否则验布只限于检查布面的疵点。另外，在布边半寸以内的疵点可以不需理会。每码布料的经疵和线疵评分总和不得超过 10 分；换言之，就算疵点很多或非常严重，最高处罚分数都只是 10 分。若疵点在一个很长的长度重复地出现，在这情况下，就算处罚分数的总和较被查验的码数小，该匹布料也应评为"次级"。

② 等级评估

根据检查的结果，将彷匹评估为"首级"品质或"次级"品质。如果处罚分数的总和较被查验的码数小，该匹布料则被评为"首级"；如果处罚分数的总吋超过被查验的码数，该匹布料则被评为"次级"。由于较阔布封附有疵点的机会比较大，所以当布封超过 50 英寸，首级。布料的处罚分数限制可以约略放宽，但不应多于 10%。

(2) 四分制评法

该评分法主要应用于针织布料上，但亦可应用于机织布料。"四分制"跟"十分制"的基本概念和模式非常相似，只不过是判罚疵点分数上不同而已。该评核方法跟"十分制"一样，检查人员根据疵点评分标准查验每匹布料的疵点，记录在报告表上，并给予处罚分数，作为布料之等级评估。

① 疵点评分

疵点扣分不分经纬向，依据疵点表长度给予适当扣分。

疵点长度	处罚分数
3 英寸或以下	1 分
超过 3 英寸但不超过 6 英寸	2 分
超过 6 英寸但不超过 9 英寸	3 分
超过 9 英寸	4 分

除特别声明外，否则只须检查布面的疵点。另外，在布边一英寸以内的疵点可以不需理会。不论幅宽，每码布料的最高处罚分数为 4 分。特殊瑕疵如破洞、轧梭，一律扣 4 分。

• 疵点的评分原则

A. 同一码中所有经纬向的疵点扣分不超过 4 分。

B. 破洞不问大小扣 4 分。

C. 布边一英寸内不扣分。

D. 连续性疵点须开裁或降等外品。

E. 任何大于针孔的洞均扣 4 分。

F. 无论经向或纬向，无论何病疵，都以看得见为原则，并按疵点评分给予正确扣分。

G. 除了特殊规定(比如涂层上胶布)，通常只需检验布的正面。

② 等级评估

不论检查布料的数量是多少，此检定制度须以一百平方码布料长度的评分总和为标准。若疵点评分超过 40 分，该匹布料则便被评为"次级"及不合标准。

③ 计算公式为

100平方码平均扣分数=(总扣分×100×36)/检查总码数×规格幅宽(吋)

任务实施

根据任务一的订单款式,完成主辅料的采购

1. 由任务一得出11H906款的面料(表3-9)

表3-9　11H906款的面料说明

面辅料名称	规　格	有效门幅(m)	颜　色	使用部位	单件用量(m)
全棉毛圈布	260 g/m²	1.8	海洋蓝	大身	0.6
全棉精梳印花条纹汗布	185 g/m²	1.8	白+海洋蓝	帽里	0.1
四面弹有纺衬	60 g/m²	1.5	白色	绣花底	0.05
四目扣	1.4 cm		藏蓝色	门襟	4
主唛			黄色	后领中	1
洗水唛			白色	左侧缝距下摆5 cm	1
尺码唛			黄色	主唛下方中间	1
吊牌			黄色	尺码唛上	1
线			海蓝色/藏蓝色		

2. 此款服装生产2 000件,需计算出所有面辅料的采购数量(表3-10)

表3-10　面辅料的采购表

面辅料名称	规格	有效门幅(m)	颜　色	单件用量	大货数量	合计	损耗	需订购数量	换算单位
全棉毛圈布	260 g/m²	1.8	海洋蓝	0.6 m	2 000	1 200 m	8%	1 296 m	623.4 kg
全棉精梳印花条纹汗布	185 g/m²	1.8	白+海洋蓝	0.1 m	2 000	200 m	10%	220 m	75 kg
四面弹有纺衬	60 g/m²	1.5	白色	0.05 m	2 000	100 m	10%	110 m	
四目扣	1.4 cm		藏蓝色	4	2 000	8 000	10%	8 800 m	
主唛			黄色	1	2 000	2 000	10%	2 200 m	
洗水唛			白色	1	2 000	2 000	10%	2 200 m	
尺码唛			黄色	1	2 000	2 000	10%	2 200 m	
吊牌			黄色	1	2 000	2 000	5%	2 100 m	
线			海蓝色/藏蓝色		2000	0	20%	0	

3. 根据此表列出采购合同

(1) 面料合同(针织面料厂)(表3-11)

表3-11 面料订购合同

<table>
<tr><td colspan="2" align="center">＊＊＊＊＊公司面料订购合同</td></tr>
</table>

甲方(需 方)：＊＊＊＊＊公司面料订购合同　　　　　　　　　　合同编号：2012-1

电话号码：021-61400886

乙方(供方)：＊＊＊＊＊＊＊制衣有限公司　　　　　　　　　　　签约地点：成都

电话号码：021-61400880

一、订单细节：

订单编号	布种描述	数量	单位	织损	加工方式	单价 (元/kg)	含17%增值税总金额(元)
11H906	260 g/m² 全棉毛圈布,有效幅宽1.8 m	625	kg	5%	织造	50	￥31 250.00
11H906	185 g/m² 全棉精梳印花条纹汗布,有效幅宽1.8 m	75	kg	5%	织造	52	￥3 900.00
	合计						￥35 150.00

二、交货日期：收齐纱线并提供完整资料后于2011年10月15日前交货。供方在开机前需得到开机办供需方书面批复后方可安排开机生产。如供方未能按上述日期交货,从第三日起需支付未交货品货款1%的延期违约金。

三、付款方式：45天月结算,对账无误后凭全额的17%增值税发票汇款。

四、包装方式：按订单要求的数量卷装落胚,外套塑料薄膜袋。

五、品质标准：A) 花型织法跟样板或彩图或工艺单；

　　　　　　　B) 注意坯布不能起横、漏针、错花；

　　　　　　　C) 严格按照订单要求的机种织造；

　　　　　　　D) 不同缸号的纱线请分缸织造；

　　　　　　　E) 更详细的要求请参照各订单要求；

　　　　　　　F) 以上布种接受克重±5 g/m²,幅宽±1"误差。

六、交货地址及费用：需方指定交货地点,双方货物和文件来往有发件方负责。

七、其他事宜：合同经双方签订后,如在执行中出现争议,双方应友好协商解决。例如对订单数量、交货期等有需要更改者,双方应通过传真、邮件等方式签订补充条款,经双方签名确认为准；合同以双方签名、盖章确认之原件或传真件为有效,本合同一式两份,双方各执一份。

需方公章及负责人签名：　　　　　　　　　　　　　　供方公章及负责人签名：

日期　　　　　　　　　　　　　　　　　　　　　　　日期

(2) 有纺衬合同(表3-12)

表3-12　有纺衬订购合同

＊＊＊＊＊公司订购合同

甲方(需方)：＊＊＊＊＊公司　　　　　　　　　　　　　　合同编号：2012-2

电话号码：021-XXXXXXX

乙方(供方)：＊＊＊＊＊＊制衣有限公司　　　　　　　　　签约地点：成都

电话号码：021-61400880

一、订单细节：

订单编号	布种描述	数量	单位	织损	加工方式	单价 (元/kg)	含17%增值税总金额(元)
11H906	60 g/m² 四面弹有纺衬有效幅宽1.5 m	110	m	5%	织造	4	￥440.00
合计							￥440.00

二、交货日期：收齐纱线并提供完整资料后于2011年10月15日前交货。供方在开机前需提供开机办供需方书面批复后方可安排开机生产。如供方未能按上述日期交货,从第三日起需支付未交货品货款1%的延期违约金。

三、付款方式：45天月结算,对账确认后凭全额的17%增值税发票汇款。

四、包装方式：按订单要求的数量卷装落胚,外套塑料薄膜袋。

五、品质标准：A) 花型织法跟样板或彩图或工艺单;

　　　　　　　B) 注意坯布不能起横、漏针、错花;

　　　　　　　C) 严格按照订单要求的机种织造;

　　　　　　　D) 不同缸号的纱线请分缸织造;

　　　　　　　E) 更详细的要求请参照各订单要求;

　　　　　　　F) 以上布种接受：克重±5 g/m²,幅宽±1"误差。

六、交货地址及费用：需方指定交货地点,双方货物和文件来往有发件方负责

七、其他事宜：合同经双方签订后,如在执行中出现争议,双方应友好协商解决。例如对订单数量、交货期等有需要更改者,双方应通过传真、邮件等方式签订补充条款,经双方签名确认为准;合同以双方签名、盖章确认之原件或传真件为有效,本合同一式两份,双方各执一份。

需方公章及负责人签名：　　　　　　　　　　　　　供方公章及负责人签名：

日期　　　　　　　　　　　　　　　　　　　　　　日期

(3) 辅料合同

注意:因辅料太多,很多都不是在同一家厂生产,但因合同内容基本一样,就不一一列举,现在放在一个合同事例里讲解,见表 3-13。

表 3-13　辅料订购合同

＊＊＊＊＊公司辅料订购合同

甲方(需方):＊＊＊＊＊公司　　　　　　　　　　　　　　　合同编号:2012-2

电话号码:021-XXXXXXX

乙方(供方):＊＊＊＊＊＊＊制衣有限公司　　　　　　　　　签约地点:成都

电话号码:021-61400880

一、订单细节:

订单编号	辅料名称	数量	单位	织损	加工方式	单价 (元/kg)	含17%增值税总金额(元)
	四目扣	8 800	粒			0.2	￥1 760.00
	主唛	2 200	个			0.1	￥220.00
11H906	洗水唛	2 200	个			0.1	￥220.00
	尺码唛	2 200	个			0.1	￥220.00
	吊牌	2 100	个			0.3	￥630.00
合计							￥3 050.00

二、交货日期:收齐纱线并提供完整资料后于 2011 年 10 月 15 日前交货。供方在开机前需提供开机办供需方书面批复后方可安排开机生产。如供方未能按上述日期交货,从第三日起需支付未交货品货款 1% 的延期违约金。

三、付款方式:45 天月结结算,对账确认后凭全额的 17% 增值税发票汇款。

四、包装方式:按订单要求的数量卷装落胚,外套塑料薄膜袋。

五、品质标准:严格按照订单要求生产。

六、交货地址及费用:需方指定交货地点,双方货物和文件来往有发件方负责。

七、其他事宜:合同经双方签订后,如在执行中出现争议,双方应友好协商解决。例如对订单数量、交货期等有需要更改者,双方应通过传真、邮件等方式签订补充条款,经双方签名确认为准;合同以双方签名、盖章确认之原件或传真件为有效,本合同一式两份,双方各执一份。

需方公章及负责人签名:　　　　　　　　　　　　　　　　　供方公章及负责人签名:

日期　　　　　　　　　　　　　　　　　　　　　　　　　　日期

教学实施组织

一、导入相关知识介绍

认识了解基本的面辅料,能够根据不同订单要求独立跟进采购面辅料。

二、安排初期工作任务

教师通过实例讲授面辅料采购的方法。

三、同步指导

如何跟进采购辅料,分组合作完成工作任务。

四、总结本单元的教学内容

针对教学过程中的重点内容向学生提问,以便加深学生的印象,同时也请学生质疑,由教师答疑。

练习题同步训练

采购员在购买辅料及备件时要填写辅料、配件订购单,主要作用是明确所需辅料的名称、色号、平均单耗以及配件的名称、规格、色号、数量等,如表 3-14 和 3-15 所示。请根据以下生产制作单要求完善填写面、辅料采购内容。

表 3-14　生产制作单

生产制作单													
编号:			批号:						下单日期:				
生产数量		面辅料明细											
品名	数量	名称	单耗	总量	备注	名称	单耗	总量	备注	名称	单耗	总量	备注
男套装 (一衣一裤)	238	30722-1#	男:2.8 m	1 046.4 m	3 月 20 日到	有纺衬				直纹带条			
女套装 (一衣一裤)	152		女:2.5 m			挂面衬							
合计	390 套	斜纹绸	男:1.75 m	652.1 m	库存	无纺衬							
面料小样:			女:1.55 m			腰衬							
		涤棉府绸	男:3.75 m	500 m	库存	黑炭衬							
			女:3.6 m			针刺胸绒							
		垫肩	1 副	390 副	库存	斜纹带条							
款式图:				交货日期:4 月 10 日									
				包装要求:套装衣架挂装后罩黑色罩带,5 套装小箱,25 套装大箱(附装箱单)									
纸样编号:男 MB-0305　女 MT-0309				其他说明:量身单共计 32 页,男 21 页,女 11 页,共计 390 人									
制单:				技术:					审核:				

表 3-15　辅料、配件订购单

订货单位		产品名称	
合同号		数　量	
订货单号		交货日期	

规格		数量		颜色	

衬料、里料、袋布

生产厂家	辅料名称	型号	色号	门幅	平均单耗	合计数	备注

配　件

名称	规格	色号	数量	名称	规格	色号	数量

订购人：　　　　　　　　　　　　　　　　　　　　　　　　　年　　月　　日

拓展知识 1：面料采购经验介绍

　　我国面料企业已经越来越看重对面料的研发以及对流行趋势的把握。在这一过程中,面料采购商也对面料的偏好发生着改变。一个最为明显的事实是,几年前不被重视的金属纤维面料,如今已经成为最炙手可热的面料品种之一。这种改变可以看出面料采购商的采购标准也在逐渐发生变化。以下是资深采购员的采购经验:

　　在采购面料时最为注重的是面料具备的流行性和适用性能。流行性是指面料的规格、染色方法还有成分是否适合所定位的目标客户;而适用性能则是指面料的手感和功能性。一种面料会采用多种细节的设计与组合来体现它的流行性,例如颜色的搭配就是其中最明显的一种方式。如果面料在细节组合中更多思考对流行和适用性的体现,那么面料被采购的机率会更高。

　　国产面料与国外面料相比,主要就弱在面料的后整理上。我国面料的织造技术并不差,差别主要在后整理的阶段显现出来。同种材质、同种风格的面料,如果后整理做得不够,无论是从手感,还是从成衣效果来看,总会在感觉上差一些,显得火候不够。国内有些面料企业仿制国外的面料,虽然形似,但难以做到神似。

　　在选面料时应从消费者的角度出发,看面料有无设计点,能否好卖,甚至应想到适合哪一个品牌。一块面料,在设计师眼里,做得了好的衣服,就是好面料,做不好衣服,其技术含量再高,也不是好面料。一块面料必须要吸引人,让人一看到它就能想象出来可以做成什么样的衣服。因此,在追求技术价值的同时,还要意识到市场价值,成本过高反而可能没有市场。

面料企业投入巨额资金研发新型面料的趋势已经凸显,但是面料采购商对此却并不买账。此前就有企业反映,新开发出来的面料市场并不如想象中的广阔。这里涉及的问题无非就是面料买卖双方诉求点的差异。

很多企业大力推出的流行面料产品并不能吸引采购员的目光。这并不表示这种新型面料不好,而是在成衣后处理方面成本太高,或者价格本身不够有竞争力。每一种面料都可以有用,但要看成衣后处理、价格以及市场定位上的具体指标。例如,在 2003 年刚刚诞生大豆纤维的时候,一些企业推出的大豆纤维面料确实含有较高的技术成分,但是应用范围不广,因为服装企业一旦采用就会在后面环节出现较高成本带来的压力,因此当时并没有考虑使用。

国内服装企业使用的大部分还是国内的面料,但是在整个设计中会穿插一些国外面料。也许对国外面料使用的并不多,但是这些面料却可以提升终端产品的整体品质。国外面料对于材质的选择要求非常严格,所以成本非常高;而国内面料企业可能会从原料材质方面降低成本,比如采用不同等级的纱,这样制成的面料从视觉上不容易看出来有什么区别,但是做出服装后,整个感觉就比预想差了很多。因此,在服务不同的客户时,应根据客户需要选择不同材质的面料;当然,这也就导致了在成本上的差异。

作为一个普通消费者来讲,买衣服时很重要的就是看颜色、款式、价格,而很少会考虑面料本身的各种织物结构。与国外的面料相比,国产面料技术上的差距正在一步步缩小。二者最大的差距在于推广和品牌的意识方面。国内和国外具有同样技术含量的面料,国外面料的价格可能会高很多。如七匹狼在面料采购方面,国内与国外面料用量的比例大约是 9:1,绝大部分是国产的面料,选择国产面料是一种现实需求。

服装设计师与面料设计师的沟通和衔接应该是密切且必不可少的。服装设计师根据流行主题和设计理念来确定面料组合和色彩系列,然后与面料设计师进行沟通,面料设计师按要求进行面料试制,经反馈确认,最后投入面料生产。这方面的沟通和交流往往要经过几次甚至几十次,服装设计师的设计思想才能最终得以体现。而目前常常是面料设计师觉得一种面料很具有新意就马上设计生产,但是这种面料将来要打什么样的服装,可能设计师自己都不知道了。在这方面,面料设计师要和服装设计师加强沟通,彼此反馈,会使双方相互了解并达到双赢。

拓展知识 2：材料的定额提供及监控

面、辅料采购后就要陆续入库,要对面、辅料进行归类整理,生产样衣或者大货的时候就要对面、辅料进行发放,此时,库管人员就必须知道面、辅料用量,以保证面、辅料的正确发放,同时还需做好出库单,以便查询。对面、辅料的定额提供和监控,是服装按时按质按量完成的重要保证。对于面、辅料的提供,注意以下三个问题:第一,根据技术部的准确用量表提供;第二,做好出库的记录工作;第三,及时追踪了解实际生产时面、辅料的用量,核算到厂面、辅料是否能正常进行。

表格 3-16 仅供参考,具体可以根据实际需要设计表格(注意:面、辅料小样贴在表格里,以便一目了然所需的面、辅料)。

表 3-16 材料消耗定额表

＊＊＊服饰有限公司材料消耗定额表

产品名称：男西服西裤

名称	规格/幅宽 (cm)	用途	平均用量 (m)	订单数量	面、辅料入库数	发放记录 (可另做表格详细记录)	剩余
面料	148	面料	2.8				
里布	146	里料	上衣 1.35				
	122		裤子 0.40				
涤棉府绸 TC 人字纹	19.5×19.5 ($30^S \times 30^S$) 幅宽 90	大袋布面里、里袋布烟袋布、裤袋布、裤掩襟里	1.05				
		滚条	2.7				
黏合衬	有纺衬幅宽 90	上衣大身衬,腑下衬,后领窝衬,后袖窿衬	0.6				
	门襟衬 幅宽 90	挂面、翻领面衬、领座衬、袖口(大小袖)衬、胸袋盖衬、大袋盖衬、腑下片,后身下脚衬领窝,前后袖窿扦条	0.5				
	货号 S-100P 宽 3.5 cm	腰面衬	1				
	PA 浆点 30 g/m² (无纺) 幅宽 100	上衣大袋牙,里袋牙衬,大袋口及里袋口反面垫衬,掩襟面衬,门襟里衬	0.19				
黑炭衬	经纱 $32^S/2$ 棉纬 10^N 100％黏胶 2 根,40％毛 60％粘胶 6 根 幅宽 110	肩衬	0.055				
	经纱 $32^S/2$ 棉纬 10^N 35％毛 65％黏胶 幅宽 110	胸衬,袖条	0.3				
针刺胸绒	140 g/m² 幅宽 100	胸衬,袖条	0.24				
领底呢	涤 50％,腈 50％,165 g/m² 幅宽 90	领里	0.055				
涤纶热熔垫肩	A 类 B 类	肩部	1 副				
涤纶缝纫线	11.8×3	缝纫,打结,环缝,扦缝,撩缝,锁平头眼	370				

（续 表）

名称	规格/幅宽 （cm）	用途	平均用量 （m）	订单 数量	面、辅料 入库数	发放记录 （可另做表格详细记录）	剩余
涤纶缝纫线 （鹅黄色）	11.8×3	扎滚条,扎腰里	6				
涤纶缝纫线 （漂白色）	11.8×3	扎标志带	1.5				
锦纶丝	90#	缲脚口	4				
涤长丝线	167 dtex×3	锁圆眼,眼结	8				
白棉丝光线	14.5×3	寨线	12				
防滑腰里	A类鹅黄色加橡 筋,宽 6.5 cm B 类 涤 65%, 棉35%	裤腰里	1				
涤纶螺 旋拉链	3#	裤门襟	1条				
调节扣襻	长 9.5 cm 宽 1.8 cm	裤腰	无				
四件裤钩	铜质	裤腰头	1副				
钮扣	1.5 cm	内袋袖口,裤后袋扣	10 粒				
	2.2 cm	上衣门襟	3粒				
主唛		上衣里袋口下端,裤腰 里处	各1个				
尺码带	长 2 cm(双折) ×宽 2.5 cm	上衣里袋内,裤腰里处	2个				
水洗唛	长 2.5 cm(双折) ×宽 2.5 cm	上衣前身里腰缝处,裤 腰里处	2个				
直纹带条 （黏合）	宽 1.8 cm	上衣门襟上截,拔口扦 手条	0.9				
直纹带条 （黏合）	宽 1.0 cm	上衣门襟上截	1				
弹性带条 （黏合）	宽 1.0 cm	前肩	0.35				
斜纹带条	宽 1.8 cm	后肩	0.35				
棉纱带条	宽 0.5 cm	领里中口	0.32				

任务3　纸样出样与排料控制

> **知识目标：** 1. 成衣纸样设计的认识。
> 　　　　　　2. 成衣纸样的复核。
> 　　　　　　3. 排料裁剪的过程控制。
> **技能目标：** 1. 能够独立完成成衣纸样的复核。
> 　　　　　　2. 能够独立进行排料裁剪的过程控制。

任务描述

　　成衣纸样设计完成，跟单员要对成衣纸样进行复核并经过客户的确认，确认后的样板送到裁剪车间进行排料裁剪，跟单员要对排料裁剪的过程进行控制。

任务分析

　　跟单员根据订单中跟客户约定的条款，复核该款式的名称、尺寸、裁剪数量、码数、裁片名称等。其中最主要的是根据尺码表核对各种规格样板的尺寸。跟单员根据生产通知单的要求，应查看排料图上的样板型号、规格及面料的品号、色泽、门幅等与生产通知单是否相符。所铺面料的品号、色号、花号是否与生产通知单相符等。

相关知识

　　通过服装设计效果图向平面结构图转化得到成衣生产用的毛样（生产纸样），即设计效果图－确定体型及数据－结构分解草图－确定主要部位制图规格数值－平面结构图净样－毛样。在这样一个纸样设计过程中，纸样设计者一定要考虑如何能设定出一套较佳的生产纸样，才能使成衣达到改善品质，降低成本、提高效率，因而也就不同于普通的纸样制作（用于个人及定做服装）。服装工业样板一般分为裁剪样板和工艺样板，裁剪样板又分为面料样板、里料样板、衬料样板和辅助样板；工艺样板分为修正样板、定型样板、定位样板和定量样板等。

　　在服装纸样设计过程中，服装款式各异，布料组织结构的差异及厚薄不同，服装工艺制作及机器类型的限制，服装的品质及组织结构等方面的不同，都会影响实际生产，因而不同的服装结构纸样的制作也有不同的要求。

一、不同的面料、设备和缝合方式对纸样的缝份大小要求不同

按照布料厚薄的区别可划分薄、中、厚三种放缝量,薄型面料的服装纸样放缝量一般为0.8 cm,中型为1 cm,厚型为1.5 cm。

接缝弧度较大的地方放缝要窄,如袖窿、领窝线等处,因为弧度问题缝份太大会产生起褶皱。然而生产纸样的放缝设计尽可能整齐划一,这样有利于提高生产效率,同时也提高了产品质量的标准。所以衬衫领子和领窝线的放缝还是为1 cm,缝制后统一修剪领窝线为0.5 cm(图3-9),既可以使领窝圆弧部位平服又可以避免因布料脱散而影响缝份不足。加服加量的地方放缝要宽些,如西裤后片的放缝,后中线部位所加的缝份为2.5 cm,上身的前后侧缝可加1.5 cm等,既可以提高产品的销售量又可以满足客户的心理要求。

不同的缝合方式对加缝份量有不同的要求。如平缝是一种最常用的、最简便的缝合方式,其合缝的放缝量一般为0.8～1.2 cm,对于一些较易散边、疏松布料在缝制后将缝份叠在一起锁边的常用1 cm;在缝制后将缝份分开的常用1.2 cm。对于服装的折边(衣裙下摆、袖口、裤口等)所采

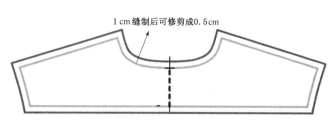

1 cm缝制后可修剪成0.5 cm

图3-9 领窝线的放缝

取的缝法,一般有两种情况:一是锁边后折边缝,二是直接折边缝。锁边折边缝的加放缝即为所需折边的宽,如果是平摆的款式夏天上衣一般为2～2.5 cm,冬衣为2.5～3.5 cm,裤子、西装裙一般为3～4 cm(图3-10),有利于裤子及裙子的悬垂性和稳定性;如果是有弧度形状的下摆和袖口等一般为0.5～1 cm。而直接折边缝一般需要在此基础上加0.8～1 cm的折进量,对于较大的圆摆衬衫、喇叭裙、圆台裙等边缘,尽可能将折边做的很窄,将缝份卷起来作缝即为卷边缝,卷成的宽度为0.3～0.5 cm,故此边所加的缝份为0.5～1 cm,如果是很薄的而组织结构较结实的可考虑直接锁密边,也可作为装饰。牛仔裤的侧缝、内缝和后幅机头驳缝常用的缝合方式是包缝的做法,这一包缝做法的好处是耐用性强,所加的缝份需要注意前幅包后幅还是后幅包前幅、后幅包机头还是机头包后幅,一般缝份为1.2 cm,但是实际生产所用的缝份有所不同,实践得到较佳的方法:被包的裁片所加的缝份为0.6 cm,另一裁片为1.6 cm。因为按规定的尺寸是在缝骨边缘开始计算,成品完成后不会影响尺寸的准确性。

不同的专用设备或辅助配件所需要的缝头大小不同,比如说双针机的间距有的0.6 cm有的0.8 cm等,卷筒也有大小不等(图3-11)。

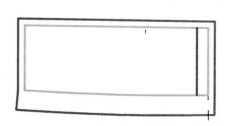

图3-10 下摆的放缝

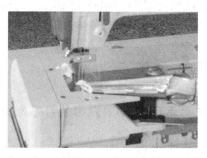

图3-11 双针机

二、根据不同的结构、不同的效果确定不同的服装纸样（以男装衬衫为例）

由于不同的结构缝制工序会影响服装生产的品质、排料，从而影响服装生产的成本，所以确定服装生产纸样是很重要的环节。如外观效果一致的前门襟开口（男装衬衫前门襟开口），选择单层明筒门襟既可以省布、品质较佳，又可不受布料类型的限制。

门襟开口的襟贴，其结构可以分为另加门襟（图 3-12）和原身加门襟（图 3-13），原身加门襟的结构比较浪费布料，但缝制工序较简单方便；而另加门襟的结构在缝制过程中多一道工序，但排料时宜省布，纸样制作人员在制图时需要均衡取舍，确定适合自已公司各条件的方法。对于一些类似大衣款式的门襟，亦可考虑在另加门襟的结构上切驳便于后中对折排料，达到节省布料的目的。

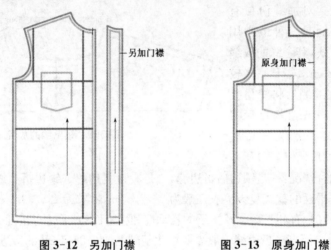

图 3-12　另加门襟　　　　图 3-13　原身加门襟

纸样工程的目的是对一些纸样结构进行修改，使之可以达到美化人体、提高品质、减少工人的执手时间、方便排料、节省用料等作用。有的结构在生产时会造成用料加大，例如男装衬衫的剑形袖衩条，制作纸样时将大袖衩条其中看不见的一层偷空，使之在缉明线时既可以避免下一层外露，提高产品品质，又可节省用料。有的结构在穿着成品后出现不美观的现象，需要对纸样进行适当的修改，如内、外工字褶裙的纸样，在制作其生产纸样时将褶裥的上层部分偷空，既可减薄厚度达到美化人体的效果，又可节省布料。有的结构在生产时会造成增加工人执手的时间、降低品质，对这些生产纸样要特别注意进行修改。例如，针对一些腰围和臀围差数较大的女性，制作裤子结构（特别是牛仔裤）时，依据结构原理会出现前幅侧缝弧度较弯，而后幅侧缝弧度较直，造成在缝制过程增加车缝的执手时间，将纸样前幅侧腰点加出适当的尺寸，在后幅的侧腰点则减去相应的尺寸，达到两侧缝弧度比较接近，这样可以使生产较方便从而减少车缝执手时间。

 任务实施

一、生产纸样的复核（以男装衬衫为例）

① 对设定尺寸的复核。依照客户或已给定的尺寸对纸样的各部位进行测量（图 3-14）。

② 对各缝合线相吻合的复核。服装各部件的相互衔接关系，男装衬衫的生产纸样，需要在

纸样制作好后,检查袖窿弧线及领窝弧线是否圆顺(图 3-15);检查衫脚下摆和袖口弧线是否圆顺;检查袖山弧线和袖窿弧线长度是否相等(图 3-16);检查领窝弧线和领脚线长度是否相等;检查袖身的袖口弧线(除褶裥外)和袖卡宽度是否相等;检查前后侧缝长度是否相等。

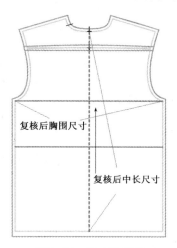

图 3-14　尺寸的复核

图 3-15　拼接圆顺

③ 对各对位记号的复核。男装衬衫有前幅襟贴翻折记号及钮门记号;衫身袖窿弧线和袖子的袖山弧线对位记号;领子的钮门记号及与前中线对位记号;明贴袋的贴边翻折记号等;袖身的袖口线上的褶裥记号等。

④ 对布纹线的复核。检查布料裁剪时所用的丝缕纹向(图 3-17)。

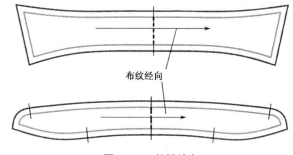

图 3-16　袖山和袖窿等长　　　　　图 3-17　丝缕纹向

⑤ 对缝份的复核。男装衬衫生产纸样除襟贴和明贴袋缝份(止口)以外,其余均为 1 cm 缝份。

⑥ 对纸样总量的复核。男装衬衫纸样共有 11 块纸样(含底领和面领)。

⑦ 复核各资料是否齐全。包括款式名称、裁剪数量、码数、裁片名称等。

将复核后的纸样经裁剪制成成衣,用来检验纸样是否达到了设计意图,这种纸样称为"头板",对非确认的纸样进行修改,调整甚至重新设计,再经过复核成为"复板"制成成衣,最后确认为服装生产纸样。

二、排料裁剪过程的控制

(一) 裁剪前的控制

裁剪是服装加工的第一个环节,裁剪质量是保证缝制质量的前提。在对面料正式裁剪前,跟单员应注意以下项目的核查,把好裁剪质量关。

① 核对原、辅料收缩率测试数据。

② 原、辅料等级是否符合要求。

③ 面料纬斜有否超标。

④ 样板规格是否准确。

⑤ 色差、疵点、亏损、残破等是否超标。

⑥ 大小样板数量与样板登记卡是否一致。

⑦ 用料率定额是否明确,面料幅宽与生产通知单是否符合。

⑧ 技术要求和工艺规定是否清楚明确。

(二)排料画样的控制

① 排料图上的样板型号、规格及面料的品号、色泽、门幅等与生产通知单是否相符。

② 面料正、反面有无画错。

③ 大小样板有无漏画或错画。

④ 排料图上衣片经纱方面是否偏斜,有否超差。

⑤ 衣片的倒顺向、拼接、对条对格等是否符合技术要求。

⑥ 总用料率是否低于额定耗用标准。

⑦ 画样是否清晰,每个裁片的规格是否准确,定位标记有否漏画或错画。

(三)铺料质量控制

① 所铺面料的品号、色号、花号是否与生产通知单相符。

② 铺料的幅宽、长度是否与排料图相符。

③ 铺料的方式是否符合工艺技术要求。

④ 铺料的正反面、倒顺向、对条、对格及对花是否符合技术要求。

⑤ 每个色泽或花型所铺层数与裁剪方案是否相符。

(四)分包、编号、捆包的控制

① 有无分错包的现象。

② 各裁片包的编号是否清楚、准确,有无编错、漏编或重复编号现象。

③ 同包内各部件规格是否相配。

④ 包内部件是否理齐扎好。

⑤ 包外标签是否标准、清晰、正确,如产品批号、规格、色号、花号、数量等是否与包内相符。

▶ 教学实施组织

一、导入相关知识介绍

引入相关服装样板的分类、服装工业样板制作和服装面、辅料裁剪知识。

二、安排初期工作任务

根据相关知识,教师安排任务让学生分组完成不同品种服装的工业样板制作和服装面、辅料的排料裁剪。

三、同步指导

同步指导服装纸样和排料裁剪流程的跟单,分组团队合作完成工作任务。

四、总结

总结本单元的教学内容,针对教学过程中的重点内容向学生提问,以便加深学生的印象,同时也请学生提出问题,大家共同讨论。

 练习题同步训练

1. 跟单员选择一套牛仔裤的样板进行复核,作好详细记录。
2. 跟单员模拟一套牛仔裤样板的排料、画样、铺料、分包、编号、捆包。
3. 跟单员选择一套女外套的样板进行复核,作好详细记录。
4. 跟单员模拟一套女外套样板的排料、画样、铺料、分包、编号、捆包。

任务4 服装生产进度与质量跟进

知识目标: 1. 服装流水线生产形式。
2. 服装流水线跟进办法。
3. 服装生产进度跟进办法。
4. 服装质量跟进内容。
5. 服装质量检验内容。

技能目标: 1. 了解流水线的生产形式,进而逐步控制流水线进度的方法。
2. 对服装生产过程中出现的异常情况能够有效的解决,并控制好生产进度,保证大货交期。
3. 熟悉质量跟进的内容,以控制产品质量,保证大货品质符合客户要求。

任务描述

跟单员在大货生产过程中要全程控制生产进度和生产质量,发现异常问题及时跟生产企业的负责人沟通处理,使生产顺利进行,确保服装品质,按时完成交期。

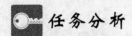 任务分析

跟单员跟进生产进度的前提是要保证产品质量,好的产品质量是企业的生命,也是企业在市场竞争中取胜的保证,因此生产进度和生产质量既互相制约又密不可分,有时当生产进度与质量相悖时,往往是以质量为主协调生产进度。

 相关知识

内销服装跟单员在大货生产过程中对生产进度、产品质量进行跟进的目的是要在保证发货期的同时,控制生产速度与生产计划相吻合,使生产有条不紊。跟单员在企业生产过程中与生产部门协调生产,掌控生产进度和生产质量。在跟进订单过程中使生产进度与订单交货期相吻合,尽量做到不提前交货,也不延迟交货。跟单员在企业生产过程中控制生产进度和质量监控的流程如图 3-18 所示。

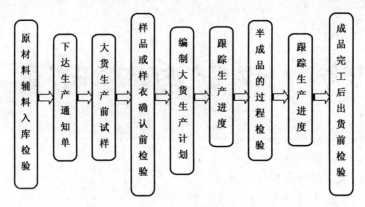

图 3-18　生产进度和质量监控流程

一、服装生产进度跟进

生产进度控制,又称生产作业控制,是在生产计划执行过程中,对有关产品生产的数量和期限的控制。其主要目的是保证完成生产作业计划所规定的产品产量和交货期限指标。生产进度控制是生产控制的基本方面,狭义的生产控制就是指生产进度控制。

(一)服装流水线生产进度控制

服装生产流水线是否顺畅直接关系到生产产品的数量和质量,因此使流水线均衡生产是跟单员跟进生产进度的重点。

1. 服装流水线形式

(1)从生产场地设置方式分

① 按工艺类型划分生产区域:裁剪、缝纫、熨烫(专业化车间生产)。

② 按产品品种划分生产区域:封闭式车间生产。

(2)从流水线上加工对象的移动方式分

① 移动流水线:缝纫。

② 固定流水线:裁剪。

③ 混合移动流水线:互助,多人多机的形式。

(3) 从流水线上加工对象的品种分

① 单品种流水线。

② 多品种流水线。

(4) 从生产的连续程度分

① 连续流水线。

② 间断流水线。

(5) 从流水线的节奏分

① 强制性节拍流水线:吊挂系统、传送带。

② 粗略节拍流水线:缝纫。

③ 自由节拍流水线:手工。

(6) 从流水线上生产品种的固定程度分

① 不变流水线:大批量生产。

② 可变流水线:小批量上传。

2. 服装企业流水线生产形式

(1) Z字形排列

又称"丰"字形生产线,是把一件产品通过各个工序操作时间、操作动作、操作设备、人员配置科学合理的组合为一个单元的平衡生产,达到一件产品在同一时间生产,而且保持不积压半成品、不过剩生产。单元同步的生产方式,参看图3-19。

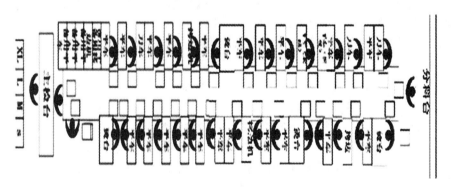

图 3-19 Z字形排列

(2) U 字形排列

又称细胞式生产方式。是指由一个或者少数几个作业人员承担和完成细胞内所有工序的生产方式。细胞生产方式以手工作业为主,不使用传送带移动生产对象,跟进需要使用一些简单的机械和自动化工具,U 字形排列参看图 3-20。

① 人生产方式:细胞内所有工序由一个人承担,不再进行分工,它是细胞生产方式的基本形态,与另两种方式相比,其优点是不受其他人员作业速度的影响,便于自主管理。缺点是当细胞内工序数目较多时,培养全能工种需要较长的时间。

② 分割方式:细胞内工序有数人承担,没人分担若干工序。它是在完成一件产品所需工序较多的时候,或当新工人对作业还不够熟练,很难承担细胞内所有工序的时候所采用的一种

变通、过度形态。

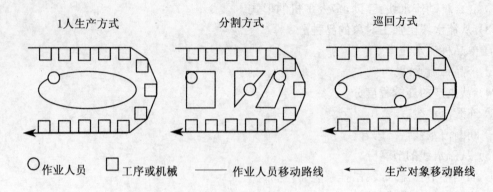

图 3-20　U字形排列

③ 巡回方式:细胞内虽然有若干名作业人员,单不再进行分工,每个人都承担细胞内的全部工序。具体操作时,作业人员按顺序排列,一个人跟着一个人在细胞内周而复始的巡回作业。这种方式的优点是可以在不增加车间作业面积、不增加工作台数量和配套设备的前提下,仅通过增加作业人员达到迅速增加产量的目的,缺点是作业的速度受限于细胞内动作最慢者的速度。

3. 服装流水线生产进度控制办法

流水线生产平衡是指在整个服装生产过程中,将服装缝制划分成若干工序及先后次序,根据每道工序的难易程度和加工时间,合理地安排每个工序的人力、设备,使每道工序的速度、产量、加工质量等方面都保持均衡,没有忙闲不均的现象,防止出现瓶颈工序。

控制流水线均衡生产的基本方法包括以下几种:

① 要根据品种、数量、期限和生产成本指标的要求,妥善安排作业进度和生产能力负荷进度,做到负荷饱满、均衡。

② 进行成衣款式的工序分析和划分,计算出每道标准加工工序的加工时间或产量,明确加工顺序,根据具体款式要求,计算出平均节拍,并在其基础上估算出流水线所需作业人数。

生产流水线的节拍时间为生产流水线上生产两件产品之间的间隔时间或产品在各工序间每移动一次所需的间隔时间(P)。节拍是流水线生产组织的重要依据,它体现了流水线工作效率的高低,是决定流水线的生产组织、工序编排、人机定额的关键指标。

$$P = 单件标准总加工时间\ T/\ 作业人员数\ N$$
$$= 计划期有效工作时间(min)\ /\ 计划期内产品产量(件)$$
$$= 每天的有效工作时间\ /\ 计划日产量$$

公式中节拍P也叫平均节拍,是评价流水线作业编排的基础指标,实际生产中真正决定流水线生产速度的是瓶颈节拍,平均节拍是作为工序编排用的参考值。瓶颈节拍是加工时间最长、超过平均节拍的节拍。

③ 检验各道工序中有无怠工等浪费人力物力的情况,考虑可否合并一些工序以提高生产率,再计算合并后的工序加工时间。在进行工序调整和合并时,必须注意合并的工序是否适合在同一加工地点或在临近的工序加工。

④ 进一步检验现有工序是否还存在负荷不均的情况,考虑能否通过改进生产工艺、设备

来解决。

(二)服装生产进度的跟进办法

具有完善的进度跟进,首先是要建立完整的生产管理制度及生产报告方式,其次是各种生产进度的报表,应经生产管理部门的分析,分析内容包括效率与进度达成状况。

(1)重点做法

①以每日计划的进度当作目标;②实际进度与目标进度进行比较,计算生产量达成率;③差异原因的分析与对策研究的执行。

(2)影响生产进度的因素

①机器设备故障;②人力不足,出勤率太低;③物料供应不及时;④品质不良率过高;⑤工作调配不当;⑥日程计划安排不当;⑦设计研发与量产的配合欠周密;⑧市场竞争激烈,抢时间,抢低成本。

(3)进度管理报告

①计件单:主要是以个人、整组作业或整批产品为单位,记录其工作进行状况与结果;②生产日报表:主要是以科或部门为单位,报告生产的结果;③转移单:当上一道工序结束后,转移下道工序生产时填制,主要说明在制品的转移及生产阶段,借以了解生产进度;④入库单:凡是制作过程结束后,成品入库时必须填制,以了解成品品质、数量及生产进度。

对于三日计划所需生产的订单,若有欠料部分并影响到现厂生产,需在生产之前三小时内处理;若不能及时调整,将调后续订单生产,并对其先期加工部位进行查核(裁剪、印绣花、车缝配套状况),调整进度。跟进过程中常用的生产报表汇总参看表3-17~表3-21。

表 3-17 生产计划总表

	松布	裁剪	印绣花	上线车缝	成品下线	钉扣	整烫	包装	离厂
2012-10-5									
2012-10-6		1 000							
2012-10-7		1 500	800						
2012-10-8		1 500	800						
2012-10-9		1 500	800						
2012-10-10		1 500	800						
2012-10-11		1 500	800						
2012-10-12			800						
2012-10-13			800						
2012-10-14			800						
2012-10-15			800						
2012-10-16			800						
2012-10-17			800						
2012-10-18									
2012-10-19									
2012-10-20									
2012-10-21									
2012-10-22									
2012-10-23									
2012-10-24									
2012-10-25									
2012-10-26									
2012-10-27									
2012-10-28									

表 3-18 生产日报表

生产日报表											
日期：											
部门应到人数：						出勤人数：					
机台	订单号	批号	料号	品名规格	订单数	颜色	当日生产			工序	时间起止	累计数
							合格数	不良数	报废			

表 3-19 日生产计划控制看板

时间	机种	计划产量	实际产量	备注
08:00～10:00				
10:00～12:00				
13:00～15:00				
15:00～17:00				
17:00～19:00				
19:00～21:00				

说明：1. 每日生产计划；
　　　2. 置于机台前或者生产线前；
　　　3. 每一时段记录实际产量；
　　　4. 实际产量记录可结合颜色管理。

表3-20　生产进度追踪表

序号	订单号	客户	型号	订单数	计划生产数	指定完成日期	实际生产					
							日期	生产数	累计	日期	生产数	累计

表3-21　计划型生产进度控制表

_____年_____月

品名	制单号	日期	1	2	3	4	5	6	7	8	9	10	11	12	13	14	15	16
		计划生产数																
		实际生产数																
		累计生产差异数																
品名	制单号	日期	17	18	19	20	21	22	23	24	25	26	27	28	29	30	31	
		计划生产数																
		实际生产数																
		累计生产差异数																

(三)服装生产异常状况处理

服装生产过程中会发生各种异常情况,其影响最终体现于生产进度无法按计划进行。生产进度有无异常状态将直接影响交货期是否准时,直接影响到企业的生存与发展。如果因一些异常情况导致生产进度滞后,其危害性是很大的,一旦生产过程中出现瓶颈造成进度滞后,基于服装行业流水线生产的特点往往会产生蝴蝶效应,产生一系列的负面连锁反应,这就是生产进度失控的开始,如果不能及时纠正,会陷入被动状态,所以一旦出现生产进度滞后,一定要仔细查明原因,这是对进度滞后采取积极纠正措施的前提。

1. 生产进度滞后的原因

生产中的人、机、物、方法、环境等都会因为各种异常情况导致生产滞后,如图3-21、表3-22所示(鱼刺图,日本东京大学教授石川馨所创):

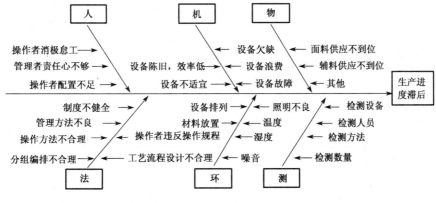

图3-21　鱼刺图

表 3-22 生产进度滞后原因分析表   日期：_____

因素	分类	状况描述	波及范围	严重程度	备注(责任人)
人	操作者配置不当				
	管理者责任心不强				
	操作者消极怠工				
机	设备欠缺				
	设备障碍				
	设备老旧				
	设备不适宜				
	设备浪费				
物	面料供应不到位				
	辅料供应不到位				
	其他				
法	制度不健全				
	管理方法不良				
	操作方法不合理				
	分组编排不合理				
	操作者违反操作规程				
环	设备排列				
	材料放置				
	照明不良				
	温度				
	湿度				
	噪音				
测	检测设备				
	检测人员				
	检测方法				
	检测数量				

总结
主要原因：

次要原因：

2. 生产进度滞后时一般采取的措施

(1) 增加人力或设备

①瓶颈工序增加符合工作能力配置的人力与设备。②招聘临时工。

(2) 延长工作时间

延长工作时间,进行双班制或三班制。

(3) 改进生产流程

调整生产工序,生产技术人员设计一些辅助工具,如衣夹、模具等提高效率。

(4) 外发加工

将一些实际生产有困难的订单进行外发加工。

(5) 协调出货计划

跟单员进行协调,适当延迟交货期。

(6) 减少紧急加单

在进度落后的情况下,尽量减少紧急加单。

讨论

① 绣花厂要停电 2 天,不能交出 1 600 件的绣花片,如何处理才能保证生产的顺利进行。

② 若发现面料缩率太大,到厂的面料不能使用,如何以最快方式处理,以保证生产的顺利进行?

二、服装生产质量跟进

质量跟进是指在生产进度跟单的同时,跟单员与生产企业的质量检验部门一起知道质量检验计划,只是对产品质量的控制,及时解决产品质量的异常问题,以保证订单下的商品质量符合要求。

(一) 质量跟进的主要内容(图 3-22)

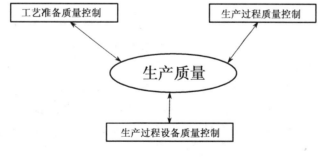

图 3-22　质量跟进

1. 工艺准备质量控制

服装企业的生产工艺性文件通常是指客户提供的合同、款式示意图与规格工艺单以及本企业制定的工艺要求。这些资料、文件属于生产中的软件部分,对服装生产质量起着规范性的指导、督促作用。跟单员负责汇总、审定这些技术性较强的资料和文件,在确定其齐全、正确后,应及时记录登记并落实复制、归档及发放使用等工作,以确保这些资料能在生产过程中发挥技术质量控制方面的指导性作用。

加强生产工艺性文件的质量控制必须实行动态管理,即当客户对某一服装合同规定的款式、规格或缝制工艺提出技术性变动要求时,客户的具体变更意见便成为此款服装最新的设计或生产工艺指令,跟单员在核实、确定的前提下,应尽快地向上级领导和生产部门进行传递,确保在批量性生产开始之前完成修改、调整和补充,及时达到客户提出的变更要求。客户的变更意见应与原先的合同、工艺单等原始资料、文件一同妥善保管,以利于溯源性查询。

(1) 生产通知单的审核

对即将发放到各车间的生产通知单中的各项技术指数,如所要求的规格、颜色件数是否正确,原辅料之间是否一一对应等内容,进行核对与审查,确认无误签字后,再向下发放投入生产。

(2) 缝制工艺单的审核

对所制定的缝制工艺标准进行复核检查,核对有否遗漏和错误,如:各部位的缝合顺序是否合理、顺畅,缝迹缝型的形式及要求是否正确;各部位操作规程、技术要求是否准确明白;特殊的缝制要求是否明确指出。

(3) 样板质量的审核

服装样板是排料划样、裁剪和缝制等生产工序中必不可少的技术依据,在服装的技术文件中具有重要的地位,对样板的审核及管理要认真细心。

样板的复核内容:①大小样板数量是否齐全,有否遗漏;②样板上的书写标记(款号、规格等)是否准确,有无遗漏;③复核样板各部位的尺寸规格,若样板中包括缩水率,需核对缩水量是否留够;④各衣片样板间的缝合处尺寸是否准确一致,形状是否吻合,如前、后衣片的侧缝、肩缝等处的尺寸是否一致,袖山与袖窿的尺寸是否达到要求等;⑤同规格的面、里及衬的样板之间是否相互匹配;⑥定位标记(定位孔、剪口)、省位、褶裥位等是否准确,有无遗漏;⑦按大小规格将样板码齐,观察样板跳档是否正确;⑧经纱标记是否正确,有无遗漏;⑨样板边缘是否光滑圆顺,刀口是否齐直;⑩当复核审验合格后,需沿样板的边缘加盖审核章,并登记发放使用。

样板的保管:①将各种不同种类的样板分类、分档,以便查找;②做好立卡登记工作,样板登记卡上应记载样板原有编号,大小样板的片数、品名、型号、规格系列及存放位置等信息;③合理放置,防止样板变形。如将样板放在搁架上时,应大样板在下,小样板在上,搁放平整。吊挂存放时,应尽可能使用夹板;④样板通常放在通风干燥处,以防止受潮变形,同时要避免阳光直接曝晒以及虫蛀鼠咬;⑤严格执行样板的领用手续及注意事项;⑥利用计算机绘制的样板,保存和调用均比较方便,同时可减少样板的存放空间,只需注意样板文件多留几个备份,以防文件丢失。

2. 生产过程设备质量控制

要想顺利实施生产,设备的准备必须到位,设备质量要求必须得到保证。

裁剪用的机械设备主要有立式电剪刀、带式裁布机和钻孔机、自动裁床、手工剪刀,以及压、夹器具及计量尺等辅助工具也是不可缺少的。对于各种机械设备的质量控制就是要通过定期和不定期的维护保养,确保其外部的清洁和内部驱动装置、切割刀具部位能够正常运转,并保持一定的精准度及完好性能。各种机械设备加油、调试保养后均应进行试运行,以免出现偏差影响裁片质量,或油污泄露污损裁片。对于自动裁床的控制重点是要查验其程序设定是否正确,控制作用是否灵敏和正常,以免出现误差造成重大损失。

缝纫设备一般是指平缝机、锁边机、锁眼机等,还有双针机、四针机、绷缝机等花式缝纫机,以及自动扎驳机、自动开袋机、自动绱袖机等专用设备。批量性服装产品在流水生产开始之前,必须做好各类缝纫设备的保养和调试,确保其能够正常运转。缝纫设备的质量控制应做好两方面工作:

① 根据服装产品生产标准要求,调试好各类缝纫设备。如根据面料、里料的不同质地,选用不同型号、粗细的缝纫机针,按照相关技术标准的要求调整好各类缝纫设备的针距密度,确保缝制线路针脚统一,使其符合面料和里料质地、使用牢度和外观美化三方面的要求。根据服装面、里料的厚薄程度,调整好缝纫机压脚的压力,确保送布自如,拼缝吃势均匀,调试好缝纫机面、底线的匹配,要使得缝纫机面、底线松紧适宜,线迹清晰整齐。防止出现抛线,面线过松,面线在反面呈小圈状和泛线,底线过松,底线线迹在正面露出,以及缝纫线抽紧等影响缝制质量的情况发生。

② 加强各类缝制缝制设备的日常维护保养工作,随时注意各类缝纫设备运转是否正常。要及时修复或调节好那些出现故障的机器设备,避免因各类缝纫设备发生异常的变化引起缝制线路质量不良导致生产进度受阻的情况发生。另外,在服装生产过程中还应注意加强对整烫设备的质量控制,防止因设备因素造成产品质量不佳的情况发生。整烫设备的质量控制的要点是清洁、温控及压力准确、供气不间断等。

(1)生产过程质量控制

质量控制主要是指在产品形成过程中要求严格的按照技术标准和工艺要求加以质量控制,不使其产生质量疵病,这是一种以预防为主的管理方式,它使与产品有关的全过程始终处于受控状态,不使产品质量产生问题,或者出现了问题也能在生产过程中得以纠正,不影响出货品质和交货日期。

(2)生产过程中控制质量的方法

① 保证原材料的质量。服装生产原料通常是指服装制作时所采用的面料、里料;服装生产辅料通常是指各类衬料、填充物及缝纫线、钮扣、拉链、牵带、商标标识等。面辅料质量的检验,甚至是面辅料供应商的选择,对最后的制成品的质量都是至关重要的。对服装生产所采用的面、里、衬料及相关的其他辅料进行质量控制,主要是依据有关产品标准或技术合同,在进货时通过随机抽取一定量的样品,对其质地——包括成分、制造结构、门幅与重量等;性能——包括缩率、色牢度、强牢度等;品质——包括色差与织疵、合格品率等以及不同材料和物品之间的色泽匹配等项目进行检验测定,看其是否达到标准或技术合同的相关规定。对原辅材料的质量控制是服装生产的头道质量控制,它对保证服装产品质量有着十分重要的作用。

② 生产初始质量控制。在产品上线前,跟单员监督生产班组负责人,质检人员和员工,对将要投产的物料仔细核实。先让流水线做一件成品,确认是否合格,合格后再上线生产大货,如不合格要即刻查找原因,解决问题,不影响大货质量。

③ 流水线质量控制。缝制过程中的检验也称中间检验,如果质量控制点设置的合理,不仅能减少返修,同时能及早找出质量问题的根源,控制不合格品的产生,最终使服装的整体质

量达到最佳水平。从整体上看,服装生产工序质量控制可分为裁剪、缝制、锁钉与手工及整烫包装四大部分。每个部分里的小工序都有其自己的质量控制点可供跟单员和质检员跟进控制。如:

a. 裁剪方面有验布面、验裁片和编号等质量控制点。

b. 缝制方面有基础的拼缝、钉商标尺码、小烫等;部件制作工序有做领、做袖、做袋、做门里襟、做腰头等;装配工序有开袋、装袋、装领、装袖、装腰、装拉链、装夹里等。

c. 锁钉与手工工序的质量控制点:锁眼、钉扣线的性能、颜色是否与面料相匹配;扣眼间距是否与工艺要求一致;锁眼的针迹密度是否符合标准要求;钮扣钉得是否与扣眼位置一致,扣上后是否平服;钉扣是否牢固、耐用等。

d. 整烫工序的质量控制可称为成品检验:熨烫后外观尺寸是否符合工艺尺寸要求;有无烫黄、烫焦、变硬、水花、亮光等现象;线头、污渍是否清除;包装折叠形式是否符合要求;零部件是否放于服装的指定位置;装箱是否符合要求等。

在生产过程中,跟单员与企业质检员对产品进行抽查,重点关注生产制作中的繁琐工序。

(二) 产品质量检验

质量检验:是对客观已经存在质量缺陷的产品用标准来检查、区分不合格产品,不允许其进入合格产品内,是品质管理人员用来弥补质量问题的方式。

(1) 产品质量检验的分类

① 依据检验数量可分为全数与抽样检验。

② 依据检验数量特性值的特征可分为计数与计量检验。

③ 依据方法的特性可分为理化与感官检验。

④ 依据检验对象检验后的状态特性可分为破坏性与非破坏性检验。

⑤ 依据检验实施的位置特性可分为固定与流动检验。

⑥ 依据检验目的特性可分为验收与监控检验。

(2) 成品检验和出厂检验

服装成品检验和出厂检验均属于生产终端检验形式,也是十分重要的质量控制点。成品检验一般是在产成品包装、装箱之前进行,目的就是将不符合产品标准规定和工艺操作要求的产成品从批量中挑出来,实施返工或降等处理,从而提高整批服装产成品的合格率或优品率。实施成品检验质量控制,通过对不合格品作分类处理,有的可退回生产流水线翻修,有的则实行降等降级处理,能够在确保质量的同时,有效地使用生产资源,减少浪费。出厂检验是以抽样检验的方式,由厂级检验员或客户指定的第三方检验员对已包装、装箱完毕,准备出厂的服装产成品的质量状况进行检验,并视检验结果判定整批产成品质量是否合格,能否出厂。一般来讲,出厂检验未发现突出的质量问题,就证明先前各道生产工序的质量得到有效的控制。

(3) 产品质量检验的主要内容

① 款式是否同确认样相同。

② 尺寸规格是否符合工艺单和样衣的要求。

③ 缝合是否正确,缝制是否规整、平服。

④ 条格面料的服装检查对格对条是否正确。

⑤ 面料丝缕是否正确,面料上有无疵点,油污存在。

⑥ 同件服装中是否存在色差问题。

⑦ 整烫是否良好。

⑧ 黏合衬是否牢固,有否渗胶现象。

⑨ 线头是否已修净。

⑩ 服装辅件是否完整。

⑪ 服装上的尺寸唛、洗水唛、商标等与实际货物内容是否一致,位置是否正确。

⑫ 服装整体形态是否良好。

⑬ 吊牌按指定的位置挂上、不干胶贴纸按指定的位置粘贴。

⑭ 包装塑料袋不得破损。

⑮ 装箱配比正确、不混装、短装。

⑯ 纸箱大小适中,开箱后,衣物要平整,纸箱在验货时就已破损下沉的或纸质太软、受潮等情况,则要立刻更换纸箱。

⑰ 箱唛各项内容要填写清楚、不可漏填任何内容。

⑱ 打箱带牢固。

⑲ 装箱单要按实际填写清楚、整洁。

(三) 服装成品基本品质应注意的问题

(1) 规格不符

规格超差——样板不准;裁剪下刀不准;绗棉时缝位超差。

(2) 缝制不良

① 针距超差——缝制时没有按工艺要求严格调整针距。

② 跳针——由于机械故障,间断性出现。

③ 脱线——起、落针时没打回针;或严重浮线造成。

④ 漏针——因疏忽大意漏缝;贴缝时下坎。

⑤ 毛泄——拷边机出故障或漏拷;折光毛边时不严密,挖袋技术不过关,袋角毛泄。

⑥ 浮面线——梭皮罗丝太松,或压线板太紧。

⑦ 浮底线——压线板太松,或梭皮罗丝紧。

⑧ 止口反吐——缝制技术差,没有按照工艺要求吐止口。

⑨ 反翘——面子过紧;或缝制时面子放在上面造成。

⑩ 起皱——没有按照缝件的厚薄调换针线;或缝合件有长短。

⑪ 起绺纽——由于技术不过关缝纽了;缝合件不吻合。

⑫ 双轨——缉单明线,断线后,接缝线时不在原线迹上;缝制贴件下坎后,补线时造成两条线迹。

⑬ 双线不平行——由于技术不过关;或操作马虎造成双线宽窄不匀。

⑭ 不顺直——缝位吃得多少不匀造成止口不顺直;技术差缉明线弯曲。

⑮ 不平服——面里缝件没有理顺摸平;缝件不吻合;上下片松紧不一。

⑯ 不方正——袋角、袋底、摆角、方领没有按 90°缝制。

⑰ 不圆顺——圆领、圆袋角、圆袖头、西服圆摆,由于缝制技术不过关出现细小楞角。

⑱ 不对称——由于技术差或操作马虎,必须对称的部位有长短、高低、肥瘦、宽窄等

误差。

⑲ 吃势不匀——绱袖时在袖山部位由于吃势不均匀,造成袖山圆胖或有细褶。

⑳ 绱位歪斜——绱袖、绱领、定位点少于三个或定位不准。

㉑ 对条、对格不准——裁剪时没有留清楚剪口位;或排料时没有严格对准条格;缝制时马虎,没有对准条格。

㉒ 上坎、下坎——缝纫技术低或操作马虎,没有做到绲线始终在缝口一边。

㉓ 针孔外露——裁剪时没有清除布边针孔;返工时没有掩盖拆孔。

㉔ 领角起豆——缝制技术低;领角缝位清剪不合要求;折翻工艺不合要求;没有经过领角定型机压形。

㉕ 零配件位置不准——缝制时没有按样衣或工艺单缝钉零配件。

㉖ 唛牌错位——主唛、洗水唛没有按样衣或工艺单要求缝钉。

(3) 污迹

① 笔迹——违反规定使用钢笔、圆珠笔编裁片号、工号、检验号。

② 油渍——缝制时机器漏油;在车间吃油食物。

③ 粉迹——裁剪时没有清除划粉痕迹;缝制时用划粉定位造成。

④ 印迹——裁剪时没有剪除布头印迹。

⑤ 脏迹——生产环境不洁净,缝件堆放在地上;缝件转移时沾染;操作工上岗前没有洗手。

⑥ 水印——色布缝件沾水褪色斑迹。

⑦ 锈迹——金属钮扣、拉链、搭扣质量差,生锈后沾在缝件上。

(4) 整烫

① 烫焦变色——熨斗温度太高,使织物烫焦变色(特别是化纤织物)

② 极光——没有使用蒸气熨烫,用电熨斗没有垫水布造成局部发亮。

③ 死迹——烫面没有摸平,烫出不可回复的折迹。

④ 漏烫——工作马虎,大面积没有烫过。

⑤ 死线头——后整理修剪不净。

⑥ 活线头——修剪后的线头粘在成衣上,没有清除。

(5) 其他

① 倒顺毛——裁剪排料差错;缝制小件与大件毛向不一致。

② 做反布面——缝纫工不会识别正反面,使布面做反。

③ 裁片同向——对称的裁片,由于裁剪排料差错,裁成一种方向。

④ 疵点超差——面料疵点多,排料时没有剔除,造成重要部位有疵点,次要部位的疵点超过允许数量。

⑤ 扣位不准——扣位板出现高低或扣档不匀等差错。

⑥ 扣眼歪斜——锁眼工操作马虎,没有摆正衣片,造成扣眼横不平,竖不直。

⑦ 色差——面料质量差,裁剪时搭包,编号出差错,缝制时对错编号,有质量色差没有换片。

⑧ 破损——剪修线头,返工拆线和洗水时不慎造成。

⑨ 脱胶——黏合衬质量不好;黏合时温度不够或压力不够,时间不够。

⑩ 起泡——黏合衬质量不好;烫板不平或没有垫烫毯。

⑪ 渗胶——黏合衬质量不好;黏胶有黄色,熨斗温度过高,使面料泛黄。

⑫ 套结不准——套结工没有按工艺要求摆正位置。

⑬ 钉扣不牢——钉扣机出现故障造成。

⑭ 四合扣松紧不宜——四合扣质量造成。

⑮ 折衣不合格——没有按工艺要求(或客户要求)折衣。

⑯ 衣、袋规格不符——包装工操作马虎,将成衣装错包装塑料袋。

⑰ 丢工缺件——缝纫工工作疏忽,忘记安装各种装饰襻,装饰钮或者漏缝某一部位,包装工忘了挂吊牌和备用扣等。

⑱ 装箱搭配差错——包装工工作马虎,没有严格按装箱单搭配装箱。

⑲ 箱内数量不足——打下的次品过多,没有合格品补足造成尾箱缺数。

⑳ 外箱唛头印错——外贸部门提供的唛头有错;生产厂家辨别英语出错。

 任务实施

如图 3-23 款式,下单数量 2 000 件,列出生产进度表及质量标准。

款号: 06H012

材料说明: 面料:260 g/m² 全棉卫衣布

帽里:185 g/m² 全棉条纹精梳汗布

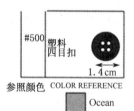

#500 塑料 四目扣 1.4 cm

参照颜色 COLOR REFERENCE

Ocean

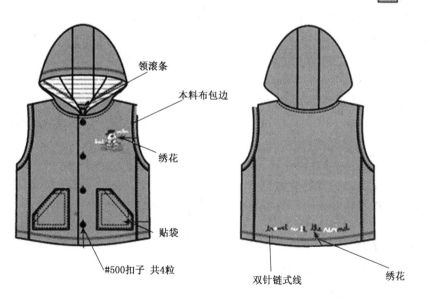

车缝线配大身颜色

套结和锁眼用藏蓝色线

图 3-23 款式图

一、生产计划总表(表 3-23)

表 3-23　生产计划总表

面料到厂	松布	裁剪	印绣花	上线车缝	成品下线	钉扣	整烫	包装	离厂
2012-10-5									
2012-10-6									
2012-10-7				0					
2012-10-8				200					
2012-10-9				300					
2012-10-10				400					
2012-10-11				400					
2012-10-12				400					
2012-10-13				300					
2012-10-14									
2012-10-15									
2012-10-16									
2012-10-17									

二、质量标准

1. 裁剪工艺

① 核实样板数量是否与通知单数量一致。

② 裁剪时不允许走刀,不可偏斜,上下层不可错位。

③ 各部位纱向按纸样所示裁剪。

④ 各部位需按纸样所示定位打剪口,且位置准确。

2. 基本缝制工艺

① 所有拼缝双针锁边,线迹宽 0.7 cm,车缝整齐,牢固,平服。

② 所有针距为 2.5 mm/针;明线不允许接线。

③ 腋下拼接片上倒缝 0.6 cm 明线,缝份倒向侧缝,左右对称。

④ 领口 0.8 cm 明线。

⑤ 帽口和下摆 2 cm 宽冚车车缝,不允许起纽起链形。

⑥ 贴袋斜边开口,0.2 cm 和 0.6 cm 双线车缝;袋口打套结,套结长 1 cm,方向沿袋口边;两袋对称。

⑦ 后领滚条上下 0.1 cm 线迹。

⑧ 袖窿包边 0.1 cm 线迹,包条不允许起纽;袖窿大小一样,形状左右对称。

⑨ 各成品尺寸误差在 0.5 cm 内,各具体部位误差参考尺寸表。

3. 整烫

① 各部位整烫平服、整洁,无烫黄、无水渍。

② 绣花部位需垫布整烫,不能烫出极光。

③ 门襟整烫顺直,不可往外翻里。

④ 帽口,下摆,袖窿整烫注意尺寸,不可拉大整烫。

4. 绣花

① 绣花线迹平整。

② 绣花底纸衬需清理干净。

③ 绣花底需黏比绣花大 1 cm 的四面弹有纺衬,且不可脱落。

教学实施组织

一、导入相关知识介绍

认识了解服装生产进度和质量跟进的方法。

二、安排初期工作任务

教师通过实例讲授如何跟进进度和质量。

三、同步指导

跟进进度和质量要求,分组合作完成工作任务。

四、总结

总结本单元的教学内容,针对教学过程中的重点内容向学生提问,以便加深学生的印象,同时也请学生质疑,由教师答疑。

练习题同步训练

根据图 3-24 完成该款式服装的质量要求编写任务:

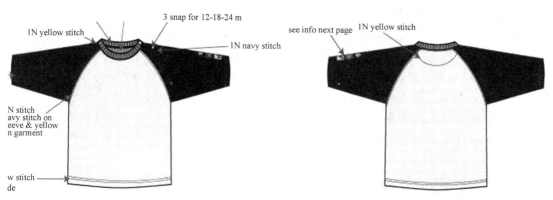

图 3-24　款式细节图

拓展知识 3:提供关键工艺制作要求

一、关于不同面料性能的裁剪工艺要求

裁剪工艺要求裁剪前要先根据样板绘制出排料图,"完整、合理、节约"是排料的基本原则。在裁剪工序中主要工艺要求如下:

纺织面料因原料、纱线结构、组织结构以及染整加工的不同使面料性能各异。纺织面料的性能影响裁剪工艺,不同面料其裁剪要求不同。

(1) 不同缩水性的面料

缩水性大的面料,裁剪前应先下水预缩,晾干后再裁剪,如棉纤维面料、麻纤维面料、丝面料、黏胶面料等;缩水性小的面料,裁剪前不必下水预缩,也不必把放松量留得很大,如涤纶面料不需缩水直接裁剪即可。毛纤维面料不宜落水预缩,采用在裁剪前喷水预缩,从反面烫干再进行裁剪的方式。

(2) 丝面料

丝面料裁剪时容易滑动或纠缠,要尽量少移动或用重物压住。为了防止裁片移位走样,可用大头针将面料别在大小相当的牛皮纸上,别针时要注意丝缕的横平竖直,要使面料自然舒展,合成纤维长丝面料用电刀多层裁剪时,要注意电刀摩擦发热而引起合成纤维面料局部熔融。

(3) 稀松结构面料及易变形的面料

对于结构稀松、易脱散的面料及尺寸不稳定易变形的面料,裁剪时用力要轻,避免拉伸。裁片不要长时间悬挂,以免产生伸长,对服装尺寸造成影响。另外,裁剪时还可适当加大放松量,如乔其纱、稀松结构的粗花呢、女衣呢、针织面料、黏胶纤维面料等。

(4) 条、格纹面料

拖料时要注意各层中条格对准并定位,以保证服装上条格的连贯和对称。

(5) 针织面料

在裁剪中应注意不要将有折叠痕迹处和有印花的边缘处使用在服装的明显部位。裁剪前根据样板对位记号剪切刀口。裁剪要求下刀准确,线条顺直流畅。铺层不得过厚,面料上下层不偏刀。拖料时点清数量,注意避开疵点。排料时注意面料的丝缕顺直以及衣片的丝缕方向是否符合工艺要求,对于起绒面料(例如丝绒、天鹅绒、灯芯绒等)不可倒顺排料,否则会影响服装颜色的深浅。对于不同批染色或砂洗的面料要分批裁剪,防止同件服装上出现色差现象。对于一匹面料中存在色差现象的要进行色差排料。采用锥孔标记时应注意不要影响成衣的外观。裁剪后要进行清点数量和验片工作,并根据服装规格分堆捆扎,附上票签,注明款号、部位、规格等。针织面料剪裁时不要使用锥孔标记,以免影响成衣的外观。

二、特殊面料的缝制要求

1. 松织面料经纬斜度的缝制

松织面料的质地极为稀松且手拉有移位感觉,因此这些面料在制作时都要贴牵带,且在成衣生产制作前给予提出和指导。

2. 针织面料的缝制

在做针织面料时首先要换9号或更小的针织针。针织面料易脱扣,同一地点缝制不能超过3次,带弧型的部位,如:领圈、袖窿,要抓缝,略归。且针织面料不易控制尺寸,横向易伸大。针织面料分上下口,一般脱丝为下口。

3. 超薄面料的缝制

在做超薄面料时,我们要明确它基本是透明的,所以在一些夹层里我们要确保它没有杂物、线头,如领子、袋盖、门条等。里侧缝份、拷边线要宽窄一致,不要有脏斑污迹。因面料很薄,要特别注意线路的松紧,缝份不要起吊。

4. 特厚面料的缝制

在缝制特厚面料时(如羊绒、呢子面料、棉衣面料等)时要注意各部位的曲势,如领子部位,因为它有厚度,所以一般的里要比表小,小多少要根据面料的厚度决定。一般为面料的双层厚度为长度,如面料的厚度为 0.3 cm,那里就要比表小 1.2 cm。

5. 格子面料的缝制以及裁剪基准

面料需要对格时,需注意前身、后中线、肋缝、摆缝、口袋、领子、袖子内外袖缝、袖子和正身横向、翻领等部位。对格时一般以中底边为基准。

6. 水洗面料的缝制

水洗面料缝制后在水洗时要取一块 50 cm×50 cm 的面料和衣服一起水洗,确定它的缩水率和水洗后的颜色以及柔软程度,以便大生产时有缩水率数据和颜色基准。另外水洗面料在缝制时要注意面料不要被机器的牙齿磨坏、磨荒。以免衣服水洗后局部部位有颜色差异和损坏现象。

7. 针织面料加机织面料的缝制

针织加机织面料缝制时,因为针织面料有弹力且挂长,所以拼缝时要把针织面料拉伸 0.3~0.8 cm,具体根据针织面料的挂长比例而定。针织面料有条纹时,一定要顺直。

8. 绗缝面料的缝制

在做绗缝面料时要根据指示绗棉,用多少克的棉要明确,一般棉的单位有 20 g/cm^2、25 g/cm^2、30 g/cm^2、40 g/cm^2、60 g/cm^2、80 g/cm^2。绗棉时要根据面料的密度来确定是否需要加绗棉纸,需要在确保棉丝不向外跑的情况下可以不用,一般垫绗棉纸的时候,在靠表的一层,如果棉不是太好,比较囊,机器不走的话可以里外同时垫。一般机器绗棉的花样有 S 绗棉,蝴蝶绗棉,激光绗棉,黏贴绗棉,金、银丝绗棉,菱形绗棉等。里地绗棉时一般绗菱形小格。在手工绗棉时要确保松紧一致,面料丝路顺直。绗出的棉要有立体感,在缝制熨烫时要注意不要把棉的立体感破坏。

9. 弹性较大的面料的缝制

弹性较大的面料在缝制时,要根据它的弹力来确定是否需要用弹力线或高弹线。弹力面料缝制完后要用一定的力去拉伸缝份,要确保缝制线不断才行。在缝制时机器的压力不要太大,要不然会导致缝份起水浪现象。

三、不同服装的后整理工艺要求

服装染整能够体现不同服装的特色,其产品具有新颖别致、极具个性、品位出众、穿着与众不同的特点,再辅以提升服装舒适性和功能性的后整理技术,成衣染整产品正日益受到人们的喜爱,特别受到青年人的青睐。

我国的服装染整始于 20 世纪 70 年代末,最初是牛仔服石磨、漂洗和雪洗;80 年代,兴起丝绸服装砂洗、全棉与涤棉服装的水洗(缩水)、柔软洗、砂洗以及少量的服装染色、印花和扎染;90 年代,酶处理技术兴起,并广泛地用于牛仔服水洗、纯棉服装超级柔软洗、针织品抛光。近几年来又兴起永久性压烫树脂整理技术,多用于服装浸渍处理,尺寸与形态稳定性比以往的织物处理方法有较大提高。洗水行业随服装业的发展而发展,不少中高档服装离不开服装的后染整加工,已成为提高服装品位与附加价值的现代化新技术。

纺织品经过纺纱、染整、制衣多道工序的加工处理后一般都要经过洗水处理,以达到去污、防缩、加柔、去毛或某些特殊的视觉效果,使成衣的综合性能更接近常态,颜色更为自然。

多种多样的洗水工艺形成了各种特色的成衣效果,提高了产品的附加值。同时,成衣洗水工艺对成衣的外观和物理指标也不容忽视。常见的洗水工艺分为以下几种:

1. 普洗

外观:颜色变化不大,稍显陈旧。

物理指标:滑移产生变化(与所加的柔软剂份量有直接关系),尺寸的稳定性提高。

2. 化学洗

外观:颜色变化较大;布面有较多的不规则毛(长毛);有特殊的石磨效果;布面陈旧。

物理指标:滑移有变化;拉伸,撕破强力有一定下降;针织物的撕裂强度有一定程度下降;缩水稳定。

3. 酶洗

外观:颜色有一定变化;表面光洁或绒毛平整;有类似石磨的效果;布面陈旧。

物理指标:滑移变化;拉伸,撕破强力有一定下降;针织物的撕裂强度有一定程度下降;缩水稳定;有重量损失。

此外,洗水后的手感风格和洗水前的手感风格完全不一样。针对我国目前的洗水行业,根据洗水的目的大致可以分为以下几种类型的洗水:

1. 洗缩水

面料缩水率超标时,在制衣前先洗一块布样,测出经纬向缩水率,换算成制衣尺寸,然后按比例下料。做出样品后再水洗测试,使服装的缩水率符合标准。这类服装成衣后,都要经过水洗,而且缩水后的尺寸必须与测试样一致。这就要求洗缩水也要有一个统一的工艺。

洗缩水工艺:将服装放在40℃温水池内,浸泡半小时(中途不时用棍子压一压,使全部浸湿),取出脱水、烘干。

洗缩水要求:洗后,服装的缩水率降至3%(注:根据客户要求和标准有所不同)。

2. 洗柔软

大多数服装要求柔软。根据客户要求,洗缩水时加入柔软剂对衣服的手感进行调节。

将服装放在温水40℃,加有2 g/L柔软剂的池内,洗涤一定时间,脱水、烘干。

洗柔软要求:洗后,服装的缩水率下降,手感略显柔软。洗柔软一般安排在洗水的最后一道工序进行或者与其他的洗水步骤同时进行。

3. 洗保洁

出口到某些国家的产品,要求保证无甲醛或低甲醛。但目前在染整加工行业较为广泛地采用树脂加工技术进行防皱、防缩整理,导致某些有甲醛的织物,将甲醛味散发在空间,使原本无甲醛的衣服吸着少量甲醛。如不注意,易造成违约。

洗保洁工艺:40～50℃皂洗(洗衣粉1 g/L,纯碱2 g/L),水洗,脱水,烘干。

洗保洁要求:面料无异味,无甲醛。

4. 去毛

棉纱经过纺纱、染整和制衣的多道生产工序加工才演变成衣服,在各种加工过程中布面经受各种摩擦,布面的毛羽突出不齐,影响外观和手感。为了改善其外观或提高其抗起球能力(Pilling Resistance),常见的加工方法是经过酶洗加工,达到去毛目的。

去毛工艺:酶洗(酸性条件,1~2 g/L),水洗,脱水,烘干。

去毛要求:布面毛羽平整。强力,颜色达标。

5. 免烫 (防皱)

棉织物成衣,如只经过一般的洗水处理,在穿着过程中成衣易起褶皱,影响外观。目前较为常用的解决方法是在湿加工过程中加入树脂,进行免烫整理。免烫整理可以在面料的定型加工或成衣洗涤过程中分别进行。根据所使用的树脂类型,其加工的工艺流程也有差异。

免烫工艺:树脂大约 60 g/L 加催化剂洗涤(备注:根据要求有所不同),脱水(保持一定含湿量),烫布,烘干。

免烫要求:平整,不易起皱,强力,颜色达标。

6. 成衣艺术染色

在成衣的洗水过程中加入一定的染料进行成衣染色(或加色)是近年来较为流行的染色方法。与传统染色工艺相比,成衣染色具有批量小、交货期短的优点,且风格独特,适合于各种天然纤维。当前艺术染色可分为浸染、刷染、喷染、印染、吊染、扎染等。"艺术染色"是一个全新的人文染色概念,国家纺织产品开发中心《2005 年中国纺织产品开发报告染整篇》将其定义为:艺术染色,狭义上是扎染、拓印、转移压皱、丝网印花、即兴喷绘、涂鸦式绘制和拔色等新兴手工工艺集群的总称,相对于传统染色工艺而说的,是扎染、吊染、即兴手工喷染、蜡染、涂鸦式绘制和泼色等新兴手工工艺集群的总称。即在各纺织面料和成衣上运用现代印染技术,并结合扎、缝、包、染、喷、绘、拓、刷、雕、压等各种特殊工艺,创选出区别于传统印染审美特征的平面、立体和单色、多色交融新图形的艺术实践活动。从广义视觉艺术形式的角度讲,一切对纺织面料、服装和家纺产品进行视觉艺术创新后整理,对面料、服装、家纺产品进行"二次整容"的工艺技术,都可以纳入艺术染整的范畴。艺术染整具有紧随时代变化的艺术魅力,兼容东西方文化,追求个性化艺术设计。成衣艺术染色是将艺术染色应用于成衣,能够提高成衣的附加值,使其更加具有艺术特质,充分体现设计师的意图,使艺术染色和服装设计浑然一体。

近两年来,吊染工艺随着普拉达、芬迪等意大利著名品牌和时装设计大师在高级时装中的运用和发布,使得这种朦胧渐变的特殊防染技法成为现代成衣和家纺设计中一种不可或缺的"艺术染色"语言。"渐变染"效应在纺织品染色中俗称为"过渡色",是指从织物的一部位到另一部位,颜色逐渐发生变化的一种效应。"渐变"效应是近年来刚开始流行的花色品种,如图3-25、图 3-26 所示。

吊染工艺作为一种深受市场欢迎的特殊防染技法,可以使织物面料和服装成衣产生由浅渐深或由深至浅的渐进、柔和、安详的视觉效果,与植绒、涂料印花、电脑绣花等工艺相结合,可传达出一种简洁、优雅、淡然的审美艺情趣。织物的吊染工艺可在面料和成衣上进行染色,在特殊的吊染设备中完成。染色时,根据面料和服装设计要求只让面料或服装的一头接触染液,染料的吸入主要靠毛细管效应,随毛细管效应上升的染液吸附到织物上,由于染料的优先吸附性,越向上染液中剩余染料越少,因此就产生了一种由深到浅逐渐过渡的染色效果。在吊染中,很重要的一点是在染色的过程中吊挂的染物必须上下摆动,从使染物的上色量尽量地多。上色原理与一般染色相同,只是在加工手段上有着较大的区别。

图 3-25 渐变染   图 3-26 渐变染

织物吊染一般流程如图 3-37 所示:

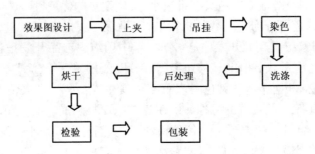

图 3-27 织物吊染流程

吊染的工艺方法是将织物被染面朝外固定在丝网架上,再将丝网架逐渐浸入染槽,或者先将丝网架全部进入染槽,之后再逐渐吊起。渐变色主要是基于服装的不同部位染色时间渐变或染液配方的渐变从而使服装获得不同部位的颜色渐变而形成的。吊染工艺多用于纯棉、真丝等较为高档面料和成衣的染色,多选用环保型活性染料和酸性染料。

服装吊染中渐变效应的形成主要是基于对不同部位染色时间的渐变或染料浓度、配方的渐变控制。做渐变效应染色需要专门的染色设备,设备由染槽、吊架和升降控制装置三部分组成。染色时把染液配制在染槽中,把服装绷平固定在丝网架上,再把若干个丝网架平行排列安装在吊架上,通过升降控制装置使服装按设定速度逐渐浸入染槽中或者先使整个服装全部浸入染液中,然后再逐渐吊起。在染色过程中可以逐渐改变染液浓度或配方以形成不同的颜色的渐变,服装的不同部位在染液中停留时间长短不同,形成着色量的渐变,使不同部位颜色不同,或者颜色相同,但浓淡不同。也可以先把裁成制品的各种裁片,然后进行渐变染色后,再进行成衣的合成。在吊染中,很重要的一点是在染色的过程中吊挂的染物必须上下摆动,以使染物的上色量尽量地多。

成衣产前染色处理一般在成衣染色机中进行,成衣染色机主要有两类:一类是浆叶式成衣染色机，浆叶持续搅拌，使缸内织物均匀翻动，确保毛皮匀染。如 GD 型成衣染色机和 SME261 型成衣染色机等。另一类是滚筒式成衣染色机，如 SWA 系列滚动洗染机。此外，为了得到独特的染色效果，还可以对成衣吊染、段染。吊染所用的染色机如 GY 型升降式成衣染色机。段染如 YD 型常温绞纱-成衣段染机。

7. 缩绒

羊绒衫后整理工艺主要是缩绒，下面简单介绍下缩绒的工艺。

(1) 缩绒机理的三个基本条件

① 表面有鳞片结构，存在定向摩擦效应，如羊毛纤维、羊绒纤维等。

② 有一定湿度。

③ 缩绒过程中纤维的集合体应受全部或部分作用力，如冲击力、摩擦力等。

缩绒的含义是指羊绒纤维在一定湿热条件下，利用机械外力和化学助剂的作用，部分纤维相互缠结，表面绒毛突起的现象。缩绒目的是羊绒织物下机后，为改变织物服用性能、手感、质量，外观，通过一定的加工处理，使织物柔软光滑、有身骨、丰满有弹性。

(2) 缩绒过程中的三要素

① 温度：包括羊绒织物的浸泡温度、洗涤温度以及烘干温度。浸泡最佳温度常规为 32℃±1℃；洗涤最佳温度常规为 37℃±2℃；烘干最佳温度常规为 75～80℃。以上三种温度过高，损伤纤维，降低织物的价值和服用性能；温度过低，需用时间加长，降低生产效率。

② 时间：包括羊绒织物浸泡时间、洗涤时间、烘干时间。时间的制定依据坯料成分、组织规格、含杂情况和客户的风格要求。如浅色织物绒质好，所用时间短；深色织物绒质含杂较多，所用时间较长。织物密度松，所用时间较短；织物密紧，所用时间较长。

③ 助剂：包括毛能净、柔软剂、起毛剂、防沾色剂等。由于构成织物的纤维的品种不同，使用助剂也不同。一般来讲，浅中色绒衫，只需毛能净；深色纯绒衫、变形纱织物以及精纺织物，需毛能净和柔软剂两种助剂；精纺混纺衫需毛能净、起毛剂、柔软剂三种助剂才能达到满意效果。

(3) 缩绒过程中出现的主要问题和注意事项以及其解决措施

对于样品，必须对照各批、各款、各规格尺寸表，做好缩前、缩后和烘干后尺寸记录，并对缩绒工艺要求做好记录，便于指导大生产。如同一件织物不同部位的密度相差很大时，必须依据密度先分部位缩绒后，再进行套口，否则同时缩绒会发生同一件织物的各部位绒面手感相差甚远的质量问题。

在缩绒过程中，水质变化影响织物色泽、柔软度。一般缩绒需要用软化水，水质好织物色泽鲜亮；水质差织物色泽灰暗。因此在缩绒过程中观察水质变化是一项首要任务。另外，烘干时间和烘干温度也影响织物色泽。时间过长或温度过高，会使织物色泽冷黄。因此缩绒过程中观察烘干气压、烘干温度及烘干时间也是一项重要任务。

对于先锋、批头，必须按正常情况洗涤、烘干，记录好标准气压下的各项工艺要求，便于指导大生产工艺。对于大生产，每批每色先由缩绒工艺员试好工艺，然后由后整技术部负责领导认可、签字定标准后，工艺方可指导和投入批量大生产。大生产过程中有以下几个方面的具体注意事项及其问题和解决措施。

生产中应特别注意同生产批号、同以号、同款式，出现纱批不同情况时，必须由缩绒工艺员和后整部负责领导重新定出不同纱批的工艺和标准，方可进行不同纱批的大生产，目的是为达到手感,风格尺寸可能一致。不经工艺员许可,纱批不同的同种织物不能用同一个缩绒工艺。

大生产中,浅色织物易出现亮度不一的质量问题。产生原因主要有两方面:一是水质不同时,缩绒员工察觉不到而继续生产,造成浅色织物亮度不一。二是缩绒工揉法不统一,有的手法轻,有的手法重。重要的是,有的班揉十件换一次水,有的班揉二十件换一次水,这样必然会出现浅色织物批量性亮度不一现象。大生产中,丝绒混纺织物易出现"磨白边"现象。通过实践中经验的总结,这种现象可以避免。"磨白边"是一种"磨掉脱色"现象,尤其混纺织物中丝的染色牢度一般较差,缩绒过程中,织物间摩擦增长,就会产生染色损耗致使常受摩擦的部分丝的脱色。所以减小织物间摩擦可避免这种现象,具体措施是:①脱水时间较常规长。②一次洗涤件数和烘干件数较常规减少 5~10 件。③烘干后立即取出,经过实践,这种方法目前可行。

生产中,丝绒混纺织物易发生柔软剂不均,分布、局部片迹现象。这种现象,一方面与所用柔软剂产生副作用有关;另一方面,主要是操作不当造成。现在使用的 ZK 柔软剂发生这类现象,为避免发生这种质量问题,在使用 ZK 柔软剂之前,首先,观察 ZK 柔软剂是否结皮、是否透明,如有一点结皮或非透明状就不能使用。其次,使用透明状柔软剂时,先用温水稀释化匀,加入机器后,使稀释后的柔软剂在机器内轻轻转动,保持均匀分布,即可避免柔软剂在织物上的部局部片迹现象。另外,柔软剂必须按工艺要求用量,按标准量用,用量过多或过少,影响织物色泽、手感以及缩绒效果。

在生产过程中,配色衫、提花衫易出现"沾色"现象。"沾色"也是一种"色移"现象,是织物中一种染料常量多至周围区或领边表面的现象。配色衫在给湿、给热后,如果挤压在一起就会发生"沾色",为避免"沾色",采取以下四项措施:①不能浸泡。②洗涤、烘干件数严格执行工艺要求,不允许超量。③必须在动态下进行洗涤、烘干,不能使织物保持静态。④必要时洗涤时需加防沾剂和脱浮色。

羊绒衫出现"起球"现象,产生起球原因。一方面与羊绒衫纤维本身易起球有关;另一方面是织物经受摩擦后,表面纤维头端露出后,不易摩擦脱落,互相纠缠揉搓,形成"毛球"。起球现象影响羊绒织物外观。因此,制定缩绒工艺时,必须考虑到这点,在保证手感和风格特征的同时,尽量使织物绒面最小,可避免起球现象。常言到,"织物制衣成于整理",整理是羊绒衫第一生命,用在这里就是"羊绒衫制成于缩整"。

拓展知识 4:外发跟单事宜处理

服装的生产不可能刚好与本厂的生产能力一致,当有订单进来,而本厂又无法完成订单的时候,也需要接回订单,此时就可以安排外发生产。

外发的订单往往比本厂的订单更难做,主要有几个方面原因:第一,外厂也有自己的订单,做外接的订单时极大可能也在做别人的订单,这时就要业务跟单人员外发的时候注意评估能否正常出货;第二,外厂的人员不易管理;第三,空间距离导致很多问题不易发现,也不易解决。所以在外发的时候,一定要注意预防很多问题的发生,比如资料样衣需认真核实是否正确、齐全,物料是否及时到位等。

一、外发跟进范围

外发加工产品的跟进范围包括从厂家调研、厂家评估、合同签订到生产排期、质量控制、生产进度跟进及最后出货的全过程。

二、作业程序

(一) 加工厂的选择

1. 了解加工厂的基本情况

① 名称。

② 地址。

③ 电话。

④ 成立年限。

⑤ 接单情况(国内,国外)。

⑥ 生产人数。

2. 了解工厂硬件情况

① 车缝设备是否符合大货生产? 车缝设备配套状况。

② 是否有裁床,台板是否够长?

3. 了解工厂的质量管理情况

① 质量人员比例占工厂工人总数的比例为多少? 是否每组有一个线上检查和一个最后检查。

② 工厂生产产品工艺及质量能否达到我方标准。

③ 裁床裁剪员工是否专业。

④ 工厂是否接受合同所规定事项。

4. 了解工厂的基本产能

① 工厂的产能是否能满足生产需求。

② 工厂是否很好协作我方出货,安排加班等。

(二) 外发流程

1. 资料准备

生产管理部跟单员需要准备好外发款式的生产制单、生产板及批办意见、工艺流程资料、物料色卡等。

2. 加工合同签订

寄样板给加工厂报价,确认价格及货期后签订加工合同。合同中应详细列明生产货期、质量要求及违约的惩罚条款,确认加工厂充分理解,并就可能发生的事宜进行协商,达成共识。

3. 物料准备

仓库备齐外发款式所需物料,由跟单安排连同制单及技术资料发给加工厂。

4. 产前板确认

跟单通知外发质检员外发厂的开货时间,外发质检员跟进外发厂提交的产前板并给出批办意见,外发厂在得到批办意见前不能开货。

5. 物料及生产进度跟踪

开货后跟单员需跟踪物料的供应及损耗情况,并及时补充欠料,跟踪生产进度满足货期要求,对质量督导以及信息的及时传递。

6. 生产过程中品质控制

外发质检员除了批核产前板外,还根据款式的复杂程度决定是否到现场指导开货,当有成品完成时到现场进行中期检验,依据《成品检验标准》,出具《中期查货报告》及时发现并纠正存在的质量问题;当大货基本完成时进行尾期检查,出具《尾期查货报告》给出整批货的检查处理意见。

7. 成品交付（包装资料）

（1）收货

外发质检员查货通过的成品,由外发厂负责送回本厂。到货后包装部对照送货单清点颜色、码数细数清点收货,发现差异及时反馈给跟单,跟单确认后跟外发厂协调补数事宜。

（2）检验

总查对外发厂交回的成品依据《成品检验标准》进行100%检验,检出的次由跟单协调由外发厂或车间返工。

8. 结算

清单后跟单汇总外发加工资料(包括超用物料和代返工成本,剩余物料返还)给财务部结算。

案例参考：

有一批棉衣需要外发加工,总计7 110件,请整理所需资料、物料等。

注意所有资料一式三份,加工厂一份,质检员一份,存档一份,以防出现问题时能够及时核对资料并解决问题。

1. 资料的准备

（1）大货制单(表3-24)

表3-24 大货制单

大货制单																		
客户	KANZ		款　号		1244059		离厂日期			2013-4-25								
系列名	ROMANTIC STORY		款　式					女童棉衣										
外发项目	后背印花—小杜 15108489199						左袖绣花—唐郅 13880818981											
款式图	衣服颜色	目的国	尺码															
			68	74	80	86	92	98	104	110	116	122	128	140	152	Total		
	1050 白色	德国				15	35	30	40	30	80	55	85	85	80	535		
		土耳其	29	29	58	58	58	58	254		254		254	254	254	1 560		
		总数	29	29	58	73	93	88	294	30	334	55	339	339	334	2 095		
	2004 大红	德国			35	55	90	100	105	95	105	65	95	85	80	910		
		土耳其	23	23	46	46	46	46	52		52		52	52	52	490		
		总数	23	23	81	101	136	146	157	95	157	65	147	137	132	1 400		
	3043 上青	德国	17		6	17	80	75	95	95	135	55	130	125	95	925		
		土耳其	1	1	2	2	2	2	110		110		110	110	110	560		
		总数	18	1	8	19	82	77	205	95	245	55	240	235	205	1 485		
	7911 葡萄紫	德国	25	25	25	25	50	55	80	70	180	50	190	185	170	1 130		
		土耳其	25	25	50	50	50	50	150		150		150	150	150	1 000		
		总数	50	50	75	75	100	105	230	70	330	50	340	335	320	2 130		
	合计		120	103	222	268	411	416	886	290	1 066	225	1 066	1 046	991	7 110		
一、数量明细																		
二、工艺说明和更改：(产前样意见)																		

(续　表)

1. 门筒和领口要在一条直线上　　2. 帽口连接毛毛的部分需车缝一条 0.1 cm 的明线
3. 口袋上的四合扣请打在中间,袋口条一定要改住口袋底布

三、面辅料列表

面料类:

面料名称	大身面料	短毛绒	210T	毛毛	棉	棉	备注
规格/幅宽	1.45 m	1.5 m	1.47m	1.5 m	240 g/1.5 m	120 g/1.5 m	大身和袖子棉花:68～116♯用单面烫的仿丝棉,122～152♯用喷胶棉。帽子及其他小部位棉花都用 120 g/1.5 m 仿丝棉。车缝时注意:单面烫的仿丝棉烫皮的一面靠里布,未烫皮的一面烫面料一面
部位＼衣服颜色	大身	大身里,帽里,口袋里	袖里	帽口	大身里,袖里	帽里	
白色 1050	白色	白色	白色	土黄色	白色	白色	
大红 2004	大红	大红	大红	土黄色	白色	白色	
上青 3043	藏青	藏青	藏青	土黄色	白色	白色	
紫色 7911	紫色	紫色	紫色	土黄色	白色	白色	

车缝辅料类:

品名	规格	颜色	用量	使用部位	备　注
拉链	5♯尼龙开尾	配大身色	1个	门襟	尺寸明细见附件2
拉链	3♯尼龙开尾	配大身色	1个	帽子	尺寸明细见附件2
拉片	桃心	亮银色	1个	拉链头	刻字的一面朝前
喷漆四合扣	12.5 mm	配大身色	见尺寸表下方/定位纸样	门襟＋领口 1＋帽嘴 2＋袖口 2＋腰带 2＋帽子毛领 3＋口袋口 2	门襟扣子数量:68～80♯ 4 颗,86～122♯ 5 颗,128～152♯ 6 颗。(见尺寸表下方/定位纸样)。上下件都加胶垫片
隐形四合扣	12.5 mm	哑银色		毛领	68～74♯ 5 颗,80～152♯ 7 颗。上下件都要加胶垫片
四合扣底2件	12.5 mm			腰带,袖口处	注意加胶垫片
松紧	2 cm	白色		袖口里	注意松紧不能打卷
松紧	2.5 cm	白色	根据实际衣服尺寸量取	腰带	68～92♯用
松紧	3 cm	白色		腰带	98～122♯用
松紧	3.5 cm	白色		腰带	128～152♯用
松紧	4.5 cm	白色		下摆里	在两侧缝和后背两处要吸位固定,松紧不能外翻
主唛		配大身色	1个	一半车在半月贴里,一半车在里布上	
尺码唛		配大身色	1个	车于主唛下方中	
侧唛		上青	1个	上衣穿者左侧缝距下摆7 cm处	
洗水唛		白底黑字	1个	穿者左内侧缝下摆向上 10 cm 处	可根据长度调整位置,以保证唛头不外露,车缝顺序见上图
成分唛		白底黑字	1个	洗水唛上方 0.5 cm	
土耳其唛		白底黑字		洗水唛下层	仅出口土耳其用
线		配面料色			面线 402 涤纶线,底线松紧线

（续　表）

包装辅料类：						
吊牌				打在侧唛上	注意贴纸上的价格一定要贴在吊牌下方的虚线以下	
吊牌贴纸				贴在吊牌背面		
胶针	7 cm					
胶袋				装衣服	德国:单件入一个小胶袋	
胶袋贴纸				贴在胶袋上	具体位置见包装资料	
纸箱					入箱方法见包装资料	
业务员：		日期:2013-3-16			审核：	

（2）物料清单（表3-25）

表3-25　面、辅料清单-总表

4059 面辅料清单-总表							3月16日
款号	图示	名称	规格	质地	颜色	订购数	已发货
1244059		大身面料			1050 白色	3 510	3 513
					2004 大红	2 130	
					3043 上青	2 470	977
					7911 葡萄紫	3 500	
		短毛绒			1050 白色	1 410	1 293
					2004 大红	880	827
					3 043 上青	990	944
					7911 葡萄紫	1 410	1 351
		210T			1050 白色	800	836
					2004 大红	470	485
					3043 上青	550	571
					7911 葡萄紫	770	760
		仿丝棉	240 g/1.5 m		白色	1 370	
			120 g/1.5 m		白色	380	
		喷胶棉	240 g/1.5 m		白色	1 200	
		毛毛			土黄色	260 码	
		松紧	4.5 cm	加厚松紧	白色	7 679	
			3.5 cm	加厚松紧	白色	2 048	
			3 cm	加厚松紧	白色	1 586	
			2.5 cm	加厚松紧	白色	495	
			2 cm	加厚松紧	白色	2 033	
		5# 尼龙开尾拉链				7 264	
		3# 尼龙开尾拉链				7264	

4059 面辅料清单-总表		名称	规格	质地	颜色	订购数	3月16日
款号	图示	名称	规格	质地	颜色	订购数	已发货
1244059	124 4059	喷漆四合扣	12.5 mm	铜	1050 白色	35 720	
					2004 大红	23 236	24 360
					3043 上青	24 970	26 441
					7911 葡萄紫	35 807	37 549
		隐形四合扣	12.5 mm		哑银色	48 818	48 900
		底 2 件	12.5 mm		哑银色	27 896	28 000
		桃心拉片			亮银色	7 180	
		主唛			1050 白色	2 163	
					2004 大红	1 407	
					3043 上青	1 512	
					7911 葡萄紫	2 168	
		侧唛			上青	7 250	
		尺码唛			1050 白色	2 163	
					2004 大红	1 407	
					3043 上青	1 512	
					7911 葡萄紫	2 168	
		洗水唛		织唛	有红字	2 547	
					无红字	4 918	
		土耳其唛		印唛	白底黑字	3971	4 000
		吊牌		纸质	红白双坑	7 250	7 490
		胶针	7 cm	塑料枪针	透明	7 596	
		吊牌贴纸		不干胶贴纸		7 596	
		胶袋纸箱					
		胶袋贴纸		不干胶贴纸			

(3) 面料单耗(表 3-26)

表 3-26　面料单耗

面料	尺寸												
	68	74	80	86	92	98	104	110	116	122	128	140	152
大身面料	1.01	1.07	1.13	1.19	1.27	1.34	1.39	1.433	1.54	1.65	1.7	1.88	1.99
短毛绒	0.33	0.36	0.39	0.41	0.45	0.5	0.52	0.55	0.57	0.61	0.64	0.74	0.79
210t	0.2	0.22	0.23	0.23	0.26	0.28	0.3	0.31	0.33	0.35	0.363	0.42	0.48

(4) 尺寸表(表3-27)

表3-27 尺寸表　　　　　　　　　　　　　　　　　单位　cm

中文对照	68	74	80	86	92	98	104	110	116	122	128	140	152
衣长	42.5	45.5	48.5	51.5	54.5	57	60	62.5	64.5	68	70	76	81.5
1/2胸围	32	33	34	35.5	37	38	39	40	41	42	43	45	47
腰节高	20.5	22	23.5	25	27	28	29	30	31	32	33	35	37
1/2腰围	30	31	32	33	34	35	36	37	38	39	40	42	44
1/2下摆	39.5	41	42	43.5	44.5	46	47	48.5	49.5	51	52	54.5	57
袖长-后中量	39.5	42	44.5	47	49.5	52	54.5	57	59.5	62	64.5	69.5	75.5
袖窿深	15.5	16	16.5	17	17	17.5	18	18	18.5	19	19.5	20.5	21.5
1/2袖口	10.5	10.5	11	11	11.5	11.5	12	12	12.5	12.5	13	13.5	14
1/2松紧袖口	7.5	7.5	8	8	8.5	8.5	9	9	9.5	9.5	10	10.5	11
松紧袖口高	2	2	2	2	2	2	2	2	2	2	2	2	2
领宽(有帽)	14.5	14.5	15	15	15.5	15.5	16	16	16.5	16.5	17	17.5	18
领深(有帽)	6.5	6.5	7	7	7.5	7.5	8	8	8.5	8.5	9	9.5	10
领高	3	3	3	3.5	3.5	3.5	3.5	3.5	3.5	4	4	4	4
后领深	2	2	2	2	2.5	2.5	2.5	2.5	2.5	2.5	2.5	3	3
过肩	2	2	2.5	2.5	2.5	3	3	3	3	3	3	3.5	3.5
肩宽	26	27	28	29	30.5	31.5	32.5	33.5	34.5	35.5	36.5	38.5	40.5
1/2帽宽	20.5	21	21.5	22	22.5	23	23.5	24	24.5	25	25.5	26.5	27.5
帽高	25	25.5	26	26.5	27	27.5	28	28.5	29	29.5	30	31	32
帽口	24	24.5	25	25.5	26	26.5	27	27.5	28	28.5	29	30	31
前袋长×宽	8.5×2	8.5×2	9×2	9×2	9.5×2	9.5×2	10×2	10×2	10.5×2	10.5×2	11×2	11.5×2	12×2
门襟钮扣数(粒)	4	4	4	5	5	5	5	5	5	5	5	6	6

（5）款式图(图 3-28）

124 4059

图 3-28　款式图

（6）印绣花资料(图 3-29,表 3-28）

图 3-29　印绣花资料

表 3-28　绣花数量及尺寸

颜色	4059 绣花尺寸													
	68	74	80	86	92	98	104	110	116	122	128	140	152	合计
1050 白色(件)	29	29	58	73	93	88	294	30	334	55	339	339	334	2 095
2004 大红(件)	23	23	81	101	136	146	157	95	157	65	147	137	132	1 400
3043 上青(件)	18	1	8	19	82	77	205	95	245	55	240	235	205	1 485
7911 紫(件)	50	50	75	75	100	105	230	70	330	50	340	335	320	2 130
合计(件)	120	103	222	268	411	416	886	290	1 066	225	1 066	1 046	991	7 110
宽 cm×高 cm	4.5×3.5				5×3.9				5.4×4.2			6.3×4.9		

(7) 样衣修改意见

① 腰带高度需要调档。

② 领里棉花太少。

③ 松紧腰带太松，请适当减小。

④ 128♯及以上尺码棉花需加厚。

⑤ 袖口松紧太薄，请换后松紧。

⑥ 122～152♯后下摆里松紧易往外翻，请在里面加牵条固定。

(8) 面辅料卡(表3-29)

表3-29　面辅料卡

面料卡	说明
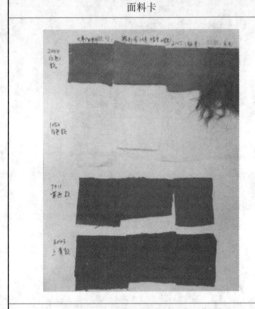	在准备面辅料小样卡的时候，一定要坚持让读卡的人一目了然的原则，把所有的面辅料都要贴完整。此卡少了洗水唛
辅料卡1	辅料卡2
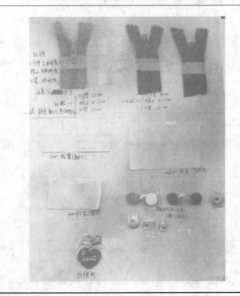	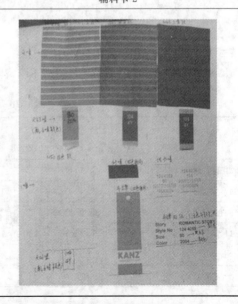

2. 加工合同的签订（表3-30）

表 3-30　服装加工合同

服装加工合同

甲方(供应方):××××有限公司　　　　　　　　　　　　　合同编号:120302-1

乙方(加工方):××××制衣　　　　　　　　　　　　　　　签定地点:成都市

现经双方友好协商,特制定以下协议:

一、签定时间:2011-03-2

交货地点:成都指定仓库或者货站

款　号	尺码	货品名称	数量(件)	加工费(元/件)	加工费小计(元)	交货期	备　注
1244059	68～152	女童棉衣	7 110	17	120 870	2011-04-20	
合计			7 110		120 870		

备注:加工费包含　裁剪、车缝、包装、含线(包括松紧底线)、含税和到成都仓库运费。

　　二、甲方以下达"生产加工制单"方式委托加工,明确委托加工服装的款式、数量、货期及提供确认后的样板、工艺制作要求和质量标准,经双方认可,即为合同的组成部分,具有与合同同等法律效力。如在生产中途需要改板或其他特别需求等,必须有书面通知。

　　三、乙方需对甲方提供的所有工艺技术资料、实样及样板等检验确认无错,方可安排生产。待甲方确认产前样后方可生产大货。若有问题,需及时通知甲方。否则,造成质量的问题及经济损失,由乙方承担。

　　四、甲方提供每款布料、物料,按制单裁数规定物料损耗计算,超出部分的费用由乙方承担。乙方必须在一定时间内清点来料、核对一切来料并签收。布料、物料如有质量问题不能生产,应及时交予甲方处理。否则造成损失由乙方承担。生产结束后,所有剩余的原辅料须退回甲方。

　　五、裁床开裁前负责对布料进行检查。如发现布料有质量问题(含布料短码)及实际用量超过制单用量,应立即通知甲方商量解决办法,双方签字确定无异后,方可开裁。

　　六、乙方需根据合同要求保质保量生产并如期交货。由于乙方责任造成不能出货,则按此款数量的出口价赔偿,并承担延误客人合同期的违约金。如果逾期交货造成空运、快车或者客户索赔,由乙方承担相关的责任和损失。如因甲方原因(物料不齐或其他)造成不能按期交货,双方另行定货期,并需签字生效。

　　七、乙方负责将货物运送到甲方指定的成都货运站或者仓库并承担运费。

　　八、结算方式:按乙方实际出货数量结算(不得少于裁剪数量的99%),甲方在验货后并确认产品合格后,出具凭验货报告。乙方把验货报告和税票快递到甲方公司,甲方收到验货报告和税票后20个工作日内支付加工费。

　　九、甲乙双方应本着精诚合作的态度,如因合同或其他产生争议,协商不成,双方可通过法律途径进行解决。

　　十、本合同一式二份,甲、乙双方各持一份,具有同等法律效力,本合同由双方代表签字这日起生效。

甲方(供应方):　　　　　　　　　　　　　　　　　乙方(加工方):

地址:成都市青羊区　　　　　　　　　　　　　　　地址:成都市武侯区

授权代表:　　　　　　　　　　　　　　　　　　　授权代表:

日期:　　　　　　　　　　　　　　　　　　　　　日期:

3. 物料准备

（根据实际情况，可直接通知面辅料厂发到加工厂）详细清单在第一项资料里面已经写明。

4. 正确的产前样板

5. 包装资料

(1) 包装资料(表 3-31)

表 3-31　包装资料

4059 包装资料

一、挂吊牌

1. 将吊牌贴纸沿吊牌下边缘贴在吊牌背面（价格一定要在吊牌的虚线以下），吊牌贴纸分为德国贴纸和土耳其贴纸（见附 1 页）

二、入胶袋（德国的单件入一小胶袋，土耳其的一个配比入一个大胶袋）

1. 胶袋：印字的一面为背面，印图标的一面为正面，入胶袋时注意衣服的正面靠胶袋的正面

2. 胶袋贴纸：贴在每个胶袋上

胶袋贴纸分德国和土耳其，德国贴纸贴在小胶袋正面左上角，土耳其贴纸贴在大胶袋正面正中，注意分款号、尺码、颜色、衣服配比。

3. 衣服折叠方式：

4. 尺码及对应的胶袋规格：

小胶袋(德国)		立体大胶袋(土耳其)	
码段	胶袋尺寸(cm)	码段	胶袋尺寸 cm(长＊宽＊高)
68～86＃	45×(40＋5)	68～98 小码段	52×35×50
92～104＃	45×(45＋5)	104～152 大码段	62×42×60
110～122＃	50×(45＋5)		
128～152＃	55×(47＋5)		

每个胶袋需用透明胶布封好，一箱可装 1～2 个配比，详见装箱单。

三、入纸箱——见附页装箱单

1. 纸箱箱唛根据客户不一样分为 3 种(6100 客户，6530 客户，土耳其)

2. 纸箱规格：长＊宽＊高(cm)

客户	纸箱规格(长×宽×高)	客户	纸箱规格
德国 6100 客户	60×40×35	德国 6530 客户	60×40×35
	60×30×14		60×40×40
	60×40×40		60×40×20
	60×40×20		
土耳其	50×33×50		
	50×33×25		
	60×40×30		

3. 装箱：衣服正面朝上入箱，加天地板，封箱

德国 6100 客户独色独码包装，德国 6530 客户可以混码混色包装，见装箱单。

4. 箱唛上需手工填写数量、毛重、净重

(2) 装箱单

以下装箱单未完整,仅举例示范,参看表3-32。

表 3-32 装箱单

		尺码										纸箱规格(cm)	净重(kg)	毛重(kg)
箱号	颜色	80	86	92	98	104	110	116	128	140	152			
1	2004 大红(件)	18										60×40×35	9.3	10.3
2	2004 大红(件)		18									60×40×35	10	11
3	2004 大红(件)			18								60×40×35	10.8	11.8
4	2004 大红(件)				17							60×40×40	10.9	12.1
5	2004 大红(件)		4	6	7							60×40×40	10.2	11.4
6	2004 大红(件)					14						60×40×40	9.8	11
7	2004 大红(件)						14					60×40×40	10	11.2
8	2004 大红(件)					7	7					60×40×40	10	11.2
大红合计(件)		8箱 130件												

6. 结算对账付款（略）

任务5　产品交货数量清理及文件存档

知识目标: 1. 根据客户的订单数编制装箱单。

2. 根据不同款式、不同包装方法选择纸箱和胶袋。

3. 准确描述包装方法与纸箱箱唛的内容。

4. 对账单的整理。

5. 库存货物清理。

6. 文件存档方法。

技能目标: 1. 掌握包装资料的编写和纸箱胶袋的打包方法。

2. 了解货款结算、库存货物清理、文件存档方法。

任务描述

产品下线后,进行包装并发给不同的客户,最后清理库存,进行文件存档。

任务分析

订单下线,首先要根据客户的要求订购包装材料,因为是内销产品,所以装箱单不必像外贸的箱单一样准确,但是还是需要提前准备纸箱胶袋,这样可以节约成本。此节任务主要通过布置任务的形式,要求学习者自己根据前面外贸的知识,完成纸箱胶袋的订购,出货后结算货款,清理库存,所有文件归档。

相关知识

一、包装资料的指导及包装审核

此部分同《项目二 任务五 包装审核与包装辅料的跟进》。

二、产品交货数量清理,文件存档

1. 货款结算

(1) 对账单

理清所有关于这批单的货款的事宜,记录好所有的来往的账单。

(附加:税票＋合同＋工厂原始账单＋双方确认的箱单)

① 面料账单。

② 辅料账单。

③ 发加工厂账单。

④ 物流账单。

⑤ 与客户的账单。

⑥ 对账单格式参见表 3-33。

表 3-33 对账单

对账单							
工　厂:	上海××国际贸易			制表期:		2012-5-15	
增值税票:	是			制单人:		×××	
工厂账号:	见税票			审　核:			
				核　可:			
付款单位:	上海××国际贸易			工厂确认:			

系列名	款号	品名	出货数	单位	单价	金额	备注
KANZ	1244059	SFS7006	11 941	米	￥16.00	￥191 056.00	
	1244059	SFS7006				￥-150.00	第一批面料送货费
小计			11 941			￥190 906.00	

2. 库存货物清理(表3-34、表3-35)

表3-34　货物库存统计表1

货物库存统计表1-服装						
款号	款式图	尺码	颜色	数量	清点日期	清点人
6907		86#		10	2012.11.26	张三

表3-35　货物库存统计表2

货物库存统计表2-面辅料							
序号	图片	货物名称	颜色	规格	数量	清点日期	清点人
1		松紧	白色	5 cm宽	135 m	2012.11.26	
2							

3. 文件整理归档

将归档文件以件为单位进行装订、分类、排列、编号、编目、装盒,使之有序。其常用方法如下:

(1) 装订

归档文件应按件装订。装订时,正本在前,定稿在后;正文在前,附件在后;原件在前,复制件在后;转发文在前,被转发文在后;来文与复文作为一个文件时,复文在前,来文在后。

(2) 分类

按订单款号分类,同一款的所有文件归在一起,或者按内容分类,一个组的各类文件归在一起。

(3) 排列

归档文件应在分类方案的最低一级类目内,按事由结合时间、重要程度等排列。

(4) 编号

归档文件应依分类方案和排列顺序逐件编号,在文件首页上端的空白位置加盖归档章并填写相关内容。归档章设全宗号、年度、保管期限、件号等必备项。

(5) 装盒

将归档文件按科室编件号顺序装入档案盒,并填写档案盒封面、盒脊及备考表项目。

① 档案盒:档案盒封面应标明全宗名称,且档案盒应根据摆放方式的不同,在盒脊或底边设置全宗号、年度、保管期限、起止件号、盒号等必备项。

②备考表:备考表置于盒内文件之后,包括盒内文件情况说明、整理人、检查人和日期。

任务实施

根据以下订单的数量,整理包装资料和装箱单。

1. 要求

① 上海客户要求单色单码包装(即一个纸箱只能装一个尺码一个颜色),纸箱规格:长宽固定为 60 cm×40 cm×40 cm。衣服对折以后单件平装入一个小胶袋。

② 广州客户要求按配比包装入胶袋,入箱,小码段(68～104)一个配比,大码段(116～152)一个配比,两个码段的衣服不能混装,一个配比装一个大立体胶袋后入箱,一个纸箱可以装多个配比,纸箱规格:长宽固定为 60 cm×40 cm×40 cm。由数量可以看出尺码配比为:

68:74:80:86:92:98=1:1:2:2:2:2

104:116:128:140:152=1:1:1:1:1

2. 步骤

① 确定纸箱规格和数量。

② 写包装资料。

③ 编制装箱单。

④ 安排出货。

3. 订单数量(表3-36)

表3-36 订单数量　　　　　　　　　　　　　　　　　　　　　单位:件

款号	款式图	颜色	客户	尺码													
				68	74	80	86	92	98	104	110	116	122	128	140	152	合计
1244059		白色	上海				15	35	30	40	30	80	55	85	85	80	535
			广州	29	29	58	58	58	58	254		254		254	254	254	1560
			总数	29	29	58	73	93	88	294	30	334	55	339	339	334	2 095
		大红	上海				35	55	90	100	105	95	105	65	95	85	80	910
			广州	23	23	46	46	46	46	52		52		52	52	52	490
			总数	23	23	81	101	136	146	157	95	157	65	147	137	132	1 400
		上青	上海	17		6	17	80	75	95	95	135	55	130	125	95	925
			广州	1	1	2	2	2	2	110		110		110	110	110	560
			总数	18	1	8	19	82	77	205	95	245	55	240	235	205	1 485
		葡萄紫	上海	25	25	25	25	50	55	80	70	180	50	190	185	170	1 130
			广州	25	25	50	50	50	50	150		150		150	150	150	1 000
			总数	50	50	75	75	100	105	230	70	330	50	340	335	320	2 130
		合计		120	103	222	268	411	416	886	290	1 066	225	1 066	1 046	991	7 110

124 4059

4. 尺寸表(表3-37)

表3-37　尺寸表　　　　　　　　　　　　　　　　　　　　　　单位:cm

	68	74	80	86	92	98	104	110	116	122	128	140	152
衣长	42.5	45.5	48.5	51.5	54.5	57	60	62.5	64.5	68	70	76	81.5
1/2 胸围	32	33	34	35.5	37	38	39	40	41	42	43	45	47
腰节高	20.5	22	23.5	25	27	28	29	30	31	32	33	35	37
1/2 腰围	30	31	32	33	34	35	36	37	38	39	40	42	44
1/2 下摆	39.5	41	42	43.5	44.5	46	47	48.5	49.5	51	52	54.5	57
袖长(后中量)	39.5	42	44.5	47	49.5	52	54.5	57	59.5	62	64.5	69.5	75.5
袖隆深	15.5	16	16.5	17	17	17.5	18	18	18.5	19	19.5	20.5	21.5
1/2 袖口	10.5	10.5	11	11	11.5	11.5	12	12	12.5	12.5	13	13.5	14
1/2 松紧袖口	7.5	7.5	8	8	8.5	8.5	9	9	9.5	9.5	10	10.5	11
松紧袖口高	2	2	2	2	2	2	2	2	2	2	2	2	2
领宽(有帽)	14.5	14.5	15	15	15.5	15.5	16	16	16.5	16.5	17	17.5	18
领深(有帽)	6.5	6.5	7	7	7.5	7.5	8	8	8.5	8.5	9	9.5	10
领高	3	3	3	3	3.5	3.5	3.5	3.5	3.5	3.5	4	4	4
后领深	2	2	2	2	2.5	2.5	2.5	2.5	2.5	2.5	2.5	3	3
过肩	2	2	2.5	2.5	2.5	3	3	3	3	3	3	3.5	3.5
肩宽	26	27	28	29	30.5	31.5	32.5	33.5	34.5	35.5	36.5	38.5	40.5
1/2 帽宽	20.5	21	21.5	22	22.5	23	23.5	24	24.5	25	25.5	26.5	27.5
帽高	25	25.5	26	26.5	27	27.5	28	28.5	29	29.5	30	31	32
帽口	24	24.5	25	25.5	26	26.5	27	27.5	28	28.5	29	30	31
前袋长×宽	8.5×2	8.5×2	9×2	9×2	9.5×2	9.5×2	10×2	10×2	10.5×2	10.5×2	11×2	11.5×2	12×2
门襟钮扣数	4	4	4	5	5	5	5	5	5	5	5	6	6

教学实施组织

一、导入相关知识介绍

复习项目二的包装知识。

二、安排初期工作任务

① 各组分别完成包装资料的编制。
② 讲解如何对账。
③ 文件归档知识和方法讲解。

三、同步指导

指导包装工作,分组合作完成工作任务,包括包装资料的编制及文件的归档。

四、任务实施总结

总结本课的教学内容,针对讲课过程中的重点内容向学生提问,以便加深学生的印象。

 练习题同步训练

完成本任务里"任务实施"的订单任务:

① 确定纸箱规格和数量。

② 写包装资料。

③ 编制装箱单。

附录1 常用跟单英语词汇翻译

常用尺寸规格英、中汇总

across easurement	横向尺寸	collar band height	领座高
armhole circumference	臂根围	collar length	领长
armhole curve	袖窿曲线	collar point spread	领尖距
back neck scoop	后领窝	Cross back/ X back	后胸宽
back rise	后裆	crotch depth	裤裆深
back waist length	背长,后腰长	Cuff width	翻边宽
Bicep	袖宽	elbow length	肘长
Body rise	腰至臀高	fly length	门襟长
Bottom	下摆,脚口	fly width	门襟宽
bust point to bust point	胸点距离	Front neck drop	前领深
bust width	胸宽	Front rise	前裆
Bust	胸围(女)	full back length	后全长
Chest	胸围(男)	Girth measurement	腰围尺寸
C/B length	后中长	Hip size	臀围
Hood width	风帽宽	Hood height	帽高
neck opening	领窝	Neck width	领宽
scye depth	袖窿深	Waist width	腰宽
shoulderacross/shoulder width	肩宽	vertical measurement	垂直尺寸

常用工艺翻译汇总

SEAM TYPE, SEAM PATTERN	缝型,缝式	COMPOSITE SEAM	结构缝
NORMAL SEAM	普通缝	ORNAMENTAL EAM	装饰缝
CONTINUOUS SEAM	连续缝	BROKEN SEAM	间断缝
INSEAM	内缝	OUTSEAM	外缝
THICK SEAM	原缝	SIDE SEAM	侧缝
BIAS SEAM	斜线缝	CURVED SEAM	弧线缝
SLAT FELL SEAM	平接缝	LAPPING SEAM	搭接缝
CONTRAST COLOR SEAM	镶色缝	APPLIANCE SEAM	嵌花缝
FRENCH SEAM	来去缝	SELF BOUND SEAM	漏落缝
LAPPING SEAM	坐倒缝	DOUBLE TOPSTITCHED SEAM	分缉缝
TOPSTITCHED LAP SEAM	压缉缝	TUCKED SEAM	坐缉缝

（续　表）

FLAT FELL SEAM	明包缝	WELT SEAM	暗包缝
LOCKSTITCH SEAM	锁式线缝	CHAINSTITCH SEAM	链式线缝
COLLAR SEAM NECK SEAM	领缝	SHOULDER SEAM	肩缝
BACK SEAM	背缝	CENTRE BACK SEAM	背嵌缝
ARMHOLE SEAM	袖窿缝	FORNT EDGE SEAM	门襟止口缝
INSIDE SEAM	下裆缝	FOLDING SEAM	折叠缝
WELT SEAM	贴边缝	BOUND SEAM	滚边缝
DARNING SEAM	织补缝	TAPED SEAM	贴带缝
FELLED SEAM	对折缝	HEMMING SEAM	卷边缝
SIDE SEAM	摆缝	VENT SEAM	衩缝
FRONT RISE SEAM	前裆缝	BACK RISE SEAM	后裆缝

常用面料翻译汇总

big twill polyester peach	宽斜纹桃皮绒	anti-pilling finished	摇粒绒
Brighton	蜂巢格	braid	辫带
Brown cashmere	紫羊绒	cashmere	山羊绒
Check, plaid	格子花纹	chino cloth	丝光卡其军服布
colour-stripes single jersey	彩条衫	corduroy	灯芯绒，条绒
costume tweed	粗花呢	crepe de chine	双绉
cut velvet	满地花丝绒	denim, jean	牛仔布
Dobby	小提花织物	doeskin	驼丝锦
double-faced fabric	双面布	down pile making	倒毛
double-faced woolen goods	羊毛双面呢	drill	斜纹布，卡其
Dungaree	粗蓝布，劳动布	emboss finish	凹凸轧花整理，拷花效应
embossing flocking	雕印植绒	felted fabric	缩绒织物
Filament	长丝，单丝	flannel	法兰绒
Flax	亚麻	fleece in one side	单面起绒织物
Fleece	绒头织物	flock printing	植绒印花
Gabardine	华达呢	georgette	乔其纱
gingham check	彩色格子布	ginning velvet	轧花天鹅绒
hair cords	麻纱	jeans flocking	牛仔布植绒
Ladies cloth	轻薄女式呢	leather	皮革
Leather imitation flocking	仿皮植绒	linen cloth	亚麻织物
micro suede with spandex	弹力仿麂皮	melton	麦尔登呢
Mohair	马海毛	nylon taffeta	锦纶塔夫绸
overcoat suiting	大衣呢	Oxford	牛津布
Poplin	府绸	seersucker	泡泡纱

（续　表）

Serge	哔叽	tweed	粗花呢
Velvet	天鹅绒	voile	巴厘纱

常用辅料翻译汇总

Adhesive-bonded interlining	黏合衬	agrafe	搭扣
Aluminum teeth zipper	铝质拉链	base button	底扣
antique brass teeth zipper	古铜拉链	belt	腰带
binding tape	绑带	bow	蝴蝶结
bra buckle	胸罩带扣	buckle loop	扣眼
butterfly button	蝴蝶扣	button	钮扣
care label	洗水标签（唛）	chinese button	中式钮扣
collar stay	插骨片	elastic ribbon	松紧带
elastic rib	弹力罗纹	elastic	橡皮筋带
embroidery thread	绣花线	fashion tape	装饰带
Frill	荷叶边	half moon patch	半月形饰片
hang-tag	吊牌	hook buckle	钩扣
horsetail liner	马尾衬	invisible zipper	暗拉链
Magic tape	尼龙搭扣，魔术贴	mercerized thread	丝光线
main label/ brand label	主商标，主唛	washing label	洗水标签（唛）

常用线迹翻译汇总

Stitch	线迹	Stitch	线迹
Bartack	倒回针	3 needles bottom cover stitch	三针底部绷缝线迹
blind stitch	暗缲针缝	2 threads overedge stitch	双线包边
Single thread chain stitch	单线链式线迹	5 threads safety stitch	五线锁边
lock stitch, plain stitch	锁式线迹	pearl stitch	珠式线迹
Zigzag lock stitch	Z形锁式线迹	zigzag chain stitch	Z形链式线迹

常用样板名称翻译汇总

1st lot sample/ top sample/ TOP	船头样板	advertisement sample	广告样板
approval sample	核准样板	bulk sample	大样板
Buyer's sample	买方样板	counter sample/ proto Sample	回样
Duplicate sample	样品留底，复样	implode sample	开发样板
first sample	初样板	fore sample	船头样板
fit sample/size set sample/fitting sample	合身样板	full set of sample	成套样板
IC sample/ inspection certificate sample	IC样板	Initial sample/ original sample	原样板
maker's sample	工厂样板	outturn sample	报样

（续　表）

Photo sample	摄影样板	promotion sample	推广样板
Pp sample（pre-production sample）	大货样板，产前样板	purchase sample	现货样品，购货样品
Reference sample	参考样品	run size sample	推码样板，放码样板
Salesman sample	展销样板	size set sample/ full size sample	全套样板
test sample	测试样板	umpire sample	仲裁人样板

附录 2　世界著名纺织品测试机构

实验室或研究机构名称	国家及名称	主　要　特　色
BTTG(British Textile Technology Group)	英国纺织工艺技术集团	PPE，Oeko-Tex，抗菌，UV-Cut，防火阻燃，抗静电，化学
ITF(Institut Textile De France)	法国纺织研究院	PPE，Oeko-Tex，防火阻燃，防透湿防水
Hohenstein Institute	德国研究院	PPE，Oeko-Tex，防火阻燃，透湿防水，防护性与舒适性铜人评估技术
VTT	芬兰国立技术研究中心	防护性与舒适性铜人评估技术
ITV(Insitut Fur Textile — und Verfahrenstechnik)	德国纺织	抗电磁波(EMI)，无尘服
EMPA(Eidgenossiche Materialpriifungsanstalt)	瑞士材料实验所	防护性与舒适性铜人评估技术
TRI(Triangle Research Institute)	美国三角研究院	无尘室 ULPA(Ultra Low Penetration Air)，HEPA(High Efficiency Particulate Air)
NCSU(North Carolina State University)	美国北卡罗来纳州大学	防护性与舒适性铜人评估技术
ITS(Intertek Testing Services)	英国英之杰检验集团	Lab test 消费品测试检验及认证、ETL SEMKO 电子电器产品国际认证、CB 体系测试认证、Caleb Brett 液体燃料及化工产品认证以及装船商品检验
SGS(Societe Generale de Surveillance S. A.)	瑞士通用公证行	各种物理、化学、冶金分析，商品检验、测试、认证和装运前检验
BV(Bureau Veritas)	法国立德国际公证机构	强大的信息收集系统，检测，公证行业。成功收购了 MTL，ACTS 等全球数十家检测机构
NKKK(Nippon Kaiji Kentei kyokai)(Japan Marine Surveyors & Sworn fMeasurer's Association)	日本海事检定协会	舱口检视、积载鉴定、状态检验、残损鉴定、水尺计重、液体计量、衡重衡量及理化检验、产品装船检验
SK(Shin Nihon Kentei Kyokai)(New Japan Survryors And Sworn Measurers Association)	新日本检定协会	海事检定、一般检验、集装箱检查、理化分析和一般货物检验
ASTM(Amercan Society for Testing and Materials)	美国材料试验学会	冶金、机械、化工、纺织、建筑、交通、动力等原材料及半成品分析、测试方法及进口材料检验标准
(IWS)(International Wool Secretariat)	国际羊毛局(伦敦)	推广与审批纯羊毛标志
CCIC(China National Import & Export Commodities Inspection Corporation)	中国进出口商品检验公司	进出口商品装船前检验和对外贸易鉴定

附录3 外贸常用服装专业英语词汇

一、面料

1. 机织物

acetate	醋酯纤维
acrylic staple fibre	腈纶棉
acrylic	腈纶
animal fibre	动物纤维
anti-pilling finished	摇粒绒
big twill polyester peach	宽斜纹桃皮绒
blend fibre	混纺纤维
braid	辫带
brighton	蜂巢格
broad cloth	宽幅布,细平布
brown cashmere	紫羊绒
cashmere	山羊绒
cellulose ester	纤维素酯
chambray	钱布雷布,钱布雷绸
check, plaid	格子花纹
chemical fibre	化学纤维
chino cloth	丝光卡其军服布
coating	上衣衣料,涂料
colour-stripes single jersey	彩条衫
corduroy	灯芯绒,条绒
costume tweed	粗花呢
cotton	棉花,棉布,棉织品
cotton velvet	棉绒,棉天鹅绒
crepe de chine	双绉
crepe	绉布
cut velvet	满地花丝绒
denier	旦(尼尔)
denim, jean	牛仔布
dobby	多臂机,小提花织物
doeskin	驼丝锦
double-faced fabric	双面布

double width	双幅
double-faced woolen goods	羊毛双面呢
down pile making	倒毛
down	羽绒
drill	斜纹布,卡其
dungaree	粗蓝布,劳动布
emboss finish	凹凸轧花整理,拷花效应
embossing flocking	雕印植绒
embossing jeans flocking	牛仔植绒雕印
fabric width	织物幅宽
felted fabric	缩绒织物
felting	毡化,毡合,缩绒
filament	长丝,单丝
flannel	法兰绒
flax	亚麻
fleece in one side	单面起绒织物
fleece	绒头织物
flock printing	植绒印花
flocking(flower)	印花植绒
full dull micro polyester pongee	全消光超细涤纶绸
full dull nylon oxford	全消光锦纶牛津布
full dull nylon taffeta	全消光锦纶塔夫
full dull polyester peach	全消光涤纶桃皮绒
full dull polyester pongee	全消光涤纶绸
gabardine	华达呢
georgette	乔其纱,综棉绉
gingham check	彩色格子布
ginning velvet	轧花天鹅绒
grey cashmere	青绒
hair cords	麻纱
hemp	大麻
indigo chambray	靛蓝钱布雷布
jeans flocking	牛仔布植绒
jute	黄麻
ladies cloth	轻薄女式呢,优质法兰绒
leather imitation flocking	仿皮植绒
leather	皮革
linen cloth	亚麻织物,亚麻布
linen/ cotton blended fabric	麻棉混纺布

linen/ cotton mixed fabric	麻棉交织布
lycra woolen goods	羊毛/莱卡织物
madras check	马德拉斯纵条衬衫布
man made fibre	人造纤维
melton	重缩重起毛呢绒, 麦尔登呢
micro fibre	超细纤维
micro suede with spandex	弹力仿麂皮
micro suede	超细仿麂皮
mixed fabric	交织物
mohair	马海毛
natural fibre	天然纤维
nylon rip-stop	锦纶格子
nylon seersucker tffeta	锦纶塔夫泡泡纱
nylon taffeta	锦纶塔夫绸
nylon/ polyester inter-woven peach	涤锦交织桃皮绒
nylon-cotton fabric	锦/棉绸
nylon-cotton fabric (twill)	斜纹锦/棉纺
nylon-cotton fabric	人字锦/棉纺
nylon-cotton-cotton fabric	重平锦/棉绸
opal printings	消光白色印花
over coating	外敷层, 外套料
overcoat suiting	大衣呢
Oxford	牛津布
peach-skin finish	桃皮绒加工
pellet fleece velvet	粒粒绒布
pile cloth	绒头布
pique	凹凸组织
plain cloth	平布
plain flocking	素面植绒
plain	平的, 素的
ply-yarn drill	合股斜纹
poly/nylon peach	涤/锦复合桃皮绒
polyamide	聚酰胺
polyester peach skin	涤纶桃皮绒
polyester pongee rip-stop	涤纶绸格子
polyester pongee	涤纶绸
polyester taffeta rip-stop	涤纶格子
polyester taffeta	涤塔纶夫绸
polyester wadding	涤纶填料

polyester	涤纶,聚酯纤维
polyethylene fibre	聚乙烯纤维
polyolefin fibre	聚烯烃纤维
polypropylene	丙纶,聚丙烯纤维
poplin	府绸
pure wool gabardine	纯毛华达呢
PVC flocking	PVC 植绒
ramie fabric	苎麻织物
raw material	原料
rayon cloth flocking	粘胶长丝织物植绒
regenerated fibre	再生纤维
rib fleece velvet	抽条磨毛天鹅绒
satin	缎纹组织
satin-back crepe	缎背绉
seersucker	泡泡纱
semi-dull nylon taffeta	半消光锦纶塔夫
serge	哔叽
silk	真丝
silk pongee	茧绸,山东府绸
silk wadding	丝绵
single drill	纱卡其
single width	单幅
solid fleece	素色绒布
solid terry	素色毛巾布
solid velvet	密实丝绒
spandex	弹性纤维,斯潘德克斯
spun rayon	粘胶短纤纱
staple	短纤维
stripe	条纹
sucker	泡泡纱类织物
synthetic fibre	合成纤维
taffeta	塔夫绸
tartan check	苏格兰格子呢
T/C yarn dyed check fabric	涤/棉织物色织格子织物
T/R bengaline	涤/粘弹力织物
T/R Micro suede	涤/粘超细仿麂皮
textile	纺织
textile fibre	纺织纤维
tweed	粗呢,粗花呢

twill	斜纹布
twill coating	啥味呢
vegetable fibre	植物纤维
velour	丝绒
velvet	丝绒，天鹅绒
velveteen / velvet-plain	平绒
venetian	直贡呢
viscose Rayon	粘胶纤维
voile	巴里纱
woolen cloth	粗纺毛织物
woolen gabardine	全毛华达呢
worsted fabric	精纺毛织物
worsted fancy suiting	精纺花呢
woven fabric	机织物

2. 针织物

knitted fabric	针织物
1×1 rib	1+1罗纹布
2×2 rib	2+2罗纹布
auto 1×1 double fleece	自动1+1双面绒布
auto 2×1 double fleece	自动2+1双面绒布
auto 3×1 rib d. fleece	自动3+1罗纹双面绒布
auto dorp needle interlock	自动抽针双面布
auto dorp needle rib	自动抽针罗纹布
auto double pique	自动双凹凸布
auto french rib reversible	自动法式罗纹底面布
auto interlock rib	自动双面罗纹布
auto jacquard pique	自动凹凸提花布
auto jersey	自动平纹
auto lycra 1×1 rib	1+1自动莱卡罗纹布
auto lycra 2×2 rib	2+2自动莱卡罗纹布
auto lycra interlock	自动莱卡双面罗纹布
auto lycra jersey	自动莱卡平纹布
auto lycra pique	自动莱卡凹凸布
auto single creep	自动单面绉布
auto single fleece inlay	自动单面绒布
auto single herringbone	自动单面人字纹布
auto single jacquard	自动单面提花布
auto single mesh/eyelet	自动单面网眼布
auto single twill	自动单面斜纹布

auto stripe 1×1 rib	1+1 自动罗纹
auto stripe 2×2 rib	2+2 自动罗纹布
auto stripe blister	自动双面夹层布
auto stripe interlock	自动双面
auto stripe pique	自动凹凸条纹布
auto stripe ripple	自动双面波纹布
auto structural rib	自动变化罗纹布
auto towel (pile terry)	自动毛巾布
auto velour (cut pile)	自动割绒毛巾布
computer DK J/Q	自动双面提花
double jacquard	双面提花织物
double jersey	双面针织布
double knit fabric	双面针织物
double rib	双罗纹织针织物
drop needle 1×1 rib	1+1 抽针罗纹
drop needle interlock	抽针双面
fleece	针织绒布
french rib	法式罗纹
french terry	背圈平针织物
high pile knitted fabric	长毛绒针织物
inlay terry	衬纬毛圈织物
interlock fabric	双罗纹针织物
interlock with lycra	莱卡双罗纹针织物
jacouard pique	提花凹凸组织
jacquard double rib	提花双罗纹针织物
jacquard knitted fabric	提花针织物
jacquard	提花织物
jersey	平针织物
knitting cloth flocking	针织布植绒
lycra 2×2 rib	莱卡罗纹布
lycra jersey	平针织物
micro fleece	小垫衬绒面布
multi-bar fabric	多梳栉经编针织物
pique french terry	凹凸法式毛圈织物
pique with jersey	自动凹凸平纹布
pique with lycra	莱卡凹凸布
pique	凹凸
plain knit fabric	纬平针织物
purl fabric	双反面针织物

rib	罗纹组织
rib knit fabric	罗纹针织物
single jacquard	单面提花
single jersey	单面平纹针织物
single knit fabric	单面针织物
terry knitted fabric	毛圈针织物
towel	毛巾布
terry	毛圈布织物
two-bar fabric	双梳栉经编针织物
velour	拉绒织物
warp-knitted fabric	经编针织物

二、辅料

adhesive interlining	黏性衬
adhesive-bonded interlining	黏合衬
agrafe	搭扣
aluminum teeth zipper	铝质拉链
antique brass teeth zipper	古铜拉链
base button	底扣
belt	腰带
binding tape	绑带
bone button	骨扣
bow	蝴蝶结
bow-tie	蝴蝶结领结
box sealed tape	封箱胶纸
bra buckle	胸罩带扣
brace	击剑护臂、射箭护腕带
braid	带
brass zipper	黄铜拉链
breast canvas	帆布胸衬
breast felt	绒布胸衬
bronze zipper	青铜拉链
buckle loop	扣眼
bust pads	胸罩衬垫
butterfly button	蝴蝶扣
button	钮扣
card box	纸盒
cardboard	卡纸
care label	洗水标签(唛)

carton	纸箱
chemical fibre interlining	化纤衬布
chinese button	中式钮扣
clips	别针,夹子
closed-end zipper	密尾拉链
collar clasp	领钩
collar fly	领口蝴蝶片
collar keeper	领托
collar rab	领襻
collar stay	插骨片
conceal zipper	暗拉链
content label	成分标签(成分唛)
contrast color stitches	拼色线迹
cord	线绳
cotton cord	棉绳
cotton thread	棉线
covered button	包扣
decorative button	装饰钮,装饰扣
double-faced adhesive interlining	双面黏合衬
elastic ribbon	弹性带,松紧带
elastic rib	弹力罗纹
elastic	橡皮筋带
embroidery thread	绣花线
epaulet	肩饰
eyelet	洞眼
face button	面扣
fancy thread	花色线
fashion tape	装饰带
fastener	扣件,钮扣,拉链
flax thread	麻线
four-hole button	四孔钮扣
frill	荷叶边
fusible-interlining	热熔衬,黏合衬
glass button	玻璃扣
godet	三角布
grommet	金属扣眼,金属环洞
gusset	三角插片
hair interlining	黑炭衬
half moon patch	半月形饰片

handing loop	吊襻
hanger	衣襻
hang-tag	吊牌
hood drawstring	帽拉绳
hook buckle	钩扣
horsetail liner	马尾衬
invisible zipper	暗拉链
jeans button	金属牛仔扣
knitted interlining	针织衬
kraft paper	牛皮纸
lace	花边
leather button	皮扣
leather label	真皮标签
lining	衬里
logo button	标识扣
logo	标识,标记
magic tape	尼龙搭扣,魔术贴
main label/ brand label	主商标,主唛
mercerized thread	丝光线
metal button	金属扣
metal zipper	金属拉链
metal-are	金属辅料
nailed	爪钉
nickel zipper	镍齿拉链
non-fusible interlining	非黏性衬
non-oven adhesive interlining	非织造黏合衬
non-oven interlining	非织造衬
nylon fastener tape	尼龙搭扣
nylon zipper/Nylon teeth zipper	尼龙拉链
nylon thread	锦纶线
open-end zipper	开口式拉链
original label	产地商标
ornamental thread	装饰线
pack belt	打包带
packing box	装货箱
pair buckle	对扣
paper interlining	纸衬/非织造黏合衬
pennant	短绳
pins	大头针

pocket flasher	袋牌
plastic button	塑料扣
plastic string	塑料线
plastic zipper	塑料拉链
polybag	包装袋
polyester thread	涤纶线
polyester zipper	涤纶拉链
price ticket	价钱牌
print label	印花商标
prong snap	五爪按扣
PVC label	PVC 皮牌
resin button	树脂扣
resin collar interlining	树脂领衬
resin Interlining	树脂衬
resin silver teeth zipper	树脂银齿拉链
resin teeth zipper	树脂拉链
rib /ribbing	罗纹
ribbon	缎带,带
rivet	撞钉,铆钉
ropes	绳索
rubber string	橡皮筋
scarf	围巾,头巾,领巾
shank button	柄式钮扣
shoulder pad	垫肩,护肩
silk thread	丝线
size label	尺码商标(尺码唛)
smocking	装饰用的缩褶
snap button	揿钮,揿扣
snap	按扣,揿钮
special - shaped button	异形扣
spun polyester thread	涤纶线
sticker	贴纸
strap	带,皮带
string button	绳结扣
stripe	条纹,横档,直线图案
suspender buckle	葫芦扣,吊带扣
suspenders	吊袜带,吊带
tab	搭襻
tag	标签

thread	线
toggled	套接
triangle gusset	三角插片
twist	捻度
velcro	尼龙搭扣,魔术贴
wadding	絮料,软填料
waist tag	腰牌
washing label	洗水标签(唛)
wood button	木扣
woven interlining	机织衣衬
woven label	织标(唛)
woven tape	织带
zipper pull label	拉链头织标(唛)
zipper puller	拉链头
zipper tape	拉链带
zipper with double sliders	双头拉链
zipper	拉链

三、服装部件

J shaped pkt.	"J"形袋
abutted edge	拼合缝边
abutted seam	拼合缝,拼缝
accordion pleat	手风琴式褶裥
anchor stitch	定位线迹
angel sleeve	天使袖
apex of dart	褶尖点
apex	祭司帽,胸高点,顶点
appliqué	嵌花织物
arm band	臂章
arm hole shape	袖窿形状
arm hole	袖窿
armscye seam	袖窿缝线
assembling section	合成部件
back armhole	后袖窿
back bodice	后衣身
back bottom	后幅底摆
back crotch curve	后裆弧线
back crotch seam	后裆缝
back dart	后片省

back neck	后领围
back patch pocket	后贴袋
back poket	后袋
back raglan sleeve	后片套袖
back rise	后裆
back shoulder dart	后肩省
back sleeve	后袖
back tops	后片上衣身
back vent	后开衩
back view	后视图
back waist dart	后腰省
back yoke	后过肩
back panel / back part	后幅
neckband / stand	领座
bar tack	套结,加固缝
bellows pleats	风箱襞,蛇腹褶
bellows pocket	风箱式开口
belt loop	带襻(裤耳)
bottom opening	裤脚开口
bottom rib	下摆螺纹脚
bottom tab	下摆襻
bottom	下装,下摆
bound pocket / jetted pocket	窄口袋,投币孔式口袋
boundedge frill	镶边绉褶
box pleat	对叠裥
break line/ fold line	反领线,反襟线
break line	绗线
break point	驳点
breast pocket/ breast welt pkt. /breasted welt pocket	胸袋
builtup waist line	高腰线
button	钮扣
buttonhole	扣眼
cargo pocket	大贴袋
catch facing	钮扣贴,里襟贴
catch lining	钮扣里,里襟里
center back line	后中线
center back	后中
center creased line	中心折缝

center front edge	前中止口
center front zipper	前中拉链
center front	前中心线
center sleeve line	袖中心线
chain stitch	链式线迹
change pocket/ coin pocket	零钱袋,票袋
chest patch pocket	胸贴袋
collar	领子
collar fall	衣领翻下部分
collar notch	领子刀口
collar point(tip)	领尖
collar stand	领座、领台,领腰
collar tab	领襻
colour tape	色带
contrast strip	撞色带条
convertible collar	开襟领
covering stitch	绷缝线迹
cowl neckline	垂褶领圈
cross bust dart	横胸省
cross pocket	横切袋
crotch point	裤裆点
crotch point	裆底位
crotch seam	裆缝
crotch	前裆
cuff vent	袖衩
cuffed bottom	圈边裤脚
cuffed sleeve	翻边袖
cuff-less bottom	不翻边裤脚口
cuff	袖头,袖口,袖克夫
curved pocket	弧形袋
cut & sewn piecing	裁剪成形
cutting components/ cutting pieces/ cutting goods	裁片
cutting portion	裁片
dart site	省位
decorative stitching	装饰线迹
decorative strap	装饰带条
double jetted pocket	双唇袋
edge stitching	缝边线迹
elastic band	松紧带

elastic bottom	松紧带下摆
elastic cuff	松紧带袖口
elastic waistband	松紧带裤腰
extra size pocket	超大型口袋
eyelet	孔眼
fell seam	折缝,外包缝
fish dart	鱼形省
flap	袋盖
fly /fly facing	裤门襟
fly fastening	暗纽襟开口
fly opening	隐扣式开襟
fly shield	裤里襟
french tack	法式襻
frill collar	皱褶领,荷叶领
frill	绉边,褶边
front armhole	前袖隆
front bodice	前片衣身
front crotch stay	前裤裆底,小裆里子
front crotch	前裆,小裆
front curve pocket with double needle	双针前弧形袋
front curve pocket	前弧形袋
front cut	前摆裁剪,止口圆角
front dart	前省,胸省
front edge	止口
front facing/front fly	挂面/前门襟
front fastening	前扣式
front fly	(前)门襟(前钮牌)
front hemline	前衣裙下摆线
front opening	前开口
front overlap	前搭门
front placket	明门襟
front pleat	前片褶裥
front raglan sleeve	前片套袖
front strap	明门襟(明筒)
front waist dart	前腰省
front/ front panel/ front part	前片
gathers	碎褶
hanging loop	吊襻
heel stay	贴脚条

hided jet pkt.	暗袋
hip pocket	裤后袋
hood facing	帽沿内贴衬
hood	兜帽
in seam	内侧缝
inverted pleat	倒褶边
knife pleat	剑褶裥
lace collar	花边领
lapel	驳头,驳领,翻领
leaf edge	领边
left front	左前身
lining	里子,衬料
loop tab	裤襻条
one piece collar	一片领
one piece sleeve	一片袖
out seam	外侧缝
patch pocket	贴袋
pintuck	细缝褶
pocket flap	袋盖
pocket opening	袋口
pocket bag	袋布
pocket bearer	吊袋襻
pocket facing	袋口贴边
pocket flap	口袋盖
pocket mouth	袋口
pocket stay	垫袋布,垫料
pocketbag	袋布
polo collar	马球领
pufed sleeve	大泡袖
rib bottom	罗纹下摆
rib collar	螺纹领
ribbing cuff	罗纹袖头
round bottom	圆形下摆
round hip patch pocket	圆角后贴袋
ruff collar	绉褶领
seam pocket	接缝袋
seam with topstitching	缉线缝骨
seat seam with double needle	双针后裆
seat seam	后裆缝

selfturned waistband	原身裤腰
shoulder line	肩线
shoulder point	肩端点
shoulder seam	肩缝
side panel	侧面嵌片
side patch pocket	侧贴袋
side pocket	侧袋
side seam opening	摆缝开口
side seam with three needles	三针侧缝
side seam	侧缝
side slit	胁衩,摆衩
single cuff	单层袖头
slant pocket	斜袋
sleeve head	袖山头
sleeve opening	袖口
sleeve placket	袖衩
sleeve tab	袖襻
sleeve	衣袖,袖套
slit opening	隙状开口
stand collar	立领
straight pocket	直线袋
three pointed pocket	三尖袋
top collar	领面
top facing edge	大襟边
top sleeve	大袖,外袖
top stitching	正面线迹
top suspender	吊带面
tuck	裥,活褶
turnedup bottom	反脚
under arm seam	袖底缝
undercollar	底领,领衬
under facing	底襟
underlap	里襟
under lay	褶裥下层
under sleeve	小袖片,下袖
under suspender	吊带底
underarm seam	袖底缝
update trend collar	新潮领子
vent	开衩

Vneck/ Veeneck	V 形领
waist belt	腰带
waist tab	腰襻
waistband lining	裤腰里
waistband/ WB	裤腰,腰带
welt pocket	挖袋,开缝口袋
wrapseam	包缝
yoke	过肩,育克
zipper opening	拉链式开口
zipper pocket	拉链口袋

四、尺寸量度部位

across measurement	横向尺寸
armhole circumference	臂根围
armhole curve	袖窿曲线
back neck scoop	后领窝
back rise	后裆
back waist length	背长,后腰长
bicep	袖宽
body rise	腰至臀高
bottom	下装,下摆,脚口
bust point to bust point	胸点距离
bust width	胸阔
bust	胸围（女）
C/B length	后中长
chest	胸围（男）
collar band height	领座高
collar length	领长
collar point spread	领尖距
collar point	领尖
cross back/ X back	后胸宽
crotch depth	裤裆深
cuff width	翻边宽
elbow length	肘长
fly length	门襟长
fly width	门襟宽
front neck drop	前领深
front rise	前裆
full back length	后全长

girth measurement	腰围尺寸
half waist	半腰围
high hip	上臀,高臀围
hip size	臀围
hood height	帽高
hood width	风帽宽
in leg	内裆长
inseam length	内缝长度
knee	膝部
leg opening	裤脚口
neck opening	领窝
neck width	领宽
neck	头颈
out-seam length	外缝长
placket width	门襟宽
pocket high point	袋尖高(袋最长的高度)
scye depth	袖窿深(夹圈深)
shoulder across/ shoulder width	肩宽
sleeve crown height	袖冠高
sleeve length	袖长
sleeve opening	袖口
small shoulder	小肩长
sweep(half)	裙阔
thigh	大腿,横裆
upper arm width	臂宽
upper collar height	领上片高
vertical measurements	垂直尺寸
waist width	腰宽
waist(relax)	腰围(松度)
waist(stretched)	腰围(拉度)
waistband height	裤头高

五、样板名称

1st lot sample/ top sample/ TOP	船头样板
advertisement sample	广告样板
approval sample	核准样板
bulk sample	大样板
buyer's sample	买方样板
counter sample/ proto Sample	回样

duplicate sample	样品留底,复样
implode sample	开发样板
first sample	初样板
fit sample/size set sample/fitting sample	合身样板
fore sample	船头样板
free sample	免费样板
full set of sample	成套样板
gold seal sample	金封样
IC sample/ inspection certificate sample	IC 样板
initial sample/ original sample	原样板
maker's sample	工厂样板
new sample	新样板
old-fashioned pattern	旧式样
outturn sample	报样
photo sample	摄影样板
pp sample (pre-production sample)	大货样板,产前样板
promotion sample	推广样板
proto-sample/ prototype sample	初样板,初样
purchase sample	现货样品,购货样品
red seal sample	红封样
reference sample	参考样品
run size sample	推码样板,放码样板
salesman sample	展销样板
sample book	样品本
sample card	样品卡
sample number	样品号码
sample post	邮政样品
sample room	样品间
sample sheet	样品簿
shipper's sample	发货人样品
shipping sample/ shipment sample	船头样板
size set sample/ full size sample	全套样板
split sample/ sample passer/ selling sample	样品
standard sample/ type sample	标准样品
test sample	测试样板
trade sample	商用样板
umpire sample	仲裁人样板

六、洗水方法

arctic blue wash	大西洋蓝洗
black over black wash	黑染黑洗
black wash	黑色洗
bleach stone wash	石漂洗
bleach wash	漂洗
blue moon wash	蓝月洗
blue＋ black wash	蓝黑洗
cat/moustache wash	猫须洗
chemical wash	化学洗
copper wash	古铜洗
country blue wash	乡村蓝洗
crystal wash	水晶洗
dark blue wash	深蓝洗
dark wash	深色洗
destroy wash	破坏洗
dirty wash	怀旧洗
dull wash	钝色洗
dusk wash	尘土洗
enzyme wash	酵素(酶)洗
garment wash	普洗
garment water wash	成衣洗水
grinding wash	磨烂洗
hand brush	手擦洗
hand wash cold	冷水手洗
la blue wash	拉蓝洗
light wash	浅色洗
cloud wash	云朵洗
medium wash	中度洗
mid blue wash	中蓝洗
monkey wash	马骝洗
new galaxy wash	新银河洗
ocean wash	海洋洗
over dyed wash	套色洗
paper blue wash	低蓝洗
rinse wash	退浆保色洗
sand wash	砂洗
spray stone wash	喷沙

stone ＋ enzyme wash	石磨酵洗
stone wash	石磨洗
tinting wash	浅色洗
titanium wash	钛色洗
vintage B wash	仿旧洗 B
vintage wash	沙暴洗
vintage wash	仿旧洗

七、质量控制(QC)中英文名词

bad join stitches	驳线不良
broken ends/ warp	断经,断头
broken filling/ picks/ weft	断纬
broken hole	破洞
broken seam	间断线
broken stitche	间断线迹
broken yarn	断纱
bubbling	凹凸起泡(化纤织物缝纫时疵点)
center back rides up	后片起吊
changein filling	错纬
cloudiness	云斑
coarse end	粗经,含杂经纱
coarse thread	粗丝,粗经
coarse filling	粗纬
coarse pick	粗纬疵
collar point high/ low	领尖高低
colour shade difference	色光偏差
colour thread left inside	混色线
colour yarn	色纱
cracked end	断经
crammed	密经,密纬;紧档
crease mark	折印,皱痕(染整加工疵点)
crossed back vent	背交叉
cuff facing visible	克夫反光
cut cotton	轧断棉
cut filling	断纬
cut pick	断纬织疵
damaged weft	纬线拔伤
defective wool	疵毛
dirty dot	较小的污点

dirty mark	污渍
dirty spot	较大的污点
double ends	双经疵点
draw yarn	拉伸丝
end out	缺经
excess extension	余量突出（突嘴）
fabric defects	织物疵点
flap stricking up	袋盖反翘
fray	擦伤,磨损（织物疵点）
front horizontal seam not level	前片水平缝线不对齐
hairinfilling	纱线起毛织疵
hard end	紧捻经纱
high/ low collar point	领尖高低
high/ low pocket	高低袋
hiking at bottom of placket	前裆吊脚
hiking up	后翘
jerkins	紧纱
knot	结头
knotted yarn	多结纱疵点,结子纱
light end	细经疵点
light filling	细纬疵点
light pick	细纬
lining too tight	衬里布松份不足
loop weft	纬缩
loose pick/ weft	松纬
loose warp	松经
mismatched checks	对格不准
mismatched stripes	对条不准
needle hole	针孔
nub	粗结
off-grain	纬斜织疵,（布面上经纱）丝缕歪斜
oil stain	油渍
overlapped collar	叠领
overlapped lips	门襟重叠
over press	熨烫过度
over wash	洗水过度
pleated，pleating	打褶
poor back stitches	回针不佳
poor ironing	烫工不良

puckering	起皱
pulling at inside seam，pulling at outside seam	服装吊脚
raw edge	毛边,坏边
run off stitches	走空针
runners	经纱起球
scrimp	印花裂痕,折皱脱印
seam overturn	止口反翻
shading garment to garment	衫与衫之间色差
shading within 1Pcs garment	衣服裁片色差
shrunk weft	纬缩
skew distortion	纬斜
skipped stitches	跳线
slack filling	松纬
slack thread/warp	松经织疵
sleeve length uneven	长短袖
slub	粗节,糙粒
smiling pocket	袋口开裂（笑裂）
soft sides	断经
stripes / checks not matching	条/格不对正
tender spot	脆弱点
thick yarn	粗纱
thread visible outside	缝线外露
tight twist end	紧捻经纱
twist leg	扭髀/裤腿扭斜
twist	捻度扭曲
uncut thread ends	线头
under ply turn out	反光
under ply visible outside	反光
under thread visible	底线露出
underpress	熨烫不够
uneven colour	深浅色
uneven lips	大小唇
uneven sleeve length	长短袖
uneven stitches density	线迹密度不均匀
un-matched crotch cross	下裆十字缝错位
un-meet vent	背衩豁
wavy at placket	前门襟起波纹（皱）
weaving slack	经纱张力不匀
weft faults	纬纱疵点

wrong combo	颜色组合错误
wrong pattern	图案错误
wrong size indication	错码

八、贸易名词

agent	代理商
agreement	同意书
amendment	修正书
anticipatory L/C	预支信用证
application for conversion	折换申请书
application for negotiation of draft under L/C	出口押汇申请书
appropriation	拨款
award of bid	决算
back to back L/C	背对背信用证
back to back L/C, Reciprocal L/C	背对背信用证,对开信用证
banker's acceptance L/C	银行承兑信用证
bid bond	投标金
bid	投标单
bilateral trade	双边贸易
bill of import exchange	进口结汇单
bill of purchasing	出口结汇单
bill to purchase	进口结汇
black market rate	黑市汇率
buyer	买家
buying rate	买价
capture market	争取市场
certificate of advance surrender for export exchange	预缴外汇证明书
claim	索赔
claim settlement	理赔
clean bill bought	购光票
client	客户
collection	进出口托收
commercial procurement	商业采购
confirmed irrevocable L/C	保兑的不可撤消信用证
confirmed L/C	保兑信用证
consignee	收货人
confirmation	确认书
contract	合约,合同

conversion rate	折合率
copy document	副本单据
correspondence biding	通信投标
correspondent	代理银行
counter offer	还价(还盘)
counterpart fund	相对基金
countervailing credit	(俗称)子证
credit payable by a bank	银行付款信用证
credit payable by a trader	商业付款信用证
credit with T/T reimbursement clause	带有电报索汇条款的信用证
cross rate	套汇率
date of issue	开证日期
dealer	经销商
deferred payment L/C，anticipatory L/C	延付信用证，预支信用证
delivery order	发货单
developed country	发达国家
developing country	发展中国家
direct trade	直接贸易
discount rate	贴现率
discrepancy	差异
distributor	分销商
divisible L/C，un-divisible L/C	可分割信用证，不可分割信用证
documentary L/C，clean L/C	跟单信用证，光票信用证
down payment	分期付款之定金
drummer	驻外代表
embargo	禁止出口
european common market	欧洲共同市场
excess of export	出超
excess of import	入超
exchange position	外汇头寸
exchange settlement certificate for L/C	结汇证明书
exchange table	汇兑换算表
exclusive distributor	总代理
expiry date	有效期
export	出口
export declaration	出口申请书
exporter	出口商
export trade	出口贸易
exports	出口签证

facsimiles of authorized signature	有权签字人签字样本
favorable trade balance	顺差
fixed L/C (fixed amount L/C)	有固定金额的信用证
foreign exchange	外汇
form of credit	信用证形式
general imports	普通进口签证
ICC publication no. 400	跟单信用证统一惯例国际商会第400号出版物
import permit	进口许可证
import	进口
imports amendment	进口签证更改
importer	进口商
import trade	进口贸易
imports without exchange settlement	不结汇进口签证
indirect trade	间接贸易
inquiry sheet	询价单
installment	分期付款
international market	国际市场
international trade	国际贸易
irrevocable L/C	不可撤销信用证
invitation for bid(IFB)	招标单
inward remittance	汇入汇款
irrevocable Unconfirmed L/C	不可撤销不保兑信用证
L/C amount	信用证金额
L/C issued	结汇
L/C number	信用证号码
L/C with T/T reimbursement clause	带电汇条款信用证
letter of commitment	公证委托书
letter of consent	同意书
letter of credit (L/C)	信用证
letter of hypothecation	押汇质权书
letter of indemnity	赔偿保证书
list of award	决标单
manufacturer	制造商
multilateral trade	多边贸易
negotiate purchase	议价购买
notarize	公证
notary	公证人
offer	报价(发盘)

official rate	官价
open tender	招标
outward remittance	汇出汇款
overriding credit	母证
penalty	违约金
performa invoice	估价发票
performance bond	履约保证金
prevailing price	牌价
prevailing rate of interest	现行利率
procurement authorization	采购授权书
purchase order	采购订单
protest	拒绝证书
public biding	公开投标
quota	配额
rate	费率
ration export	限额输出
reciprocal L/C	对开信用证
red clause L/C	红条款信用证
restricted tender	比价
retailer	零售商
revocable L/C	可撤销信用证
revolving L/C	循环信用证
selling rate	卖价
shipper	货主
shorttail	短尾
sale contract	销售合同
sight L/C	即期信用证
sole agent	独家代理
special imports	专案进口签证
specification	规格
successful bidder	得标商
superintendent	公证商
supplier	监督人
tabulation	制表,列表
terms of validity	信用证有效期
to amend L/C	修改信用证
to open by airmail	信开
to open by brief cable	简电开证
to open by cable	电开

tracer	追询书
trade Acceptance L/C	商业承兑信用证
transferable L/C，assignable L/C，	
transmissible L/C	可转让信用证
traveler's L/C (Circular L/C)	旅行信用证
turnover	营业额
un-transferable L/C	不可转让信用证
unconfirmed L/C	不保兑信用证
unfavorable trade balance	逆差
unified foreign exchange rate	单一汇率
unilateral trade	单边贸易
unsuccessful bidder	未得标商
usance credit payment at sight	假远期信用证
usance L/C	远期信用证
validity	有效期
vender	卖主,客户
verifications	核对,核实
waiver	弃权证
whole agent	总代理
without recourse L/C	无追索权信用证
with recourse L/C	有追索权信用证

九、英文缩写专业名词

ACC or A/C	account	账目
ACET	accept	接受
ACT	actual	实际的
AD	article description	物料清单
ADL	acceptable defect level	允许疵点标准
ADV	advice	通知
ADV. S	advertisement sample	广告样板
AGPO	accessories of garment production order	辅料采购单
APR. S	approved fitting sample	核准样板/批准样板
AQL	acceptable quality level	验收合格标准
AH	armhole	袖隆(夹圈)
AS	amending sample	修改样板
ATTN	attention	注意
AUD	audit	稽查
BL	back length	背长,后身长

B/O	block order	年度/季度预购数
B/P	buy plan	客户预购订单
BR	back rise	后裤裆
BNL	back neckline	后领圈线
BW	back width	背宽
BW	before washing	洗水前
BTN	button	钮扣
B/E	bill of exchange	汇票
B/L	bill of Lading	提货单
BK	black	黑色
BL	bust line/level, breast line	胸围线
BH	buttonhole	扣眼
BTM	bottom	衣脚,下摆
CAD	computer aided design	计算机辅助设计
CAM	computer Aided Manufacture	计算机辅助制造
C/B	center Back	后中
CMT	cut, make & trim	来料加工
CBL	center back line	后中线
C/F	center front	前中
CFL	center front fold	前中对折
CI	corporate identify	商业标识
CIF	Cost, Insurance & Freight	到岸价
CLR	colour	颜色
CLR. S	color matching sample	颜色样板
CO. LTD.	company limited	有限公司
CTN	cotton	棉
CTN NO	carton no.	纸板箱编号
CS	commercial standards	商业标准
CS. S	consumer sample	客供样板
CSA	canadian standards association	加拿大标准协会
CT. S	counter sample	复样板
CVC.	chief value of cotton	棉为主的混纺物
DB	doublebreasted	双襟
DBL NDL	double needle	双针
D	denier	旦(尼尔)
DEPT	department	部门
DK	dark	深色
DOZ	dozen	打
DVP. S	developed sample	开发样板

EG	example gratia/for example	例如
ETC	et cetera＝and so forth	等等
EMB	embroidery	刺绣
EXP	Export	出口
FAQ	fair average quality	中等品
FAQ	free at quay	码头交货
FB	freight bill	装货清单
FC	franchisee chain	合同连锁店
FOA	free on aircraft	飞机上交货价
FOB	free on board	离岸交货价
F/X	foreign exchange	外汇
FM	from	从……
FB	fabric	布料,织物
FRT. S	first sample	初样板
F. S	fit sample	合身样板
GL	grain line	布纹,经向标志,直丝缕
GM	gram	克
GS	grade sample	合身样板
GW	gross weight (grs. wt)	毛重
H	hips	坐围,臀围
HL	hips line	臀围线
HT	height	高度
IE	industry engineer	工业工程
IWS	international wool secretariat	国际羊毛事务局
IN	inch	英寸
IQC	incoming quality checkup	进料质量检验
ICS	inspection certificate sample	检验样板/船头样板
IL	initial load	头缸样板
IS	initial sample	首样板
ISO	international organization for standardization	国际标准化组织
ITO	international trade organization	国际贸易组织
JKT	jacket	茄克
KG	kilogram	千克
KS	keep sample	存样板
L	large	大号
LB	pound	磅
L/C	letter of credit	信用证

L/G	letter of guarantee	保证书,担保
L	line	莱尼（钮扣规格）
LHD	left-hand side	左手边
M	medium	中号
MFTR	manufacturer	制造商
M/C	machine	机械
MCD	multiple country declaration	多国申报单
MAT	material	物料,材料
Meas	measurement	尺寸
Max	maximum	最大限度
MKT	market	市场
MIN	minimum	最低限度
Nm	metric number	公制支数
NKKK	Nippon Kaiji Kentei Kyokai	日本海事检定协会
NP	neck point	肩颈点
NW	net weight (nt. wt)	净重
NDL	needle	缝针
NK	neck	领圈
Ne	english yarn count	英制纱线支数
OS	over-size	超大型
OVRLK	overlock	包缝
OMS	office management system	订单管理系统
O/N	order no.	订单编号
OZ	ounce	盎司
PKG	package	包装
PC	price	价格
P/C	polyester/cotton	涤棉混纺织物
PSI	per square inch	每平方英寸
PCS	pieces	每件,每个
PKT	pocket	口袋
PO NO	purchasing order no.	采购订单编号
PMD	production merchandising department	生产跟单部
POS	position	位置
POB	postofficebox	邮箱
PS	proto sample	初样板
PPS	pre-production sample	产前样板
PRD. S	production sample	生产样板
PS	photo sample	摄影样板

QA	quality assurance	质量保证/质量保证员
QC	quality control	质量控制/质量检查员
QLY	quality	质量
QTY	quantity	数量
QC. S	quality control sample	验货样板
RN	rayon	黏胶长丝
REJ	reject	拒绝
RS	right side	正面
REF	reference	参考,参照
RTW	ready to wear	成衣
S	small	小码,小号
SB	single breasted	单排钮扣,单门襟
SIF	style input form	订单款式表格
SP	shoulder point	肩端点
SNP	side neck point	颈侧点
SPM	stitch per minute	每分钟线迹数
SPI	stitch per inch	每英寸线迹数
S. P/O	sample production order	样板制作工艺单(板单)
SQ. FT	square feet	平方英尺
SA	seam allowance	止口
SLV	sleeve	袖子
SMS	supplier management system	供货商管理系统
SGL NDL	single needle	单针
STY	style	款式
SZ	size	尺码
SPEC	specification	细则,规格
SMPL	sample	样板
SLM. S	salesman sample	推广样板,推销样板
SHP. S	shipment sample	船头样板
SB	shade band	缸差样板
SS	size set sample	尺码样板
TBA	to be adviced	待定,等待通知
TCH. S	technical sample	技术样板
TS. S	lab test sample	测试样板,化验样板
T/C	terylene/cotton	涤/棉织物
TQM	total quality management	全面质量管理
T-S	Teeshirt	T恤衫
TEL. NO	telephone no.	电话号码
WL	waist line/level	腰围线

WS	wrong side	反面
WX	women's extra large size	女式特大号
WT	weight	重量
WB	waist band	裤腰
WTO	world trading organization	世界贸易组织
X	king size	大号
XL	extra large	特大号
XXL	extra extra large	超特大号
YD	yardage	码数
YPD	yard per doz.	每打成衣的面料用量
ZIP	zipper	拉链

附录4 跟单英文资料汇编

一、报价及合同文件

1. 成本预算表

PRICE QUOTATION CHART

Prepared By：   Group：   Date：

Buyer：	Target FOB：USD ___ /DOZ			Size SPEC. ：Yes __ No __
Style No.				Production Sketch：Yes __ No __
Style Description				Size Assortment：Yes __ No __
Buyer's Enquiring Date				Packing：Flat __ Other __
Pricing Date				Target Quantity：
Pricing Type	FOB __ CMP __ Other __			Delivery Date：

1. Shell Fabric	Contents	Specified by Buyer		Yd/ kg	Qty/ Pc	Amount
		Yes	Not			
Shell 1						
Shell 2						
					Material Cost I：	

2. Specified Accessory/ Packing Accessory(Brand/ Hang Tag/ Hanger, etc.)			
	Description	Qty/ Pc	Amount
		Total Cost II：	

3. Factory Accessory(Zipper/ Button/ Cotton Strings，etc.)			
	Description	Qty/ Pc	Amount
		Total Cost III：	

4. Decoration(Embroidery/ Print, etc.)			
	Description	Qty/ Pc	Amount
		Total Cost IV：	

5. Manufacturing(Includes：Thread/ Interlining, etc.)		
	Description	Amount
		Total Cost V：

6. Washing		
	Description	Amount
		Total Cost VI：

7. Packing(Includes：Polybag/ Carton Box，etc.)		
	Description	Amount
		Total Cost VII：

Total Garment Pricing＝**Cost I＋II＋III＋IV＋V＋VI＋VII＋···. ＋Profit＝** ___ USD

COST SHEET BY:_____ CHECK:____ DATE:____

BUYER	ITEM		QUANTITY		STYLE NO.	
SIZE RANGE:	COUNTRY: FM TO		TARGET FOB PRICE		RETAIL PRICE	
FABRICATION	SOURCE	UNIT PRICE	WIDTH	AMOUNT	TOTAL AMOUNT	
SHELL						
LINING						
INTERLINING						
POCKETING						
KNIT						
EXCHANGE RATE						
ACCESSORIES	UNIT PRICE		AMOUNT		ALLOWANCE	
BUTTON						
SNAP						
THREAD						
LABEL						
COLLAR STAY						
BUCKLE						
HANG TAG						
HANGER						
EYELET						
ZIPPER						
PACKING: STAND UP/ HANGER / FLAT			MAKING COST		ESTIMATE	ACTUAL
PRODUCTION SKETCH			CMT			
			HANGER PACK			
			CHARGE			
			TRANSPORTATION			
			TRIMMINGS			
			QC			
			FREIGHT			
			WAREHOUSING			
			OTHERS			
			TOTAL COST			

2. 销售合同

SALES CONTRACT

REF. NO. ：DK2000/04　　　　　　　　　Date：JAN 04，2006
CONTRACT being made this day between ＿＿＿＿＿＿＿＿ and ＿＿＿＿＿＿＿＿
（Name / Address）：

Customer Code ：400-31　　Season：SUMMER'1994　　Buyer Order：7444
Style NO.　　：63289A　　Style：Blouse　　　Category：840

Description：Ladies'100％ linen lined short fitted blouse. Magyar sleeve. Fully open of center front with button closure.
　　　　　　Garment water washed.
Fabric　　　：100％ Linen M2380dyes in China.
Unit Yardage：1.99 YDS/PC
Quantity　　：＊＊＊＊＊＊500PCS
Unit Price　：FOB USD＊＊＊＊35.00

Color/ Size
Assortment：

Color / Size	2	4	6	8	10	12	14	Total
White	8	20	26	26	21	16	8	125 Pcs
Navy	22	60	78	78	63	48	26	375 Pcs
							Total	500 Pcs

Delivery　　：On/Before May 30. 2006. ＊＊＊＊＊＊＊500pcs.
Payment　　：By L/C.
Packing：Each piece with plastic hanger wrapped with tissue paper & shoulder cover over each piece garment packed in individual polybag.
Label　　　：Main label："RYKIEL"to be stitched at center back neck.
Care Label　：100％ linen, RN-68596，sees reverse side for care, professionally dry clean only.

Packing accessories：
Hanger color：Black plastic printed with"RYKIEL" logo and wrapped with colored plastic disc for size separation as specification.
Hang Tags ："RYKIEL"main hangtag with colored circle for size separation as specification.
Polybag　　：PE polybag printed with"RYKIEL" logo and size on front，warning and made in HK on back.

Remark　　　：　1. Lot No. of style63258A is 74488.
　　　　　　　　2. "RYKIEL"main label for this style is supplied by RYKIEL.
　　　　　　　　3. Shipping quantity±5％ is acceptable.

Important：The duplicate of this contract must be signed by the buyer and returned to seller within 15 days from date of contract.
Accepted & Confirmed by：
＿＿＿＿＿＿＿　＿＿＿＿＿＿＿
（Signature & Chop）

3. 采购合同

✳ ✳ ✳ GARMENT COMPANY LIMITED

Rm. 305, 3/F, No. 42, Yin On St, HomgHam, Kowlong, Hong Kong.

Tel: 0755—88435638, Fax: 0755—99435636, Email: king@126. com

PURCHASE ORDER

Seller: Qingdao Sitiet Economic & Trading Co. Ltd

PO No. : K—11200

Mo. : 5852

Date: 03/20/2006

Address: Rm. 109, Century Mansion, 28 Donghai West Rd, Qingdao, China

---

Goods Description: Girs Knit 60% cotton 40% polyester, French terry hooded top embro. & Screen print, garment washed.

Fabrication: 60% CTN 40% Polyester Stripe French Terry

Buyer: Caset Fashion Ltd.

BuyerPO. : 82771J-C

Style No.	Quantity	Unit Price	Size
CLF4538	3768PCS	FOB USD 6. 00/PC	2～18（9 Sizes）

Total Quantity: 3768PCS

Total Amount: FOB USD 22608. 00

Color/ Size Breakdown: According to ♯5283 Production Sheet

Payment Term: ✳ ✳ ✳ GARMENT COMPANY LIMITED 转开不可撤销信用证

Delivery: 08/18/2006 交青岛 仓　　　08/23/2006 离开中国

Remark: Customer: J. C. Penney

Color/ Quantity

Medieval Bule 2251 PCS

Candy Apple Red 1517 CPS

Accepted and Confirmed by

For and on behalf of

✳ ✳ ✳ GARMENT COMPANY LIMITED

_____

_____

Manufacturer's Company Chop

Authorized Signature

and Authorized Signature

二、生产周期文件

生产周期表

Merchandising Schedule Chart

Group:

Year: 2006 Month: _____

Client	PO No.	MO No.	Styl. No.	Item	Qty	Fty	Fabric	Accessory	Fit SMPL	PP SMPL	Initial Inspection	In-Line Inspection	Final Inspection	Ex Fty	Final Ex Fty	ExAsian Port

Prepared By: _____
Date: _____

Approved By: _____
Date: _____

三、工艺制造文件

<table>
<tr><td colspan="9" align="center">Sample Order Form</td></tr>
<tr><td colspan="9">Style：_____　　Order No.：_____　　Client：_____　Qty：_____　Order Date：_____</td></tr>
<tr>
<td rowspan="2" align="center">Size
Pints</td>
<td colspan="2" align="center">M</td>
<td colspan="2" align="center">L</td>
<td colspan="4" align="center">Production Sketch</td>
</tr>
<tr>
<td align="center">Spec.</td><td align="center">Act.</td>
<td align="center">Spec.</td><td align="center">Act.</td>
<td colspan="4"></td>
</tr>
<tr><td>Collar</td><td></td><td></td><td></td><td></td><td colspan="4"></td></tr>
<tr><td>Shoulder</td><td></td><td></td><td></td><td></td><td colspan="4"></td></tr>
<tr><td>Bust/ Chest</td><td></td><td></td><td></td><td></td><td colspan="4"></td></tr>
<tr><td>Arm Hole</td><td></td><td></td><td></td><td></td><td colspan="4"></td></tr>
<tr><td>1/2 X-Back</td><td></td><td></td><td></td><td></td><td colspan="4"></td></tr>
<tr><td>C/B Length</td><td></td><td></td><td></td><td></td><td colspan="4"></td></tr>
<tr><td>Slv. Length</td><td></td><td></td><td></td><td></td><td colspan="4"></td></tr>
<tr><td>Cuff</td><td></td><td></td><td></td><td></td><td colspan="4"></td></tr>
<tr><td align="center">Waist</td><td></td><td></td><td></td><td></td><td colspan="4" align="center">Fabric Swatch</td></tr>
<tr><td align="center">Hips/ Seat</td><td></td><td></td><td></td><td></td><td colspan="4"></td></tr>
<tr><td align="center">Front Rise</td><td></td><td></td><td></td><td></td><td colspan="4"></td></tr>
<tr><td align="center">Back Rise</td><td></td><td></td><td></td><td></td><td colspan="4"></td></tr>
<tr><td align="center">In-Seam</td><td></td><td></td><td></td><td></td><td colspan="4"></td></tr>
<tr><td align="center">Out-Leg</td><td></td><td></td><td></td><td></td><td colspan="4"></td></tr>
<tr><td align="center">Thigh</td><td></td><td></td><td></td><td></td><td colspan="4"></td></tr>
<tr><td align="center">Bottom</td><td></td><td></td><td></td><td></td><td colspan="4"></td></tr>
<tr><td colspan="5" align="center">Garment Manufacturing</td><td colspan="4" align="center">Accessory</td></tr>
<tr><td colspan="5">Collar：</td><td colspan="4">Button：</td></tr>
<tr><td colspan="5">Front Part：</td><td colspan="4">Thread：</td></tr>
<tr><td colspan="5">Back Part：</td><td colspan="4">Interlining：</td></tr>
<tr><td colspan="5">Sleeve Opening：</td><td colspan="4">Lining：</td></tr>
<tr><td colspan="5">Pocket：</td><td colspan="4">Shoulder：</td></tr>
<tr><td colspan="5">Bottom：</td><td colspan="4">Metal-ware：</td></tr>
<tr><td colspan="5">Waistband：</td><td colspan="4">Ribbing：</td></tr>
<tr><td colspan="5">Fastening：</td><td colspan="4">Other：</td></tr>
<tr><td colspan="5">Other：</td><td colspan="4"></td></tr>
<tr><td colspan="5">Finished：</td><td colspan="4">Pressing & Packing：</td></tr>
<tr><td colspan="9">Department：_____　　Approved By：_____　　Prepared By：_____</td></tr>
</table>

PRODUCTION ORDER

ATTN：

Style：　　　　　　　　　　　　　　Order Date：

Manufacturer	MO No.	Style No.	QTY (PCS)	Shipment Date

Size Spec.

Size Meas. Point	Color Code：　　　　　　　　　　　Unit：Inch									
	Meas. Guideline	2	4	6	8	10	12	14	16	18	Tol.
Size Assortment											
Color											

SHIPPING MARK
STYLE：
MODEL NAME：
COLOR：
LOT MODEL NO. ：
SALES ORDER NO. ：
QUANTITY：
SIZE：
CARTON NO. ：1-UP
MADE INCHINA

SIDE MARK
MODEL NAME：
COLOR：
SIZE：
GR. WT. ：
NET WT. ：
MEAS. ：

Fabric Specification

Construction:	
Weight:	
Color:	
Other:	

Accessories Specification

Item	Spec.	Qty. (One Pc.)	Supplier	Position
Interlining				
Pocketing				
Lining				
Binding				
Main Label				
Care Label				
Thread				
Matchbook				
Button				
Zipper				
Size Sticker				
Hanger				
Polybay				
Carton				

Garment Construction

- Front Part

- Back Part

- Label

- Packing

四、QC 文件

IMPORT QUALITY AUDIT REPORT

( ) IN-LINE   ( ) FINAL

BUYER　:_____　　P. O. NO. :_____　　STYLE NAME:_____
FACTORY:_____　　FTY NO. :_____　　SHIPMENT　:_____
DEL. DATE:_____　　AUDIT DATE:_____　LOCATION　:_____
TOTAL QTY INLOT:_____　　　AUDIT SAMPLE SIZE:_____
LOT NO. :_____　　　ACCEPT/REJECT LEVEL:_____
COLOUR:_____　　　AUDITOR:_____ _____
DESCRIPTION:_____

	WAIST SIZE (MORE THAN 1/2″ SMALL OR LARGE)
	INSEAM (MORE THAN 1/2″ SHORT OR LONG)
	INSIDE LABELS (PLACEMENT WRONG OR NOT SECURE)
	OUTSIDE LABELS (PLACEMENT WRONG OR NOT SECURE)
	SKIPPED STITCHES (OPEN SEAM OR TOPSTITCH)
	BUTTON HOLES (MISSING OR NOT CUT OPEN PROPERLY)
	BUTTONS (MISSING OR BROKEN)
	FABRIC FLAWS (HOLES, SHADE)
	SPOTS (DIRT, OIL)
	GENERAL APPERANCE (STRINGS,WASH, PRESSING)

TOTAL DEFECT UNIT		
		ACCEPT ( )　　　　　REJECT ( )

	ACCEPT	REJECT		ACCEPT	REJECT
STYLE DETAILS	( )	( )	COLOUR SHADE	( )	( )
WASHING	( )	( )	FABRIC	( )	( )
PRESSING	( )	( )	TWISTED LEG	( )	( )
HAND FEEL	( )	( )	PACKING	( )	( )
MEASUREMENT	( )	( )	ACCESSORIES	( )	( )
SHIPPING MARKS	( )	( )	WORKMANSHIP	( )	( )

NO. OF FTY PERSONS TO TACK MEASUREMENT:_____
CARTON NO. INSPECTED:_____
REMAKS:_____
RYK REPRESENTATIVE　　　　　　　FTY REPRESENTATIVE

MEASUREMENT CHART (TOPS)

VENDOR:_____   DATE:_____
BUYER ORDER NO. :_____   STYLE:_____
CONTRACT CONFIRMATION NO. :_____   QUANTITY:_____

MEASURED POINTS	SIZE						
		SPEC	ACT	ACT	SPEC	ACT	ACT
CHEST (1″ UNDER ARMHOLE)							
WAIST							
BOTTOM							
SHOULDER							
F. MID ARMHOLE							
SLEEVE LENGTH							
ARMHOLE							
SLEEVE WIDTH							
C. B. LENGTH							
B. MID ARMHOLE							
NECK DROP							
COLLAR/NECK BAND							
POCKET							
HOOD							

REMARK:

(continued)

MEASUREMENT CHART (BOTTOMS)

VENDOR　　　　:_____
BUYER ORDER NO. :_____
CONTRACT CONFIRMATION NO. :_____

DATE:_____
STYLE:_____
QUANTITY:_____

MEASURED POINTS	SIZE		SPEC	ACT	ACT	SPEC	ACT	ACT
WAIST (Relax)								
WAIST (Stretch)								
HIGH HIP								
SEAT								
THIGH								
KNEE 1								
KNEE 2								
BOTTOM								
FRONT RISE								
BACK RISE								
INSEAM								
OUT-LEG								
ZIPPER								

REMARK:

Inspection Report

(   )Intermediate   (   )Final   (   )Re-Inspection

Customer:	P. O. :	Date:	Time:
MFTR:	Style:	QTY:	PCS:
Garment:	AQL:	FTY Code:	

Note: Inspection Method is relative to Production Order QC Manual

Check Points	Right	Wrong	Check Points	Right	Wrong
A. Label			F. Fabric Color		
B. Style/ Color			G. Belt Color		
C. Shipping / Side Marks			H. Thread Color		
D. Hangtag Description			I. Zipper Color		
E. Folding & Packing			J. Button Color		

Defects	Major	Minor	Defects		
01. Material Defect			10. Closures		
02. Shading Problem			11. Damage		
03. Dyeing Problem			12. Threads		
04. Printing Problem			13. Handicraft		
05. Cleanliness			14. Fit & Balance		
06. Component & Assembly			15. Creased Marks		
07. Seam & Stitching			16. Finishing & Hand		
08. Pressing			17. Packaging		
09. Measurement			Total Defective Pieces:		

Inspected: ___PCS   From Carton No. :

Detailing	%	Suggestion & Remarks
A.		
B.		
C.		
D.		
E.		

Garment Size& Quantity								

(   ) Good   (   ) Satisfactory   (   ) Fair
(   ) Unacceptable   (   ) L/G

Inspector: _____
Packing In-charge: _____
QC Manager: _____

Cutting Quality Inspection Report

Inspection Date：

P. O. No. ：	Vendor：	Goods Description：
Style No. ：	Quantity：	Color：
Spreading Method：	Layout No. ：	Spreading Quantity：

I. Marker	Yes	No
A. Aer the marker and the fabric width the same?		
B. Is the marker used the original pattern?		
C. Is do the cutting pieces need the notch?		
D. Is the marker line smooth?		
E. Are the pieces of pattern not missing in the marker?		
F. Is the join fabric position correct?		
G. Are the size of market cut pieces and size of pattern the same?		

Inspection Date：

II. Cutting Pieces	Yes	No
A. Are the cutting pieces top and bottom size the same?		
B. Is the cutting piece line smooth?		
C. Are the Cutting pieces marker lines correct?		
D. Are the number of cutting pieces correct?		
E. Are the laying fabric start and end allowance in the standard?		
F. Does the marker put in the correct position before cutting?		
G. Does the numbering in side & top-side damage check?		
H. Is the fabric in side & up side lay?		
I. Is the fabric sample card & fabric save?		

Inspection Date：

III. Bundling	Yes	No
A. Are the details of the sewing tickets and the cutting pieces the same?		
B. Are the details of the sewing tickets and the bundle quantity the same?		
C. Are the fabric ticket quantity and the bundle quantity the same?		

Inspection Date：

Comments：

Cutting Room Supervisor：＿＿＿＿＿ Inspector：＿＿＿＿＿＿ QC Supervisor：＿＿＿＿＿

IN-PROCESS INSPECTION REPORT
DEFECT CHECKLIST

Style No. _____ Page No. _____

Fabric Defects	Major	Minor	Sewing Defects	Major	Minor
Holes			Open Seams		
Soiling			Weak Seams		
Flaws			Raw Edges		
Pilling			Wavy Stitch		
Uneven Dyeing			Skip Stitch		
Burn Marks			Broken Stitch		
Barre			Incorrect Link		

Garment Defects	Major	Minor	Pressing Defect	Major	Minor
Fabric Color Mismatch			Uneven Hem		
Component Color Mismatch			Misaligned Parts		
Defective Snaps			Missing Parts		
Defective Zippers			Uneven Plaids		
Exposed Zippers			Puckering		
Excessive Thread Ends			Other:		
Loose Buttons					
Defective Buttonholes					

Pieces available for inspection: _____

No. pieces inspected: _____   Acceptance level: _____

No. pieces rejected: _____   Minor defects: _____

Date	Comments	Action to be Taken by QC	Vendor's Signature
	Production Status:		

The vendor is responsible for correcting all defects found during the inspection and summarized in this report. However, the inspection does not relieve the vendor from its responsibility for defects found in the merchandise shipped.

Vendor Signature: _____ Date: _____

Inspector's Signature: _____ Date: _____

参 考 文 献

［1］吴俊.服装跟单实务［M］.上海：东华大学出版社，2008.

［2］毛益挺.服装企业理单跟单［M］.北京：中国纺织出版社，2005.

［3］周爱英.服装外贸理单跟单实务［M］.上海：东华大学出版社，2011.

［4］龙炳文.服装英语与理单跟单实训［M］.北京：中国纺织出版社，2012.

关于本书中的单位及符号使用的说明：

由于本书中的资料都来自服装企业的真实资料，在实际工作中都是采用了外商采用的单位及符号（有些在我国国标中已不再使用），同时一些在英语表述中采用的单位缩写不符合我国规定，但为了保持资料真实性与实际操作性，就保留了原样。如英寸（"或吋）；线密度（支数）；面密度（克重）等。